汲古叢書190

莊　卓燐　著

中国古代帝国の交通と権力

―符による権力構造論―

汲　古　書　院

目次

中国古代帝国の交通と権力

——符による権力構造論——

序　章　中国古代帝国の権力構造と符研究の意義

第一節　緒論

中華世界は皇帝という唯一最高の権力者が君臨する中央集権国家を中心として、時代の推移に伴い独自の文明を構築してきた。この古代文明では、漢字を基盤とする高度な文字文化が発達し、儒教の倫理・道徳規範に基づく思想が社会全体に浸透していた。こうした特徴は、中国のみならず東アジア世界にも大きな影響を与えたが、その本質は権力者の正統性を高め、中央集権体制を強固なものとするための政治的意図によって生み出されたものであった。言い換えれば、中華文明の核心は、皇帝と号する者が支配する国家であり、歴史上、大陸を「統一」した諸帝国そのものである。もし皇帝を国家の頂点とする支配体制の確立を中華帝国史の幕開けとするならば、その起源は皇帝号を創始して中央集権化を試みた秦の時代にさかのぼる。

秦王政（のちの始皇帝）の二六（前二二一）年に、秦国は六国を滅ぼし東方世界を併合した。これは西を拠点とする周縁民族が、東方世界の多民族を統合したことを意味し、中華帝国史を運命づける初めての出来事であった。すなわち、秦の天下「統一」は多民族が共存する「中華」という世界が、一つの政治共同体によって治められることが可能だと示したのである。秦が滅亡した以後、漢帝国は秦の支配領域を継承し、長い年月に亙って中華帝国の支配を定着させた。中華世界全土を支配する巨大な秦漢帝国の誕生は、疑う余地がなく中華文明史上最も重要な転換点であり、中華帝国二〇〇〇年余りの歴史の大きな礎であった。なぜなら、中華世界という漠然とした広大な領域を支配する方法は、秦によって確立され、漢によって完成されたからである。中国古代の歴代王朝は秦漢の支配体制を継承しつつ、時と場合に応じて修正を加え、中華世界における帝国支配の命脈を二〇〇〇年以上にわたり維持した。したがって、中華帝国の原型となる秦漢時代の支配体制の解明こそが、中国古代帝国の権力構造の本質を理解する鍵となる。

中華帝国は、中央政府の権力が強い中央集権体制を特徴としていたが、実際の統治形態は王朝によって異なっていた。秦漢帝国に築かれた基礎の上で、後漢帝国には国家権力と地方豪族の社会的勢力が協調する形で分権的支配体制を展開した。(1)隋唐帝国には三省六部などの官僚機構を整備し、中央官庁の明確な機能分担によって皇帝の一元的な全国統治を可能とさせた。(2)このように時代によって中央集権化の形は様々であった。しかしながら、こうした支配体制の変遷を通じて、「律令」制度が共通してその根幹を成していた。律令制度とは、中国古代の戦国時代を起源とし、秦漢・魏晋南北朝時代の発展を経て、唐の時代に「律・令・格・式」が整った形で完成された。(3)やがて朝鮮半島、日本、ベトナムなどの東アジア諸地域に伝わり、多大な影響を及ぼしたと言われる。唐代に完成された律令制度であるが、その萌芽期である戦国・秦漢の時代において既に一定の制度的発展がみられた。近年、湖北省雲夢県睡虎地や江陵県張家山などで発見された秦漢時代の律令文書からも、その一端を垣間見ることができるのである。

もとより、なぜこの律令体制が出現したのだろうか。筆者の考えでは、「律令」による国家支配という発想は、広範囲にわたる領土支配の問題に起因する。すなわち、秦漢帝国が律令制度を整備した根本的な理由は、広大な領土を支配する必要性にあったからである。夏・殷・周のような局地的な領土支配とは、比べ物にならないほど広域に及ぶ領土を支配した秦帝国は、新たな支配体制の構築を余儀なくされた。それは天下「統一」の際に突発的に浮上した問題ではなく、一八〇〇の国があった[4]とされる春秋時代に終止符を打った、いわゆる戦国七雄と呼ばれる大国に共通する最重要課題であった。

古代帝国が出現する以前の時代、中華世界には原始的な政治形態が存在していた。それは「王」と号する支配者を国家の頂点とし、全ての裁量が王に一任される体制であった。最終的な決定権を有する王が、政治を議論する場を設け、国家の大臣らを取り込み、一つひとつの時下の議題について政治の場でそれを吟味・検討を行わせ、その結果を国家の政策として決定するというものであった。このように、王の居所の手前の広場（廷）にて早朝より行われる議論、すなわち朝廷で行われる朝議は、国家の大事小事全ての裁量権を持ち、最終的には王の名のもとにその結論を政令として発布し、国家を運営していたのである。

ところが、国家の支配領域が拡大するにつれて、朝廷で処理すべき議題も当然ながら増加した。同時に、増え続ける議題の中には必然的に重複するものが存在した。中華帝国の形成期において拡大し続ける領土支配に対処するため、王は大臣を国家の代理として領土に封じ、封建領主を地方の最高権力者として置き、原始的な政治形態を遠隔地に再現させた。しかし、この原始的な支配体制は春秋戦国時代のある段階で限界に達した。大臣たちは次第に中央の支配から離れ、王の裁量権を無視するようになり、統一的な権力が崩壊していった。その結果が、春秋・戦国の「乱世」と呼ばれる混乱期にほかならないと言えるだろう。

封建領主による地方支配の体制から、皇帝を頂点とする一元的な帝国支配への移行期において、律令は「統一」帝国の形成と共に整備され、中央集権において中心的役割を担っていた。かつて中華大陸に点在していた一八〇〇の国々が、七つの大国に統合されていく中で、戦国七雄と呼ばれる諸国は、臣下に領土賜与を継続しつつ、新たな支配体制を模索していた。律令を用いた国家運営体制はその一形態である。このような律令国家の形成においては、まず朝廷での審議内容を記録し、法律条文を体系的に編纂する必要があった。近年に発見された出土文字資料の中には、幾つかの単行法令を「○○律」「○○令」に分類して整理するものが多く見られるが、それはこのためであろう。また、律令史料の末尾に「如律令」の文言が頻繁に見られることが特徴的である。これは朝廷が重複議題の審議を省き、負担を減らしつつより多くの課題に取り組み、広範な領土支配を図ろうとしていたためと考えられる。それはつまり重複した当該の議題はすでに朝廷で充分に吟味したので、過去の審議結果（律令）にしたがって対処せよと、中央が文書を通じて地方に直接指示を出していたのである。

律令の頒布により、地方の役人は特別な状況を除き、全て中央政府の指示に基づいて統治することになった。特別な事案など既存の律令で対処できない場合のみ、地方官吏が中央に文書を上申し朝廷の判断を仰いだ。とりわけ裁判文書に多く見られるこの対処法は、「奏讞制度」と呼ばれる。(5) このように、中央は律令を媒介として地方権力を掌握し、中華帝国の「統一」支配において、文書行政が口頭命令に取って代わり、専制君主を国家権力の頂点とする中央集権体制を確立した。なお、『二年律令』史律には、文書官（「史」）になる資格として「能く五千字以上を風（諷）書す」とあり、補佐官（「官佐」）には「能く史書三千字を風（諷）書す」とあり、かつては年長者・有力者に地方政治を任せていたが、漢代には文字の読み書きができる者を地方官吏に登用する傾向にあった。さらに識字率が向上すると、隋唐帝国では文字の読み書きだけでなく、中国の古典に精通する者を選抜し、科挙と呼ばれる国家試験で優秀な人材を国家の大臣に登用するようになったのである。

律令国家を形成していく中で、秦帝国は東方世界を征服すると共に、秦の律令と六国のそれぞれの律令を統合しなければならなかった。たとえば『睡虎地秦簡』にある「魏戸律」「魏奔命律」の引用から窺えるように、旧秦地域のみならず中華世界全土に通用する律令を作成するためには、旧六国の律令を参考にする必要があった。この状況は漢代でも同様で、その一端は『張家山漢簡』奏讞書にある「異時衛法」（案例一九）「異時魯法」（案例二〇）の引用から窺える。中華世界を短期間で併合した秦帝国にとって、律令の作成は最大の課題であった。『史記』巻六秦始皇本紀（三五年条）に「上至りては衡石を以て書を量かり、日夜呈有り、呈中らずんば休息を得ず」とあるように、始皇帝の晩年でさえ、毎日膨大な量の「書」を処理しなければならなかった。中華世界全土を支配した皇帝の労力は計り知れないが、やがて律令制度が成熟するにつれ、中央政府の規定は全土に等しく適用され、皇帝による一元的な支配が初めて制度上可能となった。

秦漢に築かれた国家体制が「帝国」の形で現れ、歴代王朝の経営によって二〇〇〇年余りの命脈を保った。しかし、いかなる支配体制も永続するものではない。既存の体制に破綻が生じれば、新たな体制が構築されざるを得ない。この破壊と再生のサイクルが時代を推移させる原動力となり、前近代の中華帝国史において何度も繰り返されてきた。ただし、この長大な歴史の中で中国は政治、経済、社会、文化のあらゆる面で劇的な変容を遂げており、現代の中国を通して秦漢時代の中国を理解しようとすることは適切ではない。また、この広大な時間軸を適切に区分けしなければ、「中国古代」という概念は曖昧模糊としたものになってしまう。そのため、秦漢時代に形成された広域な領土を支配するための最初の権力機構が、具体的にどの時代の幅で考えるべきか、すなわち中国の「古代」の上限と下限をどう捉えるべきかは、諸家の関心が尽きない問題である。

ここまで述べてきた律令国家の形成と展開に視点を置き、戦国秦漢から隋唐までを「古代」として定義することは、日本の東洋史研究において広く受容されてきた見方である。この「古代」観を引き継ぐ上では、前田直典氏の時代区分論を踏襲しなければならない。前田氏は、東アジア各地域が中国を中心として相互に関連しつつ、独自の世界を形成したと説く一体論の立場から、マルクス主義の唯物史観に基づき中国古代社会の生産関係に注目した。前田氏は歴史を推進させる力であった豪族が大土地所有を行い、主として奴隷労働に依存していた唐代中期までの生産形態と、唐末から宋代以降の自営農民と佃戸による耕作中心の生産形態を対照的に捉えた。同時に、水田耕作の技術の進歩といった生産力の発達が宋代以降に見られ、漢代以来の乾地農業とは生産力において根本的な差異があった。こうして変化してきた時代の前段階を前田氏は「古代」として定義し、秦漢から唐中期までをその範囲とする時代区分を唱えたのである。(6)

戦後の中国古代史研究は、前田氏の理論を踏まえ、戦国・秦・漢初の権力構造の解明を目指してきた。その骨子を以下のようにまとめることができる。中国古代では農業が国家経営の中心であったが、農具の変革や降水量の差など、生産力の不均等をもたらす要因があった。やがて氏族的共同体が崩壊し、生産力の高い主体が低い主体を取り込むようになり、中央集権国家が「帝国」の形で現れた。このような理解が、次節の先行研究に共通する基礎認識となっている。

第二節　秦漢帝国史論の展開

「帝国」という言葉は現代中国語でも用いられるが、中国の古典では殆ど例が見られない。辛うじて隋の『文中子』問易篇に「帝国戦徳」という一例を発見できるが、「帝国は徳をもって戦う」という意味から転じて、帝国の支配を「徳を以て国を治める」と捉えた解釈は、現代中国語の「帝国」という語のニュアンスとかけ離れている。それもそのはずである。「帝国」という用語は純漢文ではなく、一九世紀に日本から中国へ輸出された和製漢語である。諸橋轍次氏の『大漢和辞典』は「帝国」の語義を「皇帝の称号ある君主が統御する国」と説明しており、現代日本語では専らこの意味で用いられている。中国古代史研究において「帝国」という用語は、かつて大戦前後では広く使われていたが、最近では死語となりつつある。その理由は、文献史料にほとんど使用例が見られないことが一因である。また、術語としても異なる文脈で用いられる傾向が強まってきたからでもある。皇帝が治める国として「帝国」と短絡的に呼称するよりも、より広い意味を持つ「時代」や文献史料に見える「王朝」の使用が一般的となっている。

ところが、「帝国」の語義はそれほど単純ではあるまい。帝国と翻訳される英語の empire《エンパイア》であるが、その語義を『オックスフォード英語大辞典』は「単一の主権国家によって制御される広範囲の国や州の集合体」と説明している。その語源となるラテン語の imperium《インペリウム》は皇帝《インペラトル》の「命令権の及ぶ領域」を意味する。中国古代国家のあり方を「帝国」と表現する場合、その語感からして、皇帝を頂点とする中央集権体制を認めつつも、決して一枚岩の巨大国家ではない側面が強調されるように読み取れるのではないだろうか。大戦前後に活躍した先学たちが、帝国主義の時代に生き、肌で時代を感じていた。彼らが中国古代の国々を正しく帝国そのものであると認識していたその感性は、無下にできない。むろん「帝国」という用語には様々な定義があり、中国古代史研究における「帝国」をどのように解釈すべきかは、いずれ再検討する必要があろう。しかしながら、筆者は用語の背後に秘められた時代性を尊重したいと考えている。

拠って本書は「帝国」という語を憚ることなく使用する。ただし、用語の正確な意味を特定することが困難な状況の中で、ひとまず本書では「帝国」を「皇帝が治める国」として解釈する。前近代までの中国は皇帝が治める国であったというのは、今日の感覚からすれば当然のように思えるが、「皇帝」を君主号として定着させることは容易ではなかった。秦の始皇帝が「皇帝」という称号を創出した後、中華世界の領土支配を展開する中で、歴代王朝の支配者は取捨選択を経た結果、やはり「皇帝」と号して国家の頂点に君臨した。長い中華文明の歴史の中で、皇帝号の制度は採用と廃止の繰り返しを経て、危ういながらも存命し二〇〇〇年余りの命脈を保ってきた。「天皇」という称号を継承してきた日本のような「万世一系」ならいざ知らず、血縁・民族・習俗など全く異なる中国歴代王朝の支配者が、「皇帝」という同様の君主号を選択して前王朝を継承する姿勢を示すことは、世界史上でも際立って特殊な事象である。「皇帝」と号する君主は如何なる権力構造の中で、如何に専制支配を定着させていたのかは、古今内外にわたって多くの人々をしてその解明に取り組ませた重大な課題である。とりわけ、中華帝国の雛形である秦漢時代は研究者の関心を集めてきた。戦後の中国古代史研究は、秦・漢両帝国を中国における古代国家の原点とみて、西嶋定生(7)・増淵龍夫(8)・木村正雄(9)三氏を代表とする秦漢帝国史論(10)が展開された。

まず、西嶋定生氏は、秦漢帝国の国家権力そのものの性格に焦点を当てている。氏は一九五〇年度歴史学研究会大会で「古代国家の権力構造(11)」と題して報告し、マルクス的発展段階論の奴隷制が、如何なる形で中国古代に展開したかを探求し、春秋戦国時代における生産力の増大に注目した。すなわち、上古から古代への前進過程において、氏族的共同体は崩壊し、家父長的土地所有が成立した結果、生産力の差違によって優勝者は劣敗者を家内奴隷として吸収し、大土地を所有するに至った。家父長的家内奴隷制とも呼べる社会構造が生まれたのである。加えて、漢帝国の構造は、家父長的家内奴隷所有者としての民間の豪族と性格を同じくし、ただそれぞれの量的規模が拡大しているに過ぎないと規定する。上記の家父長的家内奴隷制論は、氏による最初の体系的な論説であり、いわゆる西嶋旧説と呼ばれる。

その後、旧説に加えられた増淵龍夫氏(12)・守屋美都雄氏(13)・浜口重国氏(14)らの批判に応じつつ、皇帝支配の公権力としての正当性を解明すべく、西嶋氏は爵制を媒介とした皇帝と人民の国家構造論を提示した。これがいわゆる二〇等爵制論と呼ばれる新説である。古代帝国が成立するにつれて、地方（里）の自律的秩序たる尚歯習俗は、初県の設置などの人為的な処置によって他律的秩序に代替され、年次を経過するほど高い爵級に達しうる爵位制度が尚歯習俗に代わって小農民相互を秩序づけることになった。爵位を賜与できる主体は皇帝のみと規定した結果、賜爵による秩序を通して、皇帝は個別人身的支配を実現させた。すなわち、官僚のみではなくすべての人民と、家の組織を貫いて個々人を支配する体制が秦漢帝国であり、秦漢の皇帝は唯一無二の超越した専制君主であるとする論である。

次に、増淵龍夫氏は中国古代社会の人間像および人間同士の社会的結びつきの実態とその変遷を対象とする。氏はそれまでの東洋史研究が「構造」や「枠組み」を分析することを中心に展開してきたことを批判し、その「構造」や「枠組み」の中における具体的な生活形態に注目した。春秋末～戦国期の氏族制的邑共同体の崩壊の過程の中から、新たに家父長制的支配関係が生まれるが、そこには支配者・被支配者間の新しい人的結合の中国固有の習俗があると指摘する。氏はこれを「任侠的習俗」と呼称する。当時の人的結合は、外面的には家父長的な従属関係をとりながら、内面的には任侠的習俗として示されるパーソナルな心情的結合であった。そして、この任侠的習俗こそ、極めて重要な社会関係を支える精神的紐帯であり、戦国四公子を例とするパーソナルな相互信頼に基づく心情的結合は、戦国から秦漢にかけて社会の基底に普遍的に存在するものであると説く。

増淵氏によれば、このような任侠的な関係は、古代帝国の国家権力の中枢において、君主と官僚層との関係にまで及んでいた。漢帝国の前身である劉邦集団の中で、劉邦に従う遊民は擬制家族的な隷属性を持っていたが、任侠的習俗から生まれたパトリアルカール（家父長的）な支配関係が集団を支えていた。やがて劉邦集団はパトリアルカールな支配形態からパトリモニアール（家産制的）な支配形態へと移行し、帝国の形成に至った。要するに、秦漢時代に出現する専制君主の背後には、任侠精神に支えられた心的状態が社会の基底となっており、中国古代帝国の社会は任侠的習俗に基づき、地方の秩序が維持されていったという論である。

さらに、木村正雄氏は国家を成立させる土台の分析に関心を寄せる。中国古代における生産力の発展が、その地理的な特殊条件下でどのような特殊な生産関係を作り出し、国家権力を形成したかを追究した結果、氏は「中国古代の基本的生産関係は「斉民制」と呼ばれるべき奴隷制の特殊な形態であった」と規定する。ギリシャ・ローマ的な奴隷制が展開しなかった中国古代では、国家が治水水利機構を支配し、人民に標準百畝の田の分割私有を認め、再生産の保証を行った。このような体制のもとで、人民は農民として国家という生産体の中の労働力に過ぎず、国家ないしは皇帝が一律に一つの階級として人民（＝斉民）を直接的かつ人頭的に支配した。氏はこの斉民は国家という唯一の生産体に組み入れられ、国家の労働力として隷属させられる特殊な生産関係を構成していたと主張する。

一方で、木村氏は氏族的邑国家において小規模に自立して耕作されていた春秋中期以前の土地を第一次農地と定義する。気候の乾燥化および大河の洪水に直面し、治水水利機構に支えられて初めて農耕生産が可能となったためである。その上で、鉄製の土木工具と新しい知識・技術をもとに、大規模かつ極度に人為的な治水水利機構が新設され、第一次農地の外延に、専制国家の権力者によって造られた広大な耕地を第二次農地と定義した。そのような土地での農耕生産は非自律的で、国家規制は不可避となる。すなわち、国家は治水水利機構を支配することによって農地を支配し、農地を支配することによって、それを生産手段とする一切の農民を支配し得た。したがって第二次農地こそ専制権力の基盤であると論じている。

右記のように、西嶋・増淵・木村三氏の研究は、秦・漢両帝国の生成過程と構成原理を追究し、中国古代の権力構造を体系的に解明することを試みた。権力構造論争ともいうべきこの三氏の議論は、その後の国家構造論の研究に大きな影響を与えた。とりわけ西嶋氏と増淵氏は相互に批判しながらも、社会の内部構造を分析する重要性を共に強調し、在地社会または郷里社会の実態解明に迫る研究の活性化を促した。尾形勇氏の家族国家論は、「家」を「公」の構成者の再生産の場として規定し、公共的性格を伴っていた皇帝支配が、「起家」を接点として郷里社会と接合し、「君臣」関係を媒介として一般民を包摂する国家構造を導き出した。[15] 好並隆司氏の二重支配構造論は、皇帝号と天子号の機能分化に注目し、天子による家父長的支配（家産制）と皇帝による人頭的支配（斉民制）が併存するなかで、郷里社会における皇帝の斉民支配を見出した。[16] 谷川道雄・川勝義雄両氏の共同体論は、豪族・貴族といった在地社会内の有力者を結節点として、秦漢帝国の基盤を「かなりフラットな里共同体」に求め、階級関係を超克する共同体が自己発展し時代を推進させる運動論を構築した。[17] 渡辺信一郎氏の小農民経営論は、中国古代の農民労働の実態を追究し、郷里社会といった社会内部の状況を小農民経営という視点から出発し、農業共同体の固有の二重性が国家的奴隷制を成立させ、土地の私的所有が国家所有に転化する国家形態を提起した。[18] 飯尾秀幸氏の第三権力論は、国家の本質を「現実の階級関係のうえに立ち、全社会を政治的に支配する」権力機構であると捉え、農民・商工業者など社会的分業を前提とした支配が行われるなかで、国家は首長層と一般構成員との階級関係を維持するための権力機構であったと位置づけた。[19] これらの研究は、かつての権力構造論争で得た成果と課題を踏まえ、国家と社会との関係性から中国古代帝国の構造を解明しようとしたものである。

ところが、これまでの国家構造論においては、歴史地理学的な観点を取り入れながらも、特定の地域の分析に偏り、地域を越えて移動する人々への考察が欠如しており、広域な領土支配の問題に取り組むのに不足を感じざるを得なかった。したがって、交通の観点を導入しつつ、いま一度中国古代の権力構造を再検討し、帝国形成史における人々の移動の実態と、皇帝支配との関連性を追究することが、当面の課題であると考えられる。本書は、従来の国家構造論の限界を克服し、人的往来の観点から中国古代の権力構造を新たに検討することを目指している。すなわち、特定地域への偏りを排して、広域な領土支配の問題に取り組むため、人々の移動の実態と皇帝支配との関連性を、交通の視点から解明しようとするものである。

第三節　本研究の位置付け——爵制的秩序と異なるアプローチ——

古代中国の権力構造は二〇等からなる爵位制度を基盤とする側面がある。『漢書』巻一九百官公卿表上に、

爵、一級は公士と曰ひ、二上造、三簪裊、四不更、五大夫、六官大夫、七公大夫、八公乗、九五大夫、十左庶長、十一右庶長、十二左更、十三中更、十四右更、十五少上造、十六大上造、十七駟車庶長、十八大庶長、十九関内侯、二十徹侯。皆な秦制なり、以て功勞を賞す。

とある。それによると、漢代の爵位制度は一等から二〇等までの階層があり、その起源は秦代の爵位制度に由来する。この制度は、賜爵によって対象者の功労を褒賞することが目的であった。秦漢時代にわたってこの爵位制度が連続性を持ち、皇帝を頂点とする位階序列との関係に、鎌田重雄氏[20]と栗原朋信氏[21]がいち早く注目した。両氏は既存の文献史料から秦漢爵制の関連資料を整理し、賜爵の具体例に基づき秦漢二〇等爵制の構造を復元した。有爵者の税役免除や刑罰減免などの特権を詳述しながら、二〇等爵制のもとで展開された秦漢時代の身分秩序の存在を提示した。一方で、守屋美都雄氏[22]もこの爵制に内包された身分秩序に注目した。氏は『商君書』境内篇を校訂し、その解釈に基づいて商鞅が規定した爵位制度の詳細を明らかにした。それによれば、秦の孝公期に整備された爵位制度は、周代の五等爵制からの連続性がなく、新たに制定されたものであった。したがって、秦は軍功授爵によって新たな身分秩序を構築する意図があったと考えられる。

これらの基礎的な研究を踏襲し、身分秩序の問題を国家構造論まで昇華させ、皇帝支配が成立する場を秦漢二〇等

爵制の中に求めるように提唱したのが、前述の通り西嶋定生氏である。[23]氏は両漢四二〇余年に約九〇回の賜爵が行われていた事例に着目し、頻繁な賜爵により一般民の成年男子が普遍的に有爵者であったと規定する。一方、漢代において成年女子は賜爵の対象外であったが、「女子百戸牛酒」の政令が示すように、女子も飲酒儀礼に参加させられ、男女共に郷里社会の秩序を形成した。すなわち、男子は賜与された爵を用いて飲酒儀礼を開催し、女子は牛酒を用いてそれに参加した。爵と牛酒によって飲酒儀礼は完結し、女子は男子の爵に従属するかたちで、両者の結合した秩序が形成された。賜爵により里の秩序が形成されると同時に、国家権力によってそれが強固に規制されるようになった。個々の人民は、それぞれ居住する里の住民として社会生活を営みながらも、社会生活における自己の身分を、爵を媒介として皇帝に直結するものと意識し、それによって保証されるものと意識した。この意識に基づき里の秩序が形成され、結果として人民は皇帝の一元的支配下に隷属させられた。このように、秦漢時代の民間習俗を利用して、皇帝は血縁的紐帯から析出された個々の人民を再編収し、爵を媒介として一般民を一元的に支配したのである。

こうした西嶋氏の二〇等爵制論が発表されて以来、その理論の有効性をめぐって多くの議論が行われた。籾山明氏は民爵賜与に対する理解を痛烈に批判し、爵制と皇帝支配との結びつきにおける有効性の再検討を促した。[24]また、宮宅潔氏は『二年律令』による新たな知見を利用し、爵位制度と飲酒儀礼との関係性を否定する指摘を行った。[25]このように、西嶋氏の二〇等爵制論に対する懐疑的かつ批判的な意見も見られる。しかしながら、出土文字資料の増加とともに、爵制そのものの理解が深まり、爵制下に置かれた身分秩序と秦漢時代の社会との深い結びつきが広く認識されるようになったと思われる。

本書では、二〇等爵制に基づいて形成された階級構造を、秦漢帝国の国家支配の基盤と見なす。まず、現在の研究における二〇等爵制の下で展開された社会秩序への理解を確認する。楯身智志氏はこの二〇等爵制から出発した、

【表一】 爵制的秩序

爵級	爵称・刑名など
20	徹侯
19	関内侯
18	大庶長
17	駟車庶長
16	大上造
15	少上造
14	右更
13	中更
12	左更
11	右庶長
10	左庶長
9	五大夫
8	公乗
7	公大夫
6	官大夫
5	大夫
4	不更
3	簪裊
2	上造
1	公士
無	公卒
無	士伍
無	庶人
刑徒	司寇・隠官
刑徒	隷臣妾
刑徒	鬼薪白粲
刑徒	城旦舂

※楯身智志『前漢国家構造の研究』（早稲田大学出版部、二〇一六年、二頁）を基に作成

「爵制的秩序」とも呼ばれる秦漢時代（少なくとも前漢）の国家構造を次のように整理している。「爵制的秩序」においては、爵位の賜与・剝奪を皇帝のみが行うことを原則とし、帝室たる劉氏のみが封じられる諸侯王を頂点とする。その下には内戚・外戚・丞相・功臣などに賜与される二〇等（列侯）・一九等（関内侯）の爵があり、その下には官秩六〇〇石以上の官僚に賜与される一八等（大庶長）から九等（五大夫）までの爵（官爵）があり、その下には官秩五〇〇石以下の下級役人および一般民に賜与される八等（公乗）から一等（公士）までの爵（民爵）があり、その下には公卒・士伍・庶人といった無爵者が位置する。最下層には司寇・隠官・徒隷（隷臣妾・鬼薪白粲・城旦舂）などの刑徒が置かれ、皇帝支配下のあらゆる人種を一つの秩序体系に序列化したものである（【表二】を参照）[26]。身分秩序の細部については諸説あるものの、秦漢社会に爵制的秩序が存在したことは広く認識されている。このように、秦漢帝国は厳格な階級社会であったが、皇帝の恩賜により刑徒は無爵者になり得、無爵者は有爵者になり得、有爵者は更に高い爵位をもらい得た。一つの秩序体系の下で、国家の大多数を占める一般民は流動的な階級社会の中で生活していた。こうした身分秩序は秦漢帝国の根底を支えていたと言えよう。したがって、中国古代の国家構造を解明するには、爵制的秩序の形成と展開が大きな手掛かりになるであろう。

ところが、爵制的秩序において一八等爵以上の上層部は、下層部とは事実上断絶しており、不可侵の領域と言えるほどであった。このことは、爵制的秩序以外に異なった支配原理が存在していた可能性を示唆している。前述したように秦漢帝国の形成は、春秋戦国時代の領土兼併を基礎に、早期に広域支配を実現させたものである。広大な帝国において爵制的秩序を維持するためには、爵位の賜与を国家の隅々にまで徹底させる必要があった。西嶋氏が指摘するように、爵制の対象は編戸の民、すなわち戸籍の「束縛」を受ける者に限定されていた。[27]したがって、中国古代帝国の権力構造を考察するにあたり、戸籍整備の実態を検証することは重要であるが、より重要なのは、戸籍による束縛が弱い存在をいかに支配秩序に組み込んでいたかという点である。戸籍制度の及ばない人々への支配方式こそが、爵制的秩序以外の支配原理を解明する鍵となろう。

この点を考察するため、本書では「爵制的秩序」に組み込まれていない、いわゆる秩序外の存在に注目する。その対象の一つが異姓諸侯王である。漢初には周の封建制と秦の郡県制を併用した、いわゆる郡国制を行われていた。郡国制とは、郡県制をもとに、漢から遠い領域に数郡単位で王国を置き、そこに自治権を与え、諸侯王とその都を中心とした小単位で、郡県制によって統治させるものである。[28]「(漢の高祖)劉邦は彼等同格の七王から皇帝の尊号を奉られて帝位についた。従って漢初の王国は強い独立性を持ち、劉邦によって異姓の王が同姓に切り換えられて、一族による郡国支配へ転化していっても、王国の制度そのものは変化することなくして呉楚七国の乱に至った[29]」と指摘されるように、制度の成り立ちからして漢初の異姓諸侯王は爵制的秩序の規制を受けない「秩序外」の存在であった。[30]

次に高祖功臣について見ていく必要がある。漢帝国の樹立に貢献した功臣は、最高位である列侯（二〇等）と関内侯（一九等）の爵を賜った。一見すると爵制の中に組み込まれているように見えるが、実際には列侯・関内侯と一八等以下の爵とは根本的に異なる原理があった。前述したように、漢の爵制は秦に由来する。秦帝国の制度は、始皇帝が天下「統一」を果たした秦王政二六（前二二一）年に制定したものも多いが、爵位制度については王国時代の措置を継承したと思われ、秦の孝公期における商鞅の変法に由来すると言われる。商鞅の変法は当時の爵位を一八等に整理し、その上で列侯と関内侯を加えて二〇等とした。一等から一八等までの爵と、一九等・二〇等の爵は理念的にも隔絶していたのである。[31] したがって、列侯・関内侯は爵制的秩序による「束縛」が弱かったと言える。また、爵制的秩序は無爵者が有爵者へ、低い爵の所持者が高い爵へと移行する流動性を原理としていた。しかし、すでに二〇等爵制の頂点に置かれた功臣は、それ以上の上がる余地がなく、爵位維持の努力も原則として不要だった。[32] このような状況では、爵位だけでは功臣をしばりつけられなかったはずである。

さらに、異姓諸侯王と高祖功臣の強い独立性を踏まえると、漢帝国の周縁地域に活動する「秩序外」の勢力にも目を向ける必要がある。秦漢時代の二〇等爵制は、後の東アジア全体を巻き込む冊封体制の端緒となった。[33] 歴代の中国皇帝は、周辺諸国の君主に爵位を与え、冊封関係を結び、中華帝国を中心とする国際秩序を展開した。漢もまた、南越・閩越・東甌・朝鮮などの諸民族の首長に「王」「侯」の爵位を与え、周縁地域を帝国の政治体制に組み入れようとした。このように、周縁地域の諸勢力は一定程度、爵制的秩序の影響下にあったと言える。しかし、冊封体制の成立には、周縁国家が中華帝国の冊封を受容することが前提となる。確かに東アジアの歴史の中で、支配者が中華の権威に依拠して政権を確立したり、諸国家の抗争で物事を有利に運んだりする目的で、周縁地域の諸勢力が冊封を要請した事例はある。だが、秦漢時代にはそうした要素が顕在化しておらず、爵制的秩序による「束縛」の有効性は疑わしい。

このように秦漢の国家体制の中で、爵制的秩序だけでは捉えきれない存在が複数あったことが分かる。皇帝が領域内の全てを支配する存在であれば、異姓諸侯王や高祖功臣も皇帝の支配下にあったはずである。それにもかかわらず、彼らには爵制による支配原理が適用されていなかった。そこで、爵制的秩序のほかに如何なる支配原理が存在していたか、皇帝と彼らを結びつけた要因は何か、その支配原理は「秩序外」にどう展開したか、などの点を解明する必要がある。本書は、こうした研究の視座から、爵制的秩序で把握しきれなかった存在を抽出し、従来とは異なる視角から彼らへの支配のあり方を分析することで、新たな権力構造論の提示を目指す。

先行研究では、皇帝から賜与される「爵」に着目し、その賜与と被賜与の関係の中で、皇帝と人民との相互関係を国家構造論へと昇華させてきた。このように、特殊な具体的な媒体を通して帝国の内面を探究する手法は極めて有効である。なぜなら、既得権益層の権力の根源が、そうした特殊な具体的な媒体によって可視化されるからである。皇帝は恩恵の受領を常に意識させることで、特殊な具体的な媒体によって既得権益層と固有の関係を結んでいたのである。本書ではこの研究手法の有効性を認めつつ、皇帝の賜与物である「符」に着目し、それを媒介として秦漢帝国の権力構造の異なる側面を解明したい。

第四節　本研究の視角――符の政治的な価値――

一　符と皇帝権力

秦から漢初にかけての帝国支配の草創期に、皇帝支配は極めて不安定なものであった。秦の始皇帝が構築した皇帝号のもとでの支配体制は、楚漢交代期の断絶を経た後、劉邦の手によって復活させられたが、危うい存続に過ぎなかった。この不安定な皇帝支配は、諸呂の乱や呉楚七国の乱など、帝国内部の乱れを生じさせる根源となった。最大の問題は、皇帝継承者の絶対的基準が欠如しており、帝室が定着しなかったことにある。この問題は始皇帝の没後から、前漢景帝期の諸侯王制圧に成功するまで、長年にわたって解決を見なかった。そうした混乱期において、異例の皇帝継承の際に、「符」の存在が史料に登場する。『史記』巻一〇孝文本紀に、

太尉乃ち跪きて天子の璽・符を上る。代王謝して曰く、代の邸に至りて之を議せん、と。……丞相平等皆曰く、臣伏して之を計るに、大王は高帝の宗廟を奉ずるに最も宜しく称へり。天下の諸侯・万民と雖も、宜しと以為はん。臣等宗廟・社稷の為に計り、敢へて忽せにせず。願はくは大王幸ひに臣等に聴け。臣謹みて天子の璽・符を奉じ、再拝して上る、と。代王曰く、宗室・将相・王・列侯寡人より宜しきもの莫しと以為はば、寡人敢へて辞せず、と。遂に天子の位に即く(34)。

とある。漢帝国の支配を動揺させた諸呂の乱を平定した後、高祖功臣は帝国の秩序を再建すべく、当時の諸侯王のである代王の劉恒を次期の皇帝に推戴した。のちの文帝である。高祖功臣が代王を皇帝として迎え入れる際、皇帝権力の象徴として「天子の璽・符」を献上したというのである。璽と符を皇帝権力の象徴として記述するのは、前漢文帝の皇帝継承だけではなく、さらに遡れば秦代末期にも見られる。『史記』巻六秦始皇本紀に、

秦王の子嬰即ち頸に係くるに組を以てし、白馬素車にて、天子の璽・符を奉じ、軹道の旁に降る(35)。

とあり、それと同様の記述は『史記』巻八高祖本紀に、

秦王の子嬰素車白馬にて、頸に係くるに組を以てし、皇帝の璽・符節を封じ、軹道の旁に降る(36)。

とある。秦の二世皇帝の治世中、中華世界全土で反秦勢力の蜂起が続出し、秦帝国の支配は次第に弱まっていった。とりわけ、楚を中心とする反秦勢力は、旧六国の諸勢力と同盟を結び、秦の都咸陽への反攻作戦を敢行した。楚軍は函谷関を目指す西のルートと、武関を目指す南のルートの二つの経路から咸陽に侵攻した。結果として、劉邦を筆頭

とする南行軍が先に咸陽に入城し、秦の支配者である秦王子嬰の降伏を受け入れた。右の史料に見られるように、秦王子嬰は無抵抗のまま降伏し、同時に秦の統治者たる証を献上した。『史記』巻六秦始皇本紀には「天子の璽・符」と記されており、『同』巻八高祖本紀には「皇帝の璽・符節」とある。これらの史料は、同じ『史記』の記述にもかかわらず、符と符節の用語表記に混乱が見られる。この問題については後文（第三章を参照）で検討の結果を詳述するが、ひとまずこれらはともに本書の考察対象である「符」であると結論づけておく。したがって、『史記』巻六秦始皇本紀と巻八高祖本紀には多少の記述の差異が見られるものの、秦王子嬰の献上品に関しては「璽」と「符」の言及が共通しており、「璽」と「符」が皇帝継承、ひいては皇帝権力との関連性を持つことは明白である。

これらの史料から、権力者の異例な交替において、皇帝権力を象徴する器物の移譲が見られることがわかる。その際に「璽」と「符」は代表的なものとして挙げられ、伝世史料に並列されることが確認できる。璽とは、玉璽のことである。行政文書の発行に用いる璽は、詔書や勅令を下す際に必須の器物であり、中央集権支配において皇帝の分身としての役割を果たしている。一方、符に関しては伝世史料であまり言及されておらず、その実態は不明瞭である。しかし、秦王子嬰の降伏および前漢の文帝即位の事例から、璽と並列される符は、すなわち皇帝の分身と同等のものであると推定される。これにより、符が皇帝権力の象徴として重要な役割を果たしていたことが予想される。

二　符の賜与――「剖符」の語義――

「符」と「璽」を掌握した皇帝は、禁内に専門職を置き、これらの重要な器物を丁重に扱わせた。秦代にはすでに符璽令という官職があり、その名称からして符と璽の管理を専門とする職務であった。漢代もこの制度を継承し、専門職を置いて符と璽の管理を担当させた。符と璽の管理職については、次の史料からその制度の一端を窺うことがで

きる。『晋書』巻二四職官志に、

符節御史とは、秦の符璽令の職なり。漢之に因り、位は御史中丞に次ぐ。魏に至りては、別けて一臺と為し、位は御史中丞に次ぎ、授節・銅武符・竹使符を掌る。泰始九年に及び、武帝省きて蘭臺に幷せ、符節御史を置きて其の事を掌る。(37)

とある。これにより、晋の符節御史は秦漢時代の制度に起源を持つことがわかる。すなわち、漢代は秦代の符璽令を継承し、その位は御史中丞に次ぐ重要な役職であった。曹魏政権は独立した官署を設置し、銅武符・竹使符などの器物の管理を担当させていたが、晋の武帝期にこの役割を蘭臺に統合し、符節御史の官職が設けられた。晋代以前の詳細は不明な点が多いが、漢初には高祖功臣である紀通が「尚符節」の職務に就き、符節の管理を担当していたことが知られている。その他、高祖期に符璽御史の趙尭（『漢書』巻四二周昌伝）、昭帝期に符璽郎【名は不詳】（『漢書』巻六八霍光伝）が存在した形跡がある。「位は御史中丞に次ぐ」という記述から、漢代の符璽を掌る官職は御史中丞、ひいてはその長官である御史大夫の管轄に属していたことがわかる。高祖期の趙尭が御史大夫の周昌の史であったこと（『漢書』巻四二周昌伝）がその傍証となろう。したがって、秦漢時代の璽・符は、御史大夫の官署である御史臺に保管されていたと推測される。一方で、『宋書』巻四〇百官志に、

秦・漢に符節令有り、少府に隷し、符璽郎・符節令史を領《す》ぶ。(38)

とある。それによれば、前漢のある時期に秦の符璽令は符節令に改称され、少府の所属となった。この改称に伴い、璽・符などの器物は御史臺から搬出され、符節令の官署である符節臺に移管された。ただし、この移管において、個人の印璽（いわゆる「私印」）に限らず、行政に用いる皇帝の玉璽（行璽、信璽）もともに符節臺に移管された。(39) したがって、符璽令から符節令への改称は、玉璽の管理を当該役職から切り離したわけではない。この点は、符節令の属官に

「尚符璽郎中」が存在することからも窺える(40)。

禁内に収蔵されていた璽・符は、有事の際にのみ持ち出され、皇帝の政治を助ける役割を果たした。本書が注目する符という器物は、文字の原義からして元来二分割されたものである。中国古代の皇帝はこの独特な造形を利用して、符の一半を臣下に賜与していたと見られる。戦国・秦・前漢を中心に符が登場する史料（【附録一】を参照）を整理すると、「剖符」語が多く見られることに気付く。『史記』『漢書』『戦国策』『塩鉄論』『列女伝』『商君書』『六韜』『周礼』などに散見する符の史料を蒐集したところ、約一三三点の史料が得られた。その中で、「剖符」に言及した史料は約四四点発見でき、そのうち三九点が漢初の記載であった。「剖符」という用語は字面の通り「符を剖《さ》く」ことを指すが、符を切り裂くことは、つまりそれを破壊するという意味ではあるまい。『漢書』巻一高帝紀の「（漢六年）始めて剖符し、功臣の曹参等を封じて通侯と為す」に引く唐の顔師古注に、

剖、破るなり。其れと与に符を合せ分けて之を授くなり(41)。

とある。それによると、「剖く」とは器物を二つに分ける行為を指し、一つの符を二分割して一半を相手に授けることが本来の意味であった。したがって「剖符」とは、符を半分に割り、一半を皇帝の手元（皇宮内の官署）に置き、他方を賜与の対象者に与えることを意味する。『漢書』巻一六高惠高后文功臣表に、

漢の功臣を迹ね、亦た皆な割符して世爵たり、山河の誓を受く(42)。

とある。同じく「わりふをさく」と訓読できる「割符」という用語は、文脈からして「剖符」の類語にあたる。ここでの「割符」は符を分割して与えるという意味であり、「わりふをわかつ」と訓読することができる。本書が扱う史料の中で、符を破壊する行為は戦国時代の史料に見える。そこで混乱を避けるため、本書では「剖符」語を「わりふをわかつ」と訓読することとする。

「剖符」語が示しているように、漢代の皇帝、とりわけ漢初の皇帝は符を賜与する慣行があった。ただし、皇帝直々の符賜与は一般民に向けたものではなく、対象は異姓諸侯王・高祖功臣・周縁地域の勢力などに限定されていた。皇帝権力の分身である符を分け与えることは、多少なりとも皇帝権力の分与を意味していた。そこで本書では、こうした剖符の事例に注目し、符が象徴する皇帝権力とは何か、また符を通してどのような権力構造が帝国初期に形成されたのかを追究する。

本書の目的は、皇帝支配と関連する符の実態を考察し、中国古代帝国形成期における符の役割を明らかにすることにある。ただし、単に秦漢時代の符だけでなく、それ以前の符の歴史的経緯も解明し、符による権力構造の成立過程を総合的に検討する必要がある。爵制的秩序が爵制の伝統に依拠するのと同様に、符の考察も歴史的文脈の中に置く必要があり、その本質は通時的考察によって解明されるべきものと考える。

注

（1）五井直弘氏は前漢中期を境に地方豪族もしくはその一族が郡県の下級役人となり、ついでに大官に昇進する事例が激増したことから、豪族は現実に郷里において強力な勢力をもっていた。一方、大姓豪族を皇帝を中心とする国家構造内に取り込むため、彼等を郎官に登用して皇帝の家臣として身分を保証した。こうして豪族の郷里に有する規制力を国家が公認し、後漢王朝においては中央と地方との分権的な支配体制を展開していたとする。詳細は「後漢王朝と豪族」『漢代の豪族社会と国家』（一九七〇年初出。名著刊行会、二〇〇一年所収）第六章二五九頁～二八一頁などを参照。

（2）堀敏一氏は奴隷所有者たる古代豪族は官僚化して国家に寄生するに至り、一方、農業生産力の発展は農民の独立性を高めて均田体制の基盤をなす。均田体制に依存する寄生官僚は集権的国家権力を要求し、国家が直接に自立小農民層を支配する個別人身支配体制を完成し、中央集権的官僚国家を形成した。詳細は『均田制の研究――中国古代国家の土地政策と土地所有制——』（岩波書店、一九七五年）などを参照。

（3）大庭脩氏は中国古代の律令法体系を次のように整理する。「戦国の魏における李悝の法経六篇から中国法典の編纂を説き始めるのは常である。これは盗法、賊法、囚法、捕法、具法の六篇で、秦においては「法」を「律」に改め、漢初に蕭何が、戸、興、廏の三律を加えて「九章律」を作った。このほかに漢には諸種の名前の「令」があった。三国時代の魏になって「新律十八篇」が作られた。この十八篇の篇名については議論がある。そして晋の時代には「泰始律」二十篇、六百二十條になり、この時に「令典」の編纂が始まる。「格」編纂は北魏の「麟趾格」をもって始まる。」と。詳細は「律令法体系の変遷と秦漢の法典」『秦漢法制史の研究』（創文社、一九八二年）第一章第一節六頁を参照。

（4）『漢書』巻二八地理志に「周爵五等、而土三等。公・侯百里、伯七十里、子・男五十里。不満為附庸、蓋千八百国」とある。

（5）古代中国の奏讞制度について、詳細は池田雄一『漢代を遡る奏讞——中国古代の裁判記録——』（汲古書院、二〇一五年）序章三頁～一九頁等を参照。

（6）前田直典「東アジヤにおける古代の終末」『歴史』一—四、一九四八年（→『元朝史の研究』東京大学出版会、一九七三年所収）

（7）西嶋定生『中国古代帝国の形成と構造——二十等爵制の研究』東京大学出版会、一九六一年

（8）増淵龍夫『中国古代の社会と国家——秦漢帝国成立過程の社会史的研究』弘文堂、一九六〇年（→岩波書店、二〇一四年）

（9）木村正雄『中国古代帝国の形成——特にその成立の基礎条件』不昧堂書店、一九六五年（→比較文化研究所、二〇〇三年）

（10）戦後の中国古代国家史研究は膨大な先行研究があり、本書では権力構造論の整理に重点を置き、それに関連する内容を簡易にまとめる。秦漢帝国史論の展開については、太田幸男「中国古代の共同体と奴隷制——その学説史の検討——」『中国古代史と歴史認識』（名著刊行会、二〇〇六年）第一部第二章二五頁～七八頁や、多田狷介「中国古代史研究覚書」『漢魏晋史の研究』（汲古書院、一九九九年）二六七頁～三一四頁を参照。また、飯尾秀幸「戦後日本における中国古代国家史研究をめぐって」（『専修史学』六〇、二〇一六年）はそれぞれの時代との関連性を中心に、四五～五四年（時代区分論争の時代）、五五～六四年（権力構造論争の時代）、六五～七四年（共同体論争の時代）、七五～八五年（国家論論争の時代）、八五年以降と

いうように時代を区分して戦後の中国古代国家史研究を整理した。各学説が展開される時代背景を理解するためにも参照されたい。

（11）西嶋定生「古代国家の権力構造」『国家権力の諸段階』岩波書店、一九五〇年（↓『中国古代国家と東アジア世界』東京大学出版会、一九八三年所収）

（12）増淵龍夫「漢代における民間秩序の構造と任俠的習俗」『一橋論叢』第二六号、一九五一年（↓『中国古代の社会と国家――秦漢帝国成立過程の社会史的研究』前掲所収）

（13）守屋美都雄「漢の高祖集団の性格について」『歴史学研究会』第一五八・一五九号、一九五二年（↓『中国古代の国家と家族』東洋史研究会、一九六八年所収）

（14）浜口重国「中国史上の古代社会問題に関する覚書」『山梨大学学芸学部研究報告』第四号、一九五三年（↓『唐王朝の賤人制度』東洋史研究会、一九六六年所収）

（15）尾形勇『中国古代の「家」と国家――皇帝支配下の秩序構造』岩波書店、一九七九年

（16）好並隆司『秦漢帝国史研究』未来社、一九七八年

（17）谷川道雄・川勝義雄「中国中世史研究における立場と方法」『中国中世史研究』東海大学出版会、一九七〇年

（18）渡辺信一郎「古代中国における小農民経営の形成――古代国家形成論の前進のために」『歴史評論』第三四四号、一九七八年（↓『中国古代社会論』青木書店、一九八六年所収）

（19）飯尾秀幸「中国古代における国家と共同体」『歴史学研究』第五四七号、一九八五年、同「中国古代における個と共同性の展開」『歴史学研究』第七二九号、一九九九年

（20）鎌田重雄「両漢爵制」『史潮』八の一号、一九三八年（↓『漢代史研究』川田書房、一九四九年所収）

（21）栗原朋信「両漢時代の官民爵に就いて」『史潮』、二二・二三合併号、二六・二七合併号、一九四〇年～一九四一年

（22）守屋美都雄「漢代爵制の源流として見たる商鞅爵制の研究」『東方学報』第二七号、一九五七年（『中国古代の国家と家族』前掲所収）

（23）西嶋定生『中国古代帝国の形成と構造――二十等爵制の研究』（前掲）
（24）籾山明「爵制論の再検討」『新しい歴史学のために』一八七号、一九八五年（→『秦漢出土文字史料の研究』創文社、二〇一五年所収）
（25）宮宅潔「漢初の二十等爵制――制度史的考証――」『中国古代刑制史の研究』京都大学学術出版会、二〇一一年
（26）楯身智志『前漢国家構造の研究』早稲田大学出版部、二〇一六年
（27）西嶋定生『中国古代帝国の形成と構造――二十等爵制の研究』（前掲）第三章第四節、三六一頁～三八〇頁を参照。
（28）郡国制については多くの先行研究がある。近年の研究については杉村伸二氏（「郡国制の再検討」日本秦漢史学会会報第七号、二〇〇五年）と阿部幸信氏（「漢初「郡国制」再考」日本秦漢史学会会報第九号、二〇〇八年→『漢代の天下秩序と国家構造』研文出版、二〇二二年所収）との議論を参照されたい。
（29）大庭脩「漢王朝の支配機構」『岩波講座世界歴史』［旧］四、岩波書店、一九七〇年（『秦漢法制史の研究』創文社、一九八二年所収）より引用。
（30）近年の東洋史研究は、漢代の国家構造には一種の「国際」関係を内包していたと見られている。栗原朋信（『秦漢史の研究』吉川弘文館、一九六〇年）氏は、漢の国家には皇帝の礼と法が及ぶ「内臣」と礼のみが及ぶ「外臣」という二種類の臣下がおり、その亜種も含め、皇帝の「徳化に基づく異分子の包摂」を蒙ったものによって構成されるのが、漢の「国家構造」であるとする。その研究を踏まえた上で、阿部幸信（「漢初「郡国制」再考」（前掲）氏は、漢初における漢と諸侯王国は行政面・経済面・軍事面のいずれをとっても切り離されており、理念の上でも当時の諸侯王は漢皇帝の「外」の臣下であるとし、漢の「外」に「封建」されていた諸侯王は、「郡県」によって支配される漢朝の直轄領域すなわち「内」とは切り離された存在であると指摘する。
（31）西嶋定生『中国古代帝国の形成と構造――二十等爵制の研究』（前掲）を参照。
（32）「二年律令・置後律」簡三六七に「……徹侯後子為徹侯……関内侯後子為関内侯……」とあり、爵の継承は血縁関係を原則とする。

(33) 詳細は西嶋定生「東アジアと冊封体制——六—八世紀の東アジア」『中国古代国家と東アジア世界』(東京大学出版会、一九八三年)第二篇第二章四一五頁~四六七頁を参照。
(34) 太尉乃跪上天子璽符。代王謝曰、至代邸而議之。……丞相平等皆曰、臣伏計之、大王奉高帝宗廟最宜稱、雖天下諸侯万民以為宜。臣等為宗廟社稷計、不敢忽。願大王幸聴臣等。臣謹奉天子璽符再拜上。代王曰、宗室将相王列侯以為莫宜寡人、寡人不敢辭。遂即天子位。
(35) 子嬰即係頸以組、白馬素車、奉天子璽符、降軹道旁。
(36) 秦王子嬰素車白馬、係頸以組、封皇帝璽符節、降軹道旁。
(37) 符節御史、秦符璽令之職也。漢因之、位次御史中丞。至魏、別為一臺、位次御史中丞、掌授節・銅武符・竹使符。及泰始九年、武帝省幷蘭臺、置符節御史掌其事焉。
(38) 秦・漢有符節令、隷少府、領符璽郎・符節令史。
(39) 『漢書』巻六八霍光伝を引く孟康の注に「漢初有三璽、天子之璽自佩。行璽、信璽在符節臺」とある。
(40) 『後漢書』巻三八百官志、少府条に「符節令一人、六百石。凡遣使掌授節。尚符璽郎中四人。」とある。
(41) 剖、破也。与其合符而分授之也。
(42) 迹漢功臣、亦皆割符世爵、受山河之誓。

第一章　符による権力構造論の研究射程

第一節　符研究の問題点

本書の問題意識は、秦漢時代の皇帝が賜与した符を媒介として、それによって結ばれていた帝国内外の臣民との関係性を具体的に探求し、爵制的秩序で把握しきれなかった人々に対する支配の実態を再検討し、秦漢帝国の形成とその権力構造を従来とは異なった視角から解明しようとすることにある。このようなテーマにアプローチするためには、皇帝が符を賜与する行為の背後にあった政治的意図を究明すると同時に、賜った符を使用する帝国臣民の意識の所在を明らかにしなければならない。

また、秦漢時代の国家支配において符の使用は当然のごとく律令に規定されるが、皇帝権力が直接的に及ぶ地域と間接的に及ぶ地域においては、支配形態の相違によって符の使用に違いが生じかねない。ひいては、皇帝より符を賜る対象として帝国の内側（内臣）と帝国の外側（外臣）では、そこから派生する符の役割が異なってくることにも注意しなければならない。(1)さらに、広大な「天下」世界を支配するにあたって、地域差によって符に材質の変化をもたらす可能性を留意する必要がある。例えば、産地によっては符の用いる素材が異なるかもしれないし、使い捨てと想定される場面では竹や木、半永久的の使用と想定される場面では貴金属（青銅）の使用が考えられる。しかしながら、様々な符はその材質に差異があるものの、符そのものの性格、その「符」たる所以には必ず共通的な理解が存在する。それを十分に理解した上であればこそ、符と皇帝支配との関連性が明らかになろう。

「符」という媒体は、(2)その字義が表しているように、竹を素材とした「わりふ」である。それは一つの器物を二つの部分に分割し、分割された二つの部分を突き合せて元来の器物の形に復元できてはじめて機能を発揮する。すなわち当事者の双方は各自「わりふ」の一半を持参し、使用する時にそれらを突き合わせて、媒体に意図された目的を果たすのである。「わりふ」という形態の媒体は数多く知られており、符のほかに伝・致・券・契・繻などの媒体が存在する。同様の形態を有するこれらの媒体は、使用する条件や目的によって分類され、それぞれ独立した媒体として成立している。その中で、秦漢時代の支配者は幾多の「わりふ」の中で符を選択し、それを基に皇帝権力を展開させた。したがって符という媒体を選択した背後には、明白な政治的意図が秘められており、符が果たした符ならではの役割を究明することこそが本書の関心の所在である。

ところが、符という媒体は帝国形成期の秦・漢初にのみ存在していたわけではなく、王朝が交代しても使用し続けられていた。符が果たした役割は時代とともに多岐に亙るようになった。さらに、中国古代の地理的環境の変化や科学技術の向上により、符に使用される素材も多様化した。符をめぐる環境が変化する中で、その機能面が重視されるようになり、真偽検証の器物、身分証明の器物、軍隊動員の器物など、さまざまな見方が生まれた。結果的に符に対する統一的な認識が失われてしまったと言える。今日の符研究は「わりふ」という形態に着目し、符を信用の証と捉える傾向がある。したがって、様々な場面で使用された符に対しては、この観点から多様な解釈がなされ、符の多様性が強調されている。確かに符には信用の証としての意義が包含されており、その意味ではあながち誤りではない。

信用のある相手にのみ符の一半を預けられる、そのことに異論はあるまい。しかし、それを自明の理として秦漢帝国形成史の符を捉え、皇帝と臣民、ひいては国（秦・漢）と国（諸外国）との間の、精神的なつながりとして説明するだけでは、より深い意味を見出すことができない。数多くの媒体から故意に符が選ばれた政治的意図、また、符が政治上の信用の証となる所以こそが解明されるべき課題なのである。

前章で述べたように、璽は符に並ぶ皇帝権力の象徴とされている。璽とは皇帝の印鑑であり、皇帝政治の核心ともいえる。とりわけ後漢時代以降、伝国璽の伝説に基づき、璽は皇帝一家に代々伝わる秘宝とみなされ、天命思想の下で統一王朝の正統な継承者たる証ともなった。後漢の光武帝劉秀は伝国璽を用いて漢帝国を再建し、魏の文帝曹丕も伝国璽の所持により漢帝国の禅譲を受けた。これらの事例から璽の皇帝権力の象徴としての側面が強調される。しかしながら、璽が皇帝権力の象徴たり得るのは、伝説化によって璽が尊ばれるようになる以前から、皇帝の三璽（之璽・信璽・行璽。以下同じ。）と天子の三璽を合わせた「六璽」が存在していたためである。広大な「天下」世界を支配するにあたり、律令規定は皇帝の口頭命令に代わり、帝国支配の手段として定着していった。このような文書行政の環境の中で、皇帝の承認を意味する印璽がはじめてその権力の象徴となり得たのである(3)。国家の内外や大事小事すべてを認可する璽の実用性は、あらゆる伝説よりも先に秦漢時代の政治に組み込まれていたと考えられる。これに鑑みれば、符が皇帝権力の象徴たり得るのも、同様にその実用性に由来すると考えなければならない。

時代の変化により多様化する符を、統一的な認識のもとでその実用性を究明するためには、符の原義から出発し、その原点に立ち返って考える必要がある。秦漢時代の符を理解するには、後世の影響を排除した同時代の史料に基づかなければならない。そこで本書が注目したのが、居延で発見された符の実物（あるいは漢代に作成された記録用の複製品）と、符の使用に関連する出土文字資料である。一九三〇年代、敦煌やチベットを中心に西域調査が行われた際、西北科学考察団により漢代の木簡が発見され、これらは『居延漢簡』[4]と総称される。その中から符が出土し、とりわけ「出入符」と呼ばれる六寸の長さの符は、伝世史料に見える符と対比することが可能と考えられる。西北地域の発掘調査はその後も継続され、各地区から出土した簡牘は「西北簡」と総称され、多岐にわたる内容が漢代史研究に多くの知見を提供してきた。特に注目すべきは、一九七二年から一九七四年にかけて居延の肩水金関遺跡（今の甘粛省金塔県東北）で発見された簡牘であり、これらが整理されたものが『肩水金関漢簡』[5]として刊行された。肩水金関とは、漢初より設けられた居延黒水地区の関所であり、関所の出入規定を記した簡牘から、「出入符」をはじめとする符・伝などの通行証に関する出土文字資料が多数確認できる。これらの出土史料を通じて、漢代における符の実態に迫りたい。ただし、これらの史料に記された内容は、前漢の武帝期（太初年間）から後漢の和帝期（永元年間）にかけたものが中心であると推定され、帝国形成期を経て成熟化した段階のものである。したがって、形成期の符との性質の違いにも留意しなければならないのである。

第二節　符をめぐる諸研究

一　符の種類

前節で述べたように、漢代の符研究は『居延漢簡』の発見とともに二〇世紀初頭から活性化し、七〇年代の『肩水金関漢簡』の発見によってさらに大きな刺激を受けた。今日に至るまで史料が次々と増加したことで、符をその特徴に応じて幾つかの種類に分類することが可能となった。鷹取祐司氏は西北地域で発見された通関文書を集成・分類し、居延と肩水金関との間の通行証を体系的に整理した(6)。以下では、氏の分類に従い、それぞれの符の種類を一例ずつ挙げて概観したい。

①　出入符

元鳳二年二月癸卯居延與金關為出入六寸符券齒百從第一至千左居官右移金關符合以從事第九百五十九

73EJT26：16

②　家属符

妻大女觻得當富里成虜年廿六
子小女侯年一歳
槖他通望隧長成褒　弟婦孟君年十五　車二兩
建平三年五月家屬符　弟婦君始年廿四　用牛二頭
小女護惲年二歳
弟婦君給年廿五

73EJT37：755

③　亭長符

亭長閻得葆昭武破胡里公乘王延年年廿八歳長七尺五寸　皆黒色
五鳳四年六月戊申　葆觻得承明里大夫王賢年十五歳長七尺　入出止
槖他故駮亭長符　葆昭武破胡里大女秋年十八歳

73EJT37：1376+656

④　燧長符

隧長奉妻觻得常樂里大女葉中孫年廿五歳

初元四年正月癸酉　子小女巹年五歳
槖佗殄虜隧長符　子小男忠年一歳　●皆黒色
奉弟輔歳十七歳
奉弟婦婢年十六歳　73EJT30：62

⑤　亭戍卒符

初元二年　戍卒淮陽國陳莫㔳里許湛舒年卌一
正月　戍卒淮陽國陳大宰里陳山年卅一
騂北亭　戍卒淮陽國陳桐陵里夏寄年廿四
戍卒符　73EJT27：48

右記のように、「符」の文言が付随する通行証には記載内容の相違が見られ、それぞれ異なった特徴を持つ。①の出入符は、居延と金関との間で作成されたものであり、発行した年月日や刻歯（切り込み）の種類など必要な情報を簡潔に記載している。ほかの符と異なり出入符は人物の情報を記載しておらず、適用対象への言及が見られない。おそらく符の所持者のみが対象であり、当事者の個人使用に限定された通行証であると想定される。②③④の家属符・亭長符・熢長符は、当該地域所属の官吏の家族のために作成されたものである。②に見えるように符の上部に官吏の職名を記載しており、その下部に当該官吏の家族の情報を記載している。③④に「家属」の文言が明記されていないものの、記載内容は②との類似性が認められる。これらの符に記載された人物の情報は、通行証の適用対象であると考えられる。したがってこれらの符は当該官吏の家族等がその勤務地に赴く際の金関通過に使用され、当事者だけではなく複数の関係者が使用する通行証である。⑤の亭戍卒符は、戍卒の勤務地である騂北亭と金関との間で作成されたものである。騂北亭の戍卒は文書伝送を担当していたとされ、その任務を果たすために作成されたこの符は公務上での使用が想定される。

各種類の符を概観するに当たって、右はそれぞれ一例を取り上げて説明した。ところが、これらはあくまで代表的な例であり、幾つかの例外が存在することを念頭に置かなければならない。例えば、肩水金関から次のものが発見されている。

槖佗候官與肩水金關為吏妻子葆庸出入符齒十從一至百左居官右移金關符合以從事　73EJT22：99

槖他候官與肩水金關為吏妻子葆庸出入符齒十從一至百左居官右移金關符合以從事　第卅一　73EJT24：19

これら二枚は、「出入」の文言があり、記載内容も①の出入符と近似する。一方で「吏妻子葆庸」の文言があり、②の家属符との近似性を想起させられるが、人物情報が一切記されていない。①と②の中間に位置付けられるであろうこの二枚の符は、現在の分類のいずれかに定義しにくいものである。

また、「符」の文言が付随する媒体の多くはわりふとして理解して差し支えないが、鷹取氏はわりふの形態ではない「符」、すなわち封泥匣が付いた符の存在を指摘する。(7) この種類の符は条文にある「過所」の文言から窺えるように、これは通行証であることに相違ない。しかしながら、わりふとは異なりもう一半との突き合わせを想定していない作りをしており、地理的にも関所を通過する必要がないと想定される。したがってこの封泥匣が付いた符は関所の通過とは無関係に作成されたものであると考えられる。氏はこの符を外出・移動許可証であるとし、符の携帯によって受領日・到着日が報告され、移動時間を管理する機能を持つと推定した。

二　出入符の分析

符は、その特徴によって複数の種類に分類できる。各種類の符には使用条件や適用対象に差異が見られるものの、全ての符に共通する使用目的は関所の通過である。関所の通過すなわち関所の出入こそがこれらの媒体の符たる所以であれば、出入符が符の原型に最も近いと考えられる。各種類の符は、この基本形態から私事や公務といった状況に応じて発展したものと推測される。本書は、この「出入」を掌る機能に焦点を当て、符の特徴を分析する。まず、『居延漢簡』と『肩水金関漢簡』に見られる出入符を表に整理し、考察を進めていく。

【表二】は西北地域で発見された符の実物（あるいは記録用の複製品）、その上に書かれた条文を九点ほど列挙した。そこからわかるように、出入符そのものに記された条文はいずれも類似している。以下に例として簡六五・九と簡六五・一〇を取り上げる。まず、この二枚の木簡は写真（【図二】）から確認できるように、切込みの位置からして一つの木片を左右に分割したものと推定される。そして、簡六五・一〇の条文は欠損しているが、完全な状態である前半部分の条文に限っていえば簡六五・九と同文となっている。おそらく、欠損している後半部分にも同じ条文が書かれていると推測される。その意味は、始元七年（前八〇年）[8]閏月の甲辰の日に、居延（県城）と（肩水）金関との間を出入する六寸の符を作る。歯は百、番号は第一から一〇〇〇まで、左は官（居延）におき、右は金関に移し、符合すれば事に従う、とのことである。要するに、簡六五・九と簡六五・一〇の二枚は元来一つの木片を左右に分割したもので、片方は居延県城に置き、片方は肩水金関に置く。予め左右に分割された符だが、居延から出発する符の使用者は符の半分を所持し、金関に到着し次第そこに保存されている残りの半分と突き合わせ、左右が符合すれば「事に従う」すなわち「関所を通過させる」という使用実態となっている。【表二】に整理したように、発掘調査に発見された符

【表二】「出入符」の条文

簡番号	条文	現存形態
一一・八	▨［與］金關為出入六寸符▨從事	?
一一・二六	▨出入六寸符券齒百從一至［千］▨百卅三	?
六五・七	始元七年閏月甲辰居延與金關為出入六寸符券齒百從第一至千左居官右移金關符合以從事　・第八	左
六五・九	始元七年閏月甲辰居延與金關為出入六寸符券齒百從第一至千左居官右移金關符合以從事　・第十八	左
六五・一〇	始元七年閏月甲辰居延與金關為出入六寸符券齒百從第一至千	右
二二一・一七	▨寸符券齒百從第一至千左居	?
二七四・一〇	▨居延與金關為出入六寸符券齒百從第一至千左居▨符合以從事　・第七	左
二七四・一一	□居延與金關為出入六寸符券齒百從第一至□□居官右移金關符合以從事　・第十九	?
73EJT26：16	元鳳二年二月癸卯居延與金關為出入六寸符券齒百從第一至千左居官右移金關符合以從事　・第九百五十九	右

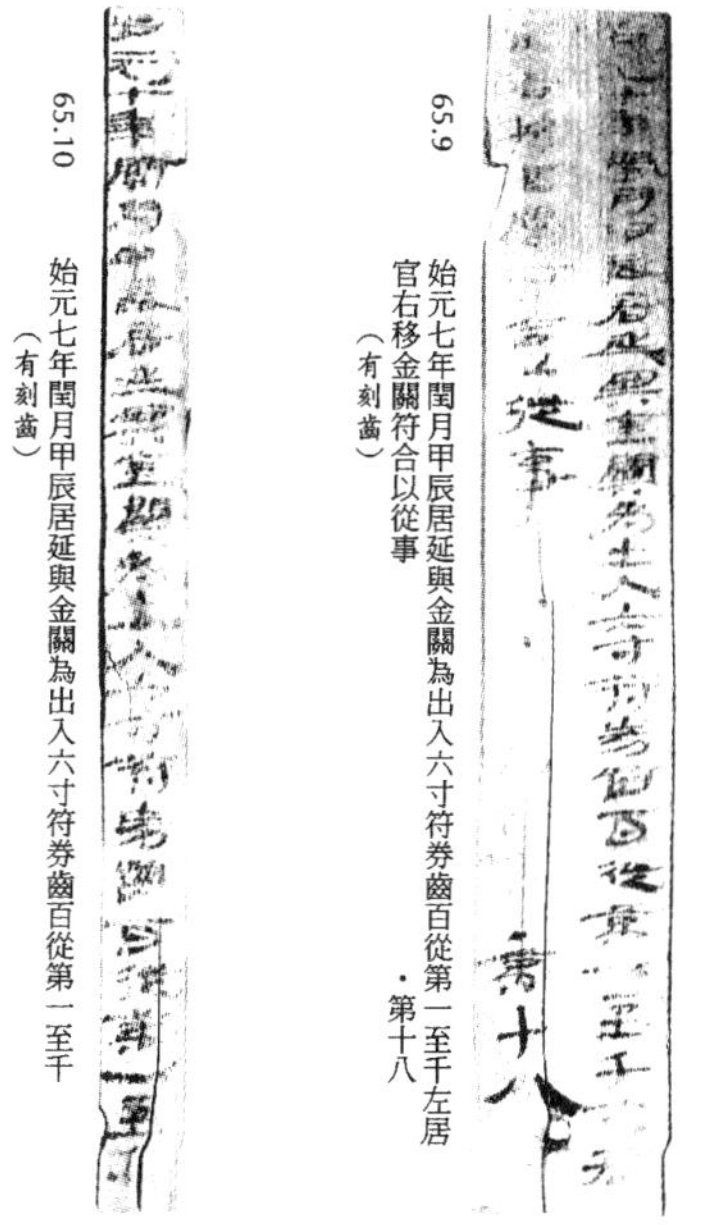

【図一】　居延の符（簡牘【六五・九】および簡牘【六五・一〇】）
（出所）『居延漢簡（壱）』（中央研究院歴史語言研究所、二〇一四年）より引用

は断片的なものが多く、左右両方が同時に発見されることは稀である。その中で簡六五・九と簡六五・一〇は符の使用方法を想像するのに恰好の例であると言えよう。

右記の条文にある「第一より千まで」の記載から、およそ一から一〇〇〇までの番号が振られていたと推定される。簡二七四・一〇の「第七」と73EJT26：16の「第九百五十九」の番号から、約一〇〇〇点ほどの符が作られ発行されたことが窺える。これほどの製作数からして、地方の役人だけではなく、一般民も使用対象となっていたと予想される。前記で取り上げた『肩水金関漢簡』に見える家属符とは、当該地域の官吏の家族等の関係者を対象としており、いわば一般民が使用していた符の実例と言える。したがって家属符の存在は、一般民が符を使用していたことの傍証となろう。

また、符の素材には気になる点がある。右に挙げた出入符は一五㎝弱の長さで、秦漢時代の六寸に該当する。詳細は後述するがこの長さは伝世史料の記載と合致する（本章第三節を参照）。しかしながら、符の素材に関して、西北地域で発見された符はいずれにしても木を素材とするのに対し、伝世史料に漢代の符は木ではなく銅もしくは竹を素材とする記載のみが確認される。この伝世文献と出土文物との齟齬について、籾山明氏は「わりふ」作成の技法や竹の産地・分布地域などの側面から分析し、符は現地で材料を調達して作成されていたと述べる(9)。それを踏まえれば、符の素材は漢帝国の支配領域の範囲を示す側面がある。すなわち漢中心地である関中地域をはじめ、帝国が支配する内陸地域は竹の産地に該当し、自然と調達しやすい竹を符の素材とした。それに対して、水が枯渇する周縁地域において、竹の調達が困難な環境の中で西北地域で発見された符は当地で調達しやすい木を素材としたわけである。このことから、竹の産地でのみ使用される符は、次第に周縁地域まで伝わっていき、漢初から武帝期以後にかけて制度上の拡大があったと考えられる。

三　先行研究における符の理解

右では出入符を例に取り挙げ、実物を通して漢代の符を概観した。西北地域における符の発見は、漢代の符研究に大きな影響を与えた。先行研究は出入符に書かれた条文および符という媒体そのものの分析に止まらず、伝世史料に見える符の記載と合わせて出入符を理解し、符の通行証としての特性をめぐって様々な見解が出された。本書の考察において筆者が注目した、「わりふ」という形態に焦点を当てた研究を次のように整理したいと思う。

まず、大庭脩氏は居延で出土した符の実物を条文に見える金関との位置関係から符の使用実態を究明した。(10)条文に書かれたように、関所を出入する時に通行者はわりふの一半を持参し、関所にある他半と符合すれば通過できることが想定されるが、通行者の移動距離に限界があると氏は推察した。すなわち出入符の簡易な作りからして、当該媒体が一定の関所を通過する比較的短距離の往来に用いるものであると氏は規定する。そして六寸という通行証としての符の長さは、二四の分数を尊ぶ秦代のものに限らず、漢代にも踏襲されたと指摘した上で、竹使符など漢代の符の長さは必ずしも五の分数で作成したとは限らないと疑問を呈した。また、氏は符の刻歯に関心を寄せている。符の作成は端に刻歯を入れてから左右に分割し、切込みの位置が合致すれば通過させる仕組みとなっている。出土簡牘にある切込みの位置の相違からして刻みの入れ方には種々あり、そこに識別の効果があったとの可能性を提示した。

右の大庭氏の見解を受け、冨谷至氏は符を通行証の伝と対比し、その使用実態を更に限定した。(11)氏によれば、符は諸々のわりふと機能を異にし、その実態は関所の通過に限定されたものであるという。しかも、それは一定の関所を通過するに当たって、特定の用務において封印の手間などの煩雑さを省略した簡易な通行証であると規定する。また、氏は二枚一組の符の左右関係にも注目した。簡牘に見える「左右」の文言について、従来では刻歯の位置を示す文言であると理解されてきたが、氏は物理的な位置を意味するものではなく、より抽象的な意味合いを持つと理解する。すなわち秦漢時代における左右の上下関係を踏まえた上で、移動者が携帯して持っていく符を「左」といい、関所に置いておくものを「右」といったと説明し、一般民と為政者との尊卑関係を表す文言として捉える。

一方で、わりふという形態から派生した、符を通行証ではなく身分証明書とする見方がある。それを巡る先行研究として、永田英正氏は符の身分証明書としての側面に注目した。(12) すなわち漢代の符は元来一つの竹片・木片・銅器などの媒体の表面に文字を記し、書写が終了した後に媒体を二つに分割した。双方は別々に符の一半を所持し必要の際に両者を合わせ、その文字が合致すればそれで互いに信用をおく機能を有する。したがって符を合わせることによって、符の所持者が自らの真偽を証明することができる仕組みとなっている。それを踏まえた上で、伊藤瞳氏は相手にその真実性を表明・証明することが符の機能と捉える。(13) 多様性を持つ符は様々な場面において異なった使途で用いられるが、符の所持者の真実性を表明することがあらゆる場面で用いられた符の共通項であると言える。

上述の西北簡に見られる出入符を基礎として、漢代中葉以降の符について様々な見解が提示されている。本書では、これらの先行研究を参照しつつ、研究対象を戦国時代から秦漢時代にまで拡大し、中国古代帝国形成史における符の役割を考察する。現状の研究は、史料の限界により、居延や肩水金関などの周縁地域に限定されている。しかし、律令制度による統一的支配を目指した秦漢帝国において、中央政府の規定は国内全域に等しく適用されたと考えられる。したがって、居延と肩水金関で確認される符の規定は、漢帝国内の全ての関所に共通していたと推測できる。さらに、この理解は漢代律令制度の源流である戦国・秦代にも適用可能だと考えられる。

第三節　戦国秦漢における符の継承

一　符継承の系譜

本節では西北簡に見える符の実例およびそれに対する先行研究の理解を踏まえた上で、伝世史料に見える符の記載を整理し、伝世史料に見える符と出土史料に見える符との関係性を明白にしたいと思う。まず、秦漢時代の符を研究するに際し、次の説明は基本的なものと言える。すなわち『説文解字』巻六竹部に

符、信なり。漢制は竹を以てし、長さは六寸、分かちて相合す。

とあり、符の基本情報を簡潔に記している。それによれば符とは信と同質なものである[14]。漢の制度では竹を用い、長さは六寸（約一三・八㎝）であり、これを二つに分割したものを合わせるものである。このような媒体としての形態は、西北簡に見える符と合致する。そして『説文解字』の記述に見える「漢制」とは、前章で取り上げた高祖が秦王子嬰から譲り受けた符と、文帝が功臣から献上された符と関連しているように思われる。秦王子嬰が所持する符の由来と言えば、秦の始皇帝期まで遡ることができる。『史記』巻六秦始皇本紀二六年条に

数は六を以て紀と為し、符・法冠は皆な六寸にして輿は六尺、六尺を歩と為し、六馬に乗る。

とあるように、秦帝国の樹立に伴い度量衡の統一を図った。諸々の規定に用いる数字は「六」をもってひと区切りとした。符・法冠はすべて六寸とし、輿は六尺とし、六尺をもって歩とし、六頭立ての馬車に乗ると規定した。本条の背後に隠された意図を理解するため、『史記集解』は張晏の言葉を引き、

水、北方なり、黒なり。終数は六なり、故に六寸を以て符と為し、六尺を以て歩と為す。

とある。それによれば水徳を代表するものとして、方角は北方であり、色は黒である。示す数字は六であり、ゆえに始皇帝は六寸の長さで符と歩などを規定したのである。

水徳に基づいて帝国の規定を設けたとする右の記事は、六寸符の規定が始皇帝の統一策の具体事業の一環であることを示している。何より数字の六を選定するのに、水徳の思想が背後に潜んでいることがその証である。戦国時代の斉の鄒衍にはじまった終始五徳の考えでは、木火土金水なる五つの要素を、宇宙を変化させる要素として説明する。その中で、五行相勝（相剋）説が生まれ、水が火に勝つように、火が金に、金が木に、木が土に、土が水に勝つような五行相勝の思想が中国古代に大きな影響を与えた。そして秦は火徳の周に勝ったということで水徳を採用したとされる。それに基づいて秦帝国は水徳に配された方角・季節・色・数字を制度改革の指針とした。その中で、秦帝国の符は六寸の長さに定められた。

右記に挙げた秦始皇本紀二六年条の記事は、六という数字に合わせてそれまで規格が異なっていたものを同一の規格に統一したと記している。このような措置は如何にも始皇帝の統一事業を彷彿させるようなものである。すなわち同年条に

法度衡石丈尺を一にし、車軌を同じくし、書文字を同じくす。

とあるように、始皇帝は東方世界を併合したのち、戦国時代の諸国の間で異なっていた度量衡の単位・車馬の轍の幅・文字の形状を、秦の規格で統一した。これらの措置は一般民衆にも直接つながる大きな改革であり、統一帝国の支配を支える重要な部分と言える。度量衡の単位を統一するなかで尺への改定が包括され、前記の一歩を六尺に直す規定にも影響したように思われる。したがって歩への改定は度量衡単位の統一の一環として位置付けられ、『史記』の記

述に見られるそれと並列するほかの改定も、同様に秦の統一事業の一環であるとみて差し支えなかろう。

符という媒体は、その長さによって用途が定まる側面が見られる。『六韜』陰符篇に、

太公曰く、主将に与ふるに陰符有り、凡そ八等なり。大勝克敵の符有り、長は一尺。破軍擒将の符、長は九寸。降城得邑の符、長は八寸。卻敵報遠の符、長は七寸。警衆堅守の符、長は六寸。請糧益兵の符、長は五寸。敗軍亡将の符、長は四寸。失利亡士の符、長は三寸、と。

とあり、長さによって用途の異なる符が羅列されている。『六韜』という書物は、中国最古の兵法書の一つであるが、『漢書』巻三〇芸文志に記載されていないことから、後世の偽作として認識されていた。ところが、一九七二年に山東省臨沂県銀雀山漢墓群の発掘調査の中で、『六韜』を含めた兵法書の竹簡群が発見された。これにより『六韜』の信憑性が肯定され、遅くとも前漢武帝期には成書されていたとわかった。『銀雀山漢簡』（文物出版社、一九八五年）に右記の条文を確認することができないが、本条に見える周の太公が兵法を指南するという設定は書物の体裁として一貫している。むろん周の太公の時代より『六韜』の成書年代はだいぶ下るため、『六韜』の記述をそのまま信用するわけにはいかない。しかしながら成書の背景にあたる戦国秦漢の時代を反映する点からして、符の長さによって用途が異なるという側面では参考になる一文である。それを踏まえれば、秦の始皇帝期に符の長さを六寸に規定したことは、ほかの符を廃除し六寸符を用いて秦帝国内の符を統一する意図があったと理解できる。

確かに戦国時代においては符の多様性が見られる。『古列女伝』貞順篇楚昭貞姜条に

王宮人とともに令を約し、宮人を召するには必ず符を以てせん、と。

とあり、楚王は宮廷の婦人を召喚する時に符を用いたと記されている。これにより戦国時代において秦国以外の国でも符を使用しており、その用途は必ずしも秦国のそれと同様とは限らないとわかる。東方六国を併合したのち、始皇

帝は六寸符の規定を設けた。すなわち六国が用いた異なった長さの符を秦の規格で統一し、様々な場面に様々な用途で使用していた符を、秦の用途に限定したことに他ならないのである。

以上を整理すると、天下を「統一」した秦帝国の符は戦国秦の符を基に規定したものである。時代背景に鑑みれば、始皇帝が規定した符は、そのまま秦の継承者に伝わった可能性が高く、秦王子嬰が所持した符はそれと同質なものであると考えられる。そして前章で述べたように、秦帝国が滅亡する際、秦王子嬰は降伏とともに己が所持した符を漢の高祖皇帝劉邦に献上した。やがて高祖が所持した符は功臣によって保管され、諸呂の乱を平定したのちに次期皇帝候補の代王劉恒（のちの文帝）の手に渡るようになった。その継承関係を整理すると【図二】のようになる。したがって、秦漢帝国形成史に見える符はこの時代の幅に準じて連続性を持ち、本書の考察は前漢文帝期を下限と設定する。

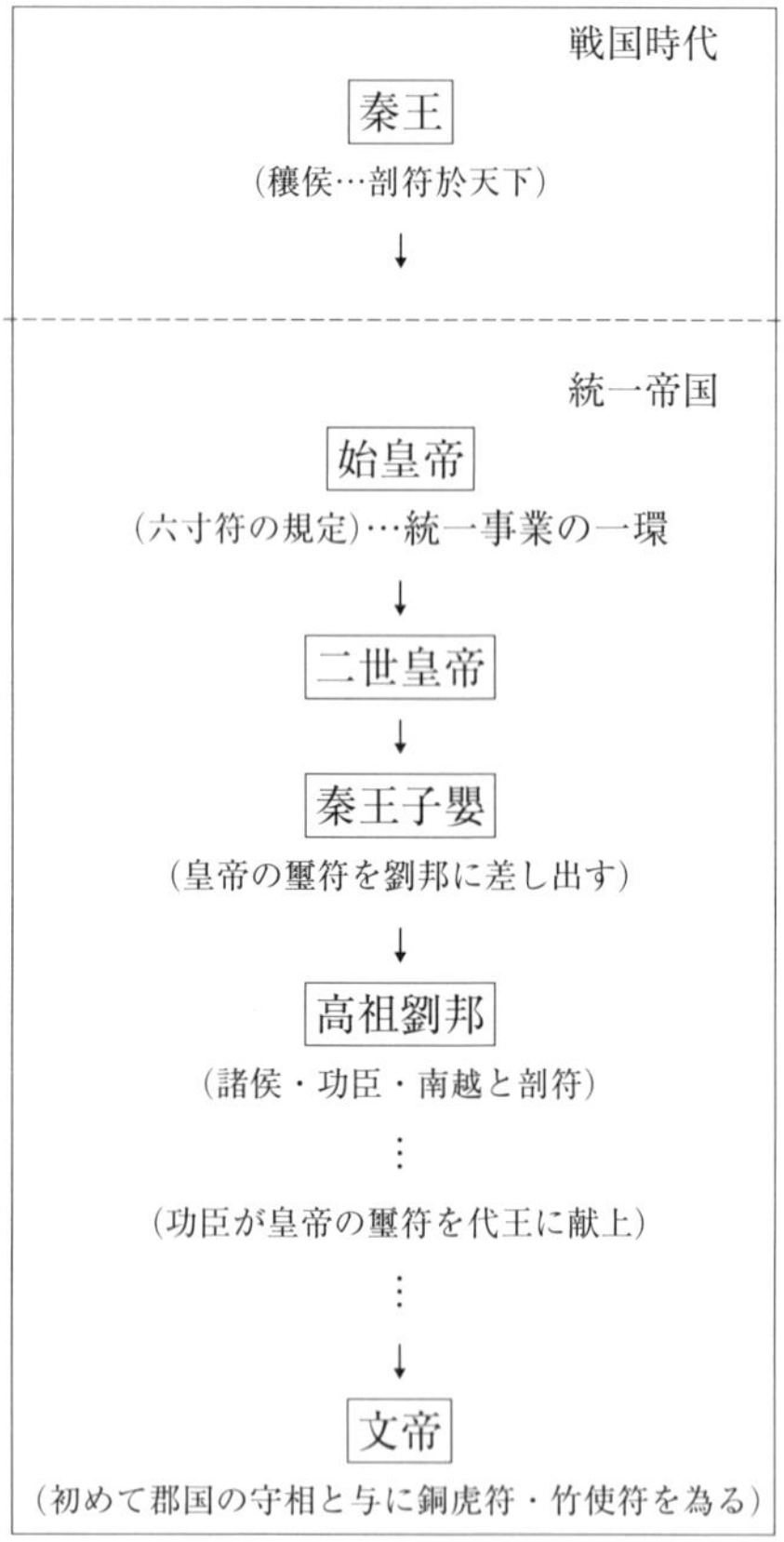

【図二】　符継承の系譜

二　符の出現時期

秦代の符が漢代に継承されているのであれば、西北地域で発見された漢代の符を用いて秦代の符を考えても支障がないように思われる。そして西北簡の六寸符は「出入」という文言が付随し、関所の通行に使用されるものであった。このことから、皇帝の支配と関わる符は、本質的に通行証としての機能を有していたと推測できる。本書では、伝世文献に散見される符を通行証という観点から再解釈し、中国古代帝国形成史におけるその役割を究明する。しかし、この分析を進めるにあたり、時代区分に関して解釈の齟齬を生じさせる資料が存在する。

前記に取り上げた『六韜』の記述に従えば、符は伝説時代である周の時代に存在していたことになる。ところが、通行規制を解除するための符は、まず通行規制の出現が前提条件であり、周代まで遡るとは考え難い。もとより関所の設置は、長城の建設に伴って出現する（ここで言及した長城とは、いわゆる万里の長城ではなく、中華世界の国々が国境線を引き領土を分割した城壁のことを指す）。戦国時代では多くの長城が築かれ、やがて「統一」後に始皇帝によって破壊された。長城の建設が国境線を意識した上での所為であれば、春秋時代まで遡るとは考え難い。邑として点在する春秋の国々であるが、思想家である老子が思い描く「隣国相ひ望み、鶏狗相ひ聞こえ、老死に至るまで相ひ往来せず」という小国寡民の国家像のように、互いの干渉は深くない時代であった。そのような情報伝達が乏しい時代において、国境線の在処は曖昧であった。『説苑』貴徳篇に

> 斉の桓公北のかた山戎氏を伐ち、其の道燕を過ぎ、燕君逆《むか》へて境を出づ。桓公管仲に問ひて曰く、諸侯相逆へるに固より境を出づるや、と。管仲曰く、天子に非ずんば境を出でず、と。桓公曰く、然らば燕の君畏れて礼を失はんや。寡人の不道にして燕君に礼を失はしむるなり。乃ち燕君の至る所の地を割きて以て燕君に与はん、と。

諸侯之を聞き、皆な斉に朝す。

とある。前漢の劉向が編纂した『説苑』に収められた右の故事は春秋初期の一場面を描く。春秋時代の覇者である斉の桓公は少数民族の山戎を討伐しようと出撃し、北方へ向かう途中で燕国との境目を通過する必要があった。その際に、燕の君主は斉の軍勢を出迎え、不意にも国境線を越えて斉の境内に進入してしまった。桓公とその臣下の管仲との会話によると、一国の君主でありながら他国の領域に進入してよいのは、ただ周の天子のみであると規定されている。したがって燕君の所為は礼に違反したものになる。それを聴いた桓公は、事の発端は自らにあると反省の念を表し、礼を損なわないように燕の君主が進入した斉の領域を全て燕に割譲した。礼を保つために自身の利益を顧みない桓公の行為に対し、諸侯は感服し斉を諸侯の長として認めた、これがいわゆる斉の覇業のはじまりとされる故事である。この故事において、燕の君主が不意に斉国の境内に進入したことが描かれ、燕・斉ともに国の境目に目立った印を置いていない、ひいては兵士の警戒を設けていないことが容易に想像できる。その状況からして、春秋初期において国の範囲はさほど問題視されず、国境線の在処は曖昧であったとわかる。中国古代の原初的な「国境線」とは、長城のような物理的な隔たりを用いることなく、国と国の精神的な結び、すなわち礼によって保たれていたものである。ただし、領土を割譲したことから、春秋時代の国々は自国の領土について大まかな把握はしているとも窺える。

一方で城壁に囲まれた城郭の出現は、遅くとも春秋戦国時代には普及したとされる。諸侯の居住する都城をはじめ、その他の聚落等にも城壁が築かれていた。秦漢時代に至っては、城郭内の定住は一般的に受容され、漢帝国の民のあるべき姿として捉えられている。那波利貞氏は、司馬遷や班固が、匈奴や烏孫などの遊牧民を「行国随畜の民」と呼称し、定住農耕の形態を有する「城郭の民」である漢民族と区別したと指摘する(15)。城郭の起源について『太平御覧』巻一九三に引く『呉越春秋』に、鯀城を築きて以て君を衛り、郭を造りて以て人を居らしむ。此れ城郭の始まりなり。
とあり、早くも夏の時代より城郭の建築は始まったと記している。むろん、後世の記録から伝説時代の出来事をそのまま信用するわけにはいかない。仮に右の記事を信じたとしても、『淮南子』原道訓に「昔者、夏の鯀三仞の城を作り、諸侯之に背く。海外狡心有り。禹天下の叛するを知るや、乃ち城を壊し池を平にし、財物を散し、甲兵を焚き、之を施するに徳を以てす」の記述のように、鯀が築いた城は、諸侯・民の不満が募ったために、鯀の子の禹が壊したのである。これにより夏の時代は、城郭が一度建設されたとしても、長く存続することなく廃止されたことが窺える。また、関野雄氏は、甲骨文字の「國」の字が「或」と表されているのは、殷の都に城壁がなかった証拠とする(16)。その研究を踏まえた上で、五井直弘氏は、青銅器銘文から「國」字の使用例を集め、西周時代において國字の囲いは必ずしも一般的ではなく、それが多くなるのは春秋時代に入ってからであるとし、城郭の出現は春秋期以降との可能性を提示した(17)。

右記の先行研究の考察により、夏・殷・周の時代における城郭の建設は制度的に成熟していないことが明らかである。そして春秋時代に入り、邑を主体とする都市国家の初期において、人間活動の適性に基づいて形成された邑共同体が、最初から城壁を築いて人間活動を制限するとは考えられない。都市に城壁を築くようになり、自国の封君の邑を合わせた大範囲の「国」を守るために領土の境目に巨大な城壁、すなわち長城を築くことがその延長線上にある状況であるとすれば、戦術の根本的な変化や戦争の白熱化こそが国境線の出現を促したのである。城壁が形成されて以降、それぞれの国の領域に入るために、城壁をくぐり抜けなければならず、設けられた関所を通過する必要が生じた。関所の設置は、春秋時代から存在が確認され、戦国時代では設置数が多くなったと指摘される現状と合致する。

したがって、夏・殷・周の時代に使用されていた符は、限られた地域での使用に留まっていたと理解される。通行証としての符の使用が中華世界全土の一般的慣行となったのは、おそらく春秋末期から戦国初期頃であると推定される。筆者が集めた符の史料の中で、春秋三伝をはじめとする春秋時代を記す書物から符に関する記述が全く見られないことはこの事実の傍証となろう（【附録一】を参照）。『春秋』とは、魯の隠公元（前七二二）年から魯の哀公一四（前四八一）年までの記述をおさめる書物である。史料の残存状況から『春秋』の原本を確認することはできないが、その注釈書である『春秋公羊伝』『春秋穀梁伝』『春秋左氏伝』を通して春秋時代の歴史の一端を窺える。春秋三伝に符の記事が見られないことは、春秋時代においてまだ符は出現していない、もしくは使用する地域が限られていてまだ普及していないことを意味しよう。したがって本書の考察は春秋末戦国初期を上限と設定する。

第四節　秦漢時代における符の連続性

一　律令規定の継承

中華世界の地域区分は、およそ秦から前漢時代にかけて行われた。その特徴として、郡県からなる体制のもとで、中央政府は支配地をきちんと分け、行政単位ごとに区画して直轄的な支配を行ったとされる。そのような郡県制国家に先立つ時代は、原始的な邑国家時代あるいは邑土国家時代と呼ばれる(18)。それに該当する春秋・戦国時代において、国家は河辺の小高い丘を中心に、孤立点在する邑を基礎に構成された。時代が進行するにつれて、邑を単位とする国家は発展し、やがて隔たりがさほどない東方大平原(19)に点在し、中華世界を形成していく。従来、伝世史料に見える諸子百家と呼ばれる思想家の活動範囲や、遠隔地商業によって富を蓄積した商人の行商状況などから、春秋・戦国時代は地域と地域の交流が活発な時代だと認識され、人間は自由に移動していたと思われてきた。

ところが、中国古代には人間の移動に制限を加える様々な政治的な意図があった。飯尾秀幸氏は、『睡虎地秦簡』と『張家山漢簡』に見える秦漢律令の規定から、農民・商人・手工業者・官吏等の移動に対する制限・抑制・禁止を整理し、国家権力が介在する民への移動規制は、中国専制主義を形成する特質の一つであると指摘する。[20] とりわけ、本書では地域間の移動における関所通過に注目したい。古代中華世界の地域構造は単純に自然環境のみで形成されたわけではない。秦漢時代に先立ち、春秋・戦国の国々は既に人工的に長城を築き、地域と地域の隔たりを深化させていた。地域間を移動する際にはそれらをくぐり抜ける必要があった。境界線上に設置された関所を通過するため、符や伝などの通行証が用いられていた。『雲夢龍崗秦簡』（科学出版社、一九九七年）「禁苑律」簡三六に、

　詐して偽りて人の符伝を假りる及び人に符伝を譲る者は皆な闌入門と罪を同じくす……

とあり、また同簡三七に、

　……竇《くぐ》りて出入する及び符伝毋くて闌《みだ》して門に入る者は、其の男子……斬り……

とあり、出入に関連する秦代の律令規定を取り上げている。前者の条文には、通行証である符は個人が所持し、他人から借りることもしくは他人に貸し与えることは犯罪行為であると明記する。後者の条文には、正規手段ではない通過、特に符・伝などの通行証を使用しない不法の出入は、「斬」の文言から窺えるように、この律令規定を破った場合は肉刑（肉体に回復不能の損傷を与える刑）が施される。これらの規定から、中国古代帝国において出入する際には符・伝などの通行証を所持する必要性の一端が窺える。右に記した秦代律令規定の内容と共通したものは、漢代の出土史料からも見られる。「二年律令・津関令」簡四八八～簡四九一に、

　一、御史に言へらく、塞を越え関を闌するもの、論ずるに未だ令有らず、と。●請ふ。闌して塞の津関を出入す

るものは、黥して城旦舂と為す。塞を越えれば、左趾を斬りて城旦と為す。吏・卒の主なるものは得ざれば、贖耐とす。令・丞・令史は罰金四両とす。其の情を知りて之を出入せしめ、及び人に符・伝を假予し、以て出入を闌せしむる者は、与同罪とす。其の□する所に非ずして□と為して擅ままに伝を為りて津関を出入せしむるものは、□伝令・闌令を以て論じ、伝を為る所の者に及ぶ。県邑は塞に伝ふ。及び備塞都尉、関吏、官属、軍吏・卒の乗塞者は、其の□弩・馬・牛の出づるを禁ずるも、田・陂・苑・牧するもの、塞を繕治するもの、郵・門亭の書を行《や》るものは、符を以て出入するを得んことを、と。●制して曰く、可なり、と。

とある。この条文は、全体的に「闌関」や「闌出入」に関連する規定となっており、『雲夢龍崗秦簡』に見える「闌入門」の規定と共通するように思われる。その細部の規定に、符・伝の他人への移譲を禁じることや、符・伝を使用しない不法の通過は「黥」や「斬左趾」などの肉刑を施されることから、出入の規制は秦漢両帝国を一貫するものであるとわかる。そして、「津関令」の篇名が示しているように、この出入規制は津（渡し場）関（関所）を対象とする。ひいては津関が置かれた塞（県境／国境）も包含され、地域を越えた移動に関わる。また、『二年律令』盗律簡七四〜簡七五に、

盗かに財物を辺の関・徼より出だし、及びて吏部主知りて出だせば、皆な盗と法を同じくす。知らざれば、罰金四両とす。使者の出づる所以に、必ず符・致あり、符・致毋く、吏知りて之を出だせば、亦た盗と法を同じくす。

とあるように、「使者」の出入においても、符・致などの通行証を用いる必要があり、符・致を所持しない使者の通過を許せば、役人は刑罰の対象とされる。言い換えれば、通行証の使用は自らの支配が及ぶ国内の者に限らず、支配が及ばない「（他国の）使者」にも適用されると理解できる。その場合、刑罰を受ける対象は律令規定に縛られる自国の役人に限定せざるを得ないが、移動の規制はおよそ古代社会における共通の理解であると推測される。

右記の史料は、いずれも関所通過において符・伝・致などの通行証を使用する必要性を語った史料である。それらを手掛かりに伝世史料に当たると、通行証の使用は様々な場面で確認できる。例えば『史記』巻七五孟嘗君列伝に、

孟嘗君出づるを得て、即ち馳せて去る。封伝を更め、名姓を変じて以て関を出づ。夜半に函谷関に至る。秦の昭王後に孟嘗君を出ししを悔い、之を求むるも已に去る。即ち人をして伝を馳せて之を逐はしむ。孟嘗君関に至る。関の法に鶏鳴いて客を出す、と。孟嘗君追ふものの至らんことを恐る。客の下坐に居る者、能く鶏鳴を為すもの有り、而して鶏斉く鳴き、遂に伝を発《ひら》きて出でしむ。

とある。右記の史料は斉の孟嘗君が秦の昭王による幽閉から脱出を計るとき、函谷関を通過すべく通行証の伝を用いた経緯を記している。右に見える「封伝」の文言が示すように、孟嘗君が所持する伝とは、封印が施されたもので、役所から発行された本物の通行証であると窺える[21]。そして通過する際に、役人は「伝を発《ひら》」いて相違の有無を確認した上で、孟嘗君一行を通過させたのであり、正式な手続きを経た通過であると想定される。このように、かの鶏鳴狗盗の故事からも、関所通過の時に伝の使用が見られ、関所通過において通行証の使用はより古い時代まで遡るとわかる。また、『史記』と『二年律令』の条文を対照して見れば、斉国から秦国に入った孟嘗君は使者の性質を帯びる。同時に、かれの関所通過時の伝は符と類似性を持つ通行証である。これらのことに鑑みれば、戦国時代から前漢初期にかけて関所の通過規定には一定の連続性を持つと指摘できよう。

右の条文は、戦国～漢初における地域間の移動が、符や伝などの媒体を利用した仕組みの一端を示している。符・伝などの媒体を介し、中国古代帝国において通行証が発行されなければ、関所の通過はまず不可能であるとわかる。すなわち、国家の上層部より許可が下りない限り、地域を越えた移動は許されないものである。自由に移動していたどころか、むしろ中国古代社会は原則的に地域間の移動が禁止される時代であったと、認識を改めざるを得ないので

ある。

二　地域観念の変遷

中華世界の歴史は封建制から郡県制への転換を機に、皇帝による一元的な支配は実現しつつあった。すなわち、秦漢帝国の成立には中華世界の支配形態が、封建君主を介した間接的な支配から郡県配置による直接的な支配へと変化したことを意味する。そして郡県制は中国古代帝国の専制君主権力の基盤の一つとなった[22]。ところが、そのような結果へ辿り着くまで、周の封建制は短期間で一気に崩壊したのではなく、破壊と再生のプロセスを経て衰退して行く、ある程度時間の幅を持った崩壊過程であった。周の封建制のもとでは、一八〇〇の国があったとされるが、春秋時代には数十に併合され、戦国時代に至って生き延びた小国もあるが、主には七雄と呼ばれる七つの国にまとまっていく。この七つの国は時に同盟したり時に敵対したりして、極めて不安定な国際状況を形成した。地域間の隔たりにより、七つの国からなる七つの地域の観念は根強く、秦と楚の統治を経てもなお色褪せることはなかった。秦の始皇帝は東方世界を併合したのち、戦国の国々が築いた城壁を破壊し、西陲に位置する秦の民族を包含した「中夏（華）」の理念を築き、東西の民族を融合した中華世界の一体化を計ったが、それに対する反発によって秦は滅亡を促された。一方で、秦による中華支配を解放した、項羽を中心とする楚政権は土地の再分配を実行し、封建制のもとで一九名の王を封建することによって、中華世界における地域の再区分を計った。その封建の内実は次の『史記』巻七項羽本紀の記事に詳しい。

乃ち天下を分ち、諸将を立てて侯王と為す。……沛公を立てて漢王と為し、巴・蜀・漢中に王とし、南鄭に都す。而して関中を三分し、秦の降将を王とし以て漢王を距塞す。項王乃ち章邯を立てて雍王と為し、咸陽以西に王とし、廃丘に都す。……司馬欣を立てて塞王と為し、咸陽より以東河に至るまでに王とし、櫟陽に都す。董翳を立てて翟王と為し、上郡に王とし、高奴に都す。魏王豹を徙して西魏王と為し、河東に王とし、平陽に都す。……（瑕丘）申陽を立てて河南王と為し、雒陽に都す。韓王成は故都に因り、陽翟に都す。……（司馬）卬を立てて殷王と為し、河内に王とし、朝歌に都す。趙王歇を徙して代王と為す。……（張）耳を立てて常山王と為し、趙地に王とし、襄国に都す。……（黥）布を立てて九江王と為し、六に都す。…（呉）芮を立てて衡山王と為し、邾に都す。……（共）敖を立てて臨江王と為し、江陵に都す。燕王韓広を徙して遼東王と為し、（無終に都す。）……（臧）荼を立てて燕王と為し、薊に都す。斉王田市を徙して膠東王と為し、（即墨に都す。）……（田）都を立てて斉王と為し、臨菑に都す。……（田）安を立てて済北王と為し、博陽に都す。……項王自ら立てて西楚霸王と為し、九郡に王とし、彭城に都す。

右記の条文は、受封者・封地・都の位置・封建される経緯など、項羽による封建の詳細を記している。様々な議論を呼ぶ一文だが、本書では当時の地域観念の問題に焦点を当てたいと思う。まず、柴田昇氏の整理に基づき、項羽による封建の内実を地域ごとに分別すると【表三】のようになる[23]。

【表三】に示されるように、一度中華世界全土を掌握した項羽政権は、戦国七雄と呼ばれる旧七国の土地を再分配し、「国」を主体とする封建国家を復活させ、一九人の王からなる封建体制を築き上げた。ところが、この封建体制の失敗を表すかのように、項羽政権は長く維持されることなく滅亡を迎えた。項羽政権の崩壊を誘発した一連の紛争、いわゆる楚漢戦争が終結したのち、中華世界を掌握した諸勢力は漢五年春に集い、漢王劉邦を皇帝に推戴する[24]。当時の中華世界の情勢を地域ごとに分けて表に整理すると、およそ【表四】のようになる[25]。

【表四】からわかるように、秦の滅亡から楚漢戦争にかけての一連の動乱を経ても、結局中華世界の地域区分は七

【表三】 項羽封建の受封者表

領域	王号	封建された人物
旧秦	雍王	章邯
	塞王	司馬欣
	翟王	董翳
	漢王	劉邦
旧魏	西魏王	魏王豹
	河南王	瑕丘申陽
旧韓	韓王	韓王成
	殷王	司馬卬
旧趙	代王	趙王歇
	常山王	張耳
旧燕	遼東王	韓広
	燕王	臧荼
旧斉	膠東王	田市
	斉王	田都
	済北王	田安
旧楚	九江王	黥布
	衡山王	呉芮
	臨江王	共敖
	西楚覇王	項羽

【表四】 楚漢交代期末期勢力

領域	王号	称王した人物
旧秦	漢王	劉邦
旧魏	梁王	彭越
旧韓	韓王	韓王信
旧趙	趙王	張耳
旧燕	燕王	臧荼
旧斉	斉王	韓信
旧楚	淮南王	黥布

つに落ち着く。秦による中華大陸の「統一」政策や楚による土地の再分配が介在したとしても、戦国時代を経て定着した地域観念は前漢初期に至っても変わらなかったと言えよう。したがって、符や伝などの通行証を用いる地域間の往来も、この時間の幅に準じて連続性を持ち、戦国時代から漢代初期まで一貫すると指摘できる。

注

（1）「内臣」と「外臣」の概念については、阿部幸信『漢代の天下秩序と国家構造』（研文出版、二〇二二年）などを参照。

（2）本書の考察対象である符は、目的を達成するもしくは任務を完遂するに当たって媒介となる器物である。本書はこの意味に基づいて符を「媒体」と呼称する。

（3）「文書行政」の実態については、冨谷至『文書行政の漢帝国——木簡・竹簡の時代——』（名古屋大学出版会、二〇一〇年）などを参照。

（4）『居延漢簡（壹）～（肆）』（中央研究院歴史語言研究所、二〇一四年～二〇一七年）や『居延漢簡甲乙編』（中華書局、一九八〇年）などを参照。
（5）甘粛簡牘保護研究中心等編『肩水金関漢簡（壱）～（伍）』（中西書局、二〇一一年～二〇一六年）を参照。
（6）鷹取祐司「肩水金関遺跡出土の通行証」（同編『古代中世東アジアの関所と交通制度』汲古書院、二〇一七年）一八〇頁～一九六頁を参照。
（7）鷹取祐司「漢代官文書の種別と書式」『秦漢官文書の基礎的研究』（汲古書院、二〇一五年）第一部第一章五六頁～六四頁を参照。
（8）『漢書』昭帝紀によれば、始元七年八月に元号改正が行われ、元号は始元から元鳳に改められたと記されている。したがって、始元七年は元鳳元年と同義で前八〇年であると特定でき、簡の製造はその年の八月より以前であると推定できる。
（9）籾山明「刻歯簡牘初探――漢簡形態論のために――」『木簡研究』一七、一九九五年
（10）大庭脩「漢代の関所とパスポート」『秦漢法制史の研究』（創文社、一九八二年）第五篇第一章六一九頁～六二三頁を参照。
（11）冨谷至「簡牘資料に見える「伝」――辺境出土木簡を中心にして――」『文書行政の漢帝国』（名古屋大学出版会、二〇一〇年）第三編第二章二五九頁～三〇四頁を参照。
（12）永田英正「図書・文書」『漢代史の研究』（汲古書院、二〇一八年）第二部第九章第九節四一五頁～四二〇頁を参照。
（13）伊藤瞳「漢代における符の形態と機能」『史泉』一一六、二〇一二年
（14）「わりふ」の一種。形態は「棨」と類似する。棨とは、旅行者に発行する通行証であるが、私用旅行者に対して発給するものと、公用旅行者に対して発給するものの区別があり、それぞれ書式や発給の手続きが異なるとされる。とりわけ、公用旅行者の棨は身分によって宿泊飲食の待遇や、交通機関の等差を示す条文があり、そして「如律令」と書かれた文書的な性格からして、棨の所持者に対して身分相応の待遇を受けさせようとする命令として読み取れる特徴がある。
（15）那波利貞「支那都邑の城郭とその起源」史林一〇―二、一九二五年
（16）「黄河文明の形成」『岩波講座世界歴史4』岩波書店、一九七〇年
（17）五井直弘『中国古代の城郭都市と地域支配』名著刊行会、二〇〇二年

（18）木村正雄『中国古代帝国の形成――特にその成立の基礎条件』（不昧堂書店、一九六五年→比較文化研究所、二〇〇三年）第二章六〇頁～八二頁などを参照。

（19）「東方大平原」の概念については、鶴間和幸『岩波講座世界歴史3　中華形成と東方世界――2世紀』（岩波書店、三頁～七四頁、一九九八年）を参照。

（20）飯尾秀幸「中国古代における人の移動とその規制に関する基礎的研究」『専修大学人文科学年報』三七、一頁～二七頁、二〇〇七年

（21）『史記索隠』に「更者、改也。改前封伝而易姓名、不言是孟嘗之名」とある。孟嘗君は秦に入国した際の通行証を使用せず、名前を偽って別の封伝を申請した。

（22）紙屋正和『漢時代における郡県制の展開』（朋友書店、二〇〇九年）三頁～一八頁を参照。

（23）柴田昇「項羽政権の成立」（『静岡大学人文論集』六三号、二〇一三年→『漢帝国成立前史』白帝社、第四章八二頁～一〇八頁、二〇一八年所収）。

（24）『漢書』巻一高帝紀に「（漢五年、春正月）於是諸侯上疏曰、楚王韓信・韓王信・淮南王英布・梁王彭越・故衡山王呉芮・趙王張敖・燕王臧荼昧死再拜言、大王陛下、先時秦為亡道、天下誅之。大王先得秦王、定関中、於天下功最多。存亡定危、救敗継絶、以安万民、功盛徳厚。又加恵於諸侯王有功者、使得立社稷。地分已定、而位号比儗、亡上下之分、大王功徳之著、於後世不宣。昧死再拜上皇帝尊号。」とある。

（25）楚地の王について、項羽封建の受封者である衡山王呉芮は楚漢戦争を経てもなお存命したが、漢五年春正月時点で彼は「故」の衡山王との表示になっている。おそらく楚地の王位争いに敗北し、王位から退けられたのであろう。

第二章　帝国形成前史の符
――「置質」「剖符」に支えられた戦国時代の国際秩序――

はじめに

中国古代は文化地域圏内の争いが中心だった春秋時代が終結するにつれて、広範囲の領域にわたって国家同士が競合していく戦国時代に移行した[1]。主に「七雄」と呼ばれる七つの大国が、中華世界の覇権をめぐって領土の拡大と兼併を繰り返した。不安定な社会情勢の中で、大国同士の間では良好な局面を維持するため、外交関係を何よりも重視していた。戦乱のなかで、諸国は縦横家と呼ばれる雄弁の士を駆使し、外交の力で国家存亡の危機を救った。やがて秦の東方征服により天下は「統一」され、これらの外交上の努力は結実しなかったが、かれらの活躍は後世に語り継がれ、伝世文献に多くの逸話を残して多様に評価されるようになった。戦国時代を振り返った前漢の司馬遷は、『史記』巻一五六国年表の冒頭で次のように嘆いている。

（戦国の世に）矯称は蠭出し、誓盟は信ぜられず、置質剖符と雖も猶ほ約束すること能はず、と。

司馬遷が思うには、戦国末期に大国間の信頼関係が破綻し、誓い合った盟約さえ遵守されることができなくなった。具体的に言うと、「置質剖符」といった外交の仕組みが有効に機能しなくなった。ここで司馬遷が言及した「置質剖符」とは、戦国時代の外交関係において重要なキーワードであると推察できよう。

「置質」とは字面の通り「質」を置くことである。「質」を媒介とした国家同士の結合関係が、古くは春秋時代から既に存在していたと知られる。増淵龍夫氏は君臣関係に見える「質」に注目し、皇帝とその側近との信頼関係に基づいた「質」の差し出しには、官僚統制の方法としての機能を持つことを指摘する。(2) また、小倉芳彦氏は儀礼の視点から春秋時代の「質」を考察し、「質」を当時の国際儀礼の一環として理解している。(3) 両氏の研究は、「質」をいわゆる人質として理解するのではなく、国家と国家との間にあった国際秩序の観点から質子の実態を探求した。これらを踏まえた上で、佐々木研太氏は「空質」語の解釈を手掛かりに、置質の措置を他国の内政に干渉する手段として捉える。(4) すなわち春秋時代における質子の交換は、質を預かった国が質となった者を新君主として即位させることを媒介として、より有利な外交条件を獲得し、かつ優位を維持するために取った手段であったと氏は指摘する。これらの先行研究により、置質とは単純に人質の送り合いではなく、それに付随する政治的な意図が包括され、実利が見込まれる外交手段であったとわかる。

一方で、「剖符」という用語と戦国時代の政治情勢との関係は定かではない。用語を字面から解釈すると「符を剖《さ》く」ことであるが、符を切り裂くすなわち符を破壊するという意味ではあるまい。本書の序章で定義したように、これは一つの物品を二分割して一半を自ら保有し、一半を相手に授けることである。したがって「剖符」という行為は、ある目的を達成するために、約束し合った同士がそれぞれ一半の符を所持し、それを信用の証とすることである。言うなれば「双方の信用」という精神的な結びつきを、符という具体的な物品に投影したと言える。故に、約束を反故にするような事態となれば、符は破壊されそれに寄託された信頼関係は破綻となるわけである。このような理解に基づき、工藤元男氏は戦国時代の合従連衡と関連する史料の中で、符がしばしば現れていることに注目し、春秋時代を

象徴する政治現象である会盟に交わされた誓盟において、符は信用の証としての役割を持つと指摘した。(5)

ここで筆者がさらに注目したいのが、符という物品は通行証の一種として中国古代の社会に広く使用されていたことである。符の通行証としての特性は、大庭脩氏が指摘したように符の使用者は出発地に戻らなければならないことにある。(6)言い換えれば符という通行証の発行は、使用者が用務を完遂したのち必ず現在地に戻ってくるという約束が背後にある。このことを踏まえながら、戦国秦漢の文献資料を考察していくと、通行証である符の使用は自国の一般民・地方官吏に止まらず、外国の使者にも対象となっていたとわかる。これらの使者は、言うまでもなく個人の身分ではなく、国家を代表する身分として関所を通過して対象国に入国を果たしたのである。すなわち使者が所持する符は、国家と個人の間で交わした物ではなく、国家と国家の間で交わした物であり、自国代表の入国および出国の保証である。このような認識に基づけば、戦国時代における符の使用は、単なる精神的な強制力のみならず、通行証としての役割を果たし当時の外交に深く影響していたと推察できよう。

本書において秦漢時代の皇帝権力に関わる符を、簡易な通行証として理解することは前章で述べた通りである。秦漢時代と直結する戦国時代の符は、同様な機能を所持する可能性があり、戦国時代に行われた剖符の措置は通行権の問題と関連しているように思える。果たして通行証の交換はどのような意味を持ち、それが戦国時代の外交関係にどのような影響をもたらしたのかを検討したいと思う。本章では、戦国時代の外交関係を手掛かりに、関所通過の視角から符が国交の証たり得る理由を探求し、戦国時代における符の役割を究明する。

第一節　戦国時代における剖符の意義

一　戦国時代における「国符」の使用

戦国時代の符に関連する記述は伝世史料に散見されるが、本書が注目した「剖符」語は専ら漢代の記述に集中しており、戦国時代の記述から直接見ることはできない。しかしながら、文脈からして符を交換する行為、ひいては国家同士が交換した符として読み取れる記述は、次のとおり幾つか確認できる。『史記』巻四〇楚世家に

斉王大に怒り、楚符を折りて秦に合す。

とあり、斉楚外交の中で交換された符が見られる。その背景に秦は斉を討伐しようとしたが、斉と楚との同盟関係を考慮し、二つの大国と同時に敵対する事態を避けたかった。ゆえに、秦王は張儀を派遣し、離間の策を用いて斉楚の仲を引き裂こうと画策した。楚国に向かった張儀は楚王に秦楚の同盟を説き、その条件としてまずは斉との同盟関係を解除するように提案した。秦楚同盟の見返りに、かつて秦が奪った商於の地を楚に返還すると張儀が保証した。その誘惑に勝てなかった楚王は斉との外交関係を断ち切った。断交を宣告された斉王は、右記のように楚符を破壊し、楚との断交を示して秦と同盟を結んだ。また『史記』巻六九蘇秦列伝に

今、王若し禍によりて福となし、敗を転じて功をなさんと欲すれば、則ち挑げて斉を覇として之を尊び、使をして周室に盟はしむるに、秦符を焚き、其の大上の計は秦を破らん。其の次は必ず長く之を賓《しりぞ》けんを言はしむるに若くは莫し。

とあり、それと同様の記述は『戦国策』燕策一に

今、王若し禍を転じて福と為し、敗に因りて功を為さんと欲するや、則ち遙かに斉を伯として厚く之を尊び、使をして周室に盟はしむるに、尽く天下の秦符を焚き、約して夫れ上計は秦を破らん。其の次は長く之を秦に賓けんと曰はしむるに如くは莫し。

とある。右記二点の史料から燕秦外交で交換された符が見られる。その背景に斉は宋を討伐しようとしたが、たまま蘇代が燕の内乱から逃れ、宋に滞在していた。斉の脅威に直面する宋を救うため、蘇代は故国の燕に書信を送った。右の史料は蘇代が燕王を説得してその助力を求めようとした内容を記している。蘇代が思うには、燕と斉は隣接する国家であり、斉が強大になっていけばいくほど燕にとって脅威の程度が大きくなる。もし斉が宋を滅亡させたら、その勢いに乗じて周辺の魯・衛をも併合し、斉の国力は一気に三倍に増大しかねないであろう。そうすると、燕の立場は益々危うくなっていく。燕の脅威を払拭し斉の拡大を阻止するには、斉と同等の力を持つ秦の介入が必要である。秦をこの局面に巻き込むには、まずは敢えて斉を天下の覇主（盟主）として仰ぎ、正統王朝の継承者である周と同盟し、秦符を破壊して、斉を盾に秦を天下の敵として仕立て上げ、秦を滅亡させること、または秦を中華世界の外交関係から排除することを天下の国々に宣言するがよい。そうしたら、秦は必ず斉の巨大化を阻止しようとして介入するに違いない。秦と斉の二大国が摩擦する中であればこそ、燕は物事を有利に運べるようになるであろうと蘇代が提言した。右の史料には秦符が見られ、文脈からして戦国時代の国家同士が同盟関係を示すための物品であり、前記の『史記』巻四〇楚世家に見える楚符と同質のものであると考えられる。そして『史記』巻六九蘇秦列伝には燕が所持していた秦符を記しているのに対して、『戦国策』燕策一には燕という一国に留まらず、天下の国々が各自秦符を所持していたと記されている。

この事例に関連する記述は、馬王堆漢墓帛書『戦国縦横家書』に右記の『史記』『戦国策』とほぼ同文が見られる。すなわち、

今、王若し禍によりて福と為し、敗を転じて功をなさんと欲すれば、則ち覇斉を招きて之を尊び、周室に盟はしめて秦符を焚かせ、其の太上は秦を破らん。其の次は必ず長く之を擯けんと曰はしむるに若くは莫し。

とある。出土文字資料と伝世文献資料との間に用語の差異が多少見られるが、内容は一致しているように見える。ここで共通に見える「符を焚く」との表現は実に興味深い。改めて「焚符」語の意義について検討すると、これは秦との間に交わされていた符を焼き、同盟関係を絶つことである。『戦国策』にある「尽く天下の秦符を焚く」との表現を踏まえれば、斉を覇者とする会盟の場において、同盟の諸国が秦との間で交わした符を焼却し、それを以て秦との同盟関係の破綻を示すようにしたのである。先行研究に指摘されたように、「焚」という語は金属質ではなく、竹材か木材の物品の破壊を意味する表現である。[7] したがってここに見える符は、君主が所持する象徴的な物品だけではなく、国家間で広く使用される実用的な物品であると推測する。そして竹材か木材で「符」の名称を冠する物品であれば、前章で検討した出土史料の符、すなわち通行証のことを指す可能性が高い。果たして符を通行証とする理解はこれらの文脈に通用するか否か、さらに検証してゆきたいと思う。

二　漢によって継承された秦符

戦国時代に登場する符は、都市国家同士の同盟関係を語る史料に散見され、初歩的にこれらの符とは外交に関わる物品であると予想できる。史料に見える「国名」＋「符」というような記述の仕方からして、本書はこれらを「国符」と呼称する。「楚」「秦」といった国家の名称を符の一半に記したこれらの符は、漢代の符と構造上の類似性があるよ

うに思われる[8]。こうした事情を踏まえた上で、国符の実態を特定するに当たって漢初の史料を参考にしたい。『史記』巻一一三南越列伝に

漢の十一年、陸賈を遣はして因りて佗を立てて南越王と為し、与に符を剖かちて使を通じ、百越を和集し、南辺の患害を為す毋からしめ、長沙と境を接す。

とあり、漢越外交の中で交換された符が見られる。右記から漢の高祖劉邦は南越と国交を結ぶために、漢の使者として高祖功臣の陸賈を南越に派遣した。陸賈は尉佗の南越王としての地位を承認した上で、漢と南越との間に符を交換し、両国の使者の往来を許し外交関係を結んだ。その結果として、漢と越の両国の境に平和をもたらした。右の史料に見える符は漢と越との外交関係を支え、戦争の混乱を避ける効果があったと見られ、漢初の符と戦国の符は共通の役割を持つと言える。

ここで注目すべき点として、漢代に使用する符は秦の施策に由来する。劉邦が所持する符は秦王子嬰から献上されたもの[9]であり、遡れば始皇帝の統一事業にあった符に由来する。この継承関係を踏まえれば、漢越の外交に見える符は始皇帝の符と関連する。前章で検討したように、秦の始皇帝期に符の長さを六寸に規定したことは、秦の六寸符と同一用途の符を秦の規定に統一したことを意味する。すなわち東方六国が用いた異なった長さの符を秦の規格で統一し、ある用途の符を全て六寸の長さに限定した。そして『居延漢簡』や『肩水金関漢簡』などの西北簡の研究成果でわかったように、秦漢時代における六寸符は「出入符」であり、その用途は関所通過に使用する簡易的な通行証である[10]。したがって国符とは関所通過の事象と関連する物品であると推定できる。

三　国符を用いた関所通過

秦漢における符の継承関係を手掛かりにすると、戦国時代の符は通行証としての性格を持つとわかる。このようにして国符の実態を特定した上で、前記に取り上げた諸事例を別史料から再度確認すると、国符と関所通過との関係が見られる。『戦国策』魏策二に

（蘇代曰く）又た身自《みずから》秦に醜まれ、之に伃《あ》はせて天下の秦符を焚くと請ふるは、臣なり。次に焚符の約を伝ふるは、臣なり。五国をして約して秦関を閉ざさしむるは、臣なり（、と）。

とあり、秦符と関所との関係の一端が見られる。右の史料は『史記』巻六九蘇秦列伝に見える斉宋の駆け引きの後続に該当する。斉が宋を討伐しようとする計画は、秦の介入によって阻止された。そこで斉は使者の宋郭を秦に派遣し、秦と同盟を結び改めて宋を討伐しようとした。秦斉同盟の成立を目前にして、魏王は秦と会盟を結んで己の保身を計った。それを阻止すべく、蘇代[11]（臣）は魏王に進言し魏秦同盟の利害を説いた。右の史料はその諫言を記しており、かつて蘇代自身が講じた策を解説したものにあたる。すなわち天下の国々に秦符を破壊するように説いたのは蘇代の建議であったと魏王に自白したのである。これによって『戦国策』魏策二に見える秦符と『史記』巻六九蘇秦列伝に見える秦符は同一のものであるとわかる。右記において秦符を破壊することは秦との関所を閉鎖することと並列され、国符と関所通過の事象との関連性を想起させる内容であった。また『史記』巻七〇張儀列伝に

是に於いて遂に関を閉ざし斉に約を絶つ。……（楚王）乃ち勇士をして宋に至らしめ、宋の符を借り、北して斉王を罵らしむ。斉王大ひに怒り、節を折りて秦に下る。

とあり、楚符と関所との関係の一端が見られる。右の史料は別の角度から『史記』巻四〇楚世家に見える楚斉の断交

を描いたものである。張儀の提案を受けた楚王は、まずは一方的に斉との断交を宣言した。その際に楚王が取った行動と言えば、「関所を閉ざし」の文言が示しているように、斉と楚との間にある関所の通過を断ち切った。『資治通鑑』巻三に引く胡三省の注に、

既に関を閉ざし約を絶てれば、則ち斉楚の信使通ぜず。故に使宋符を借りて以て斉に至る。

とあり、斉と楚の間は関所が閉ざされ盟約が破綻していれば、楚の使者は斉国に入国する術を失ったと理解される。これも国符と関所通過の事象との関連性を想起させる内容であろう。

さらにここで特筆すべき点として、宋符の登場に注目したい。右記によると、斉からの断交を誘発させるため、楚は宋の符を借りて斉王を罵倒した。その挑発は功を奏し、斉王が激怒して楚と断交し秦と同盟を結ぶようになった。右の史料から新たに「宋の符」という語が見られる。国家の名称である「宋」（国名）＋「符」の記述の仕方からして、これもまた国符に該当するものである。国符の使用を関所通過の事象と関連付ける本書の考察において、「宋の符を借り」ることは宋の通行証を借りることと理解する。すなわち楚王の使者（勇士）が斉楚の間に存在する宋を通って斉へ赴くのに際し、宋の関所を通過する必要があり、そのために「宋符」を借りて目的を果たしたのである(12)。このような理解は胡三省注の考証結果とも合致する。

以上の諸例を総合すると、七雄と呼ばれる戦国時代の大国はみな符を交換しあったと推定される。そして宋を代表例にして、大国の周辺にあった小国も符を外交関係に利用していたと窺える。したがって戦国時代に行われていた剖符の措置とは、対象国の使者を自国に進入させるための通行証の交換であり、それは大国小国を問わず国力の差を度外視して行うものであったとわかる。

およそ地域間の隔たりが深刻となった戦国時代において、国と国が国交を結ぶ際に、自国関所の通行証である国符

を渡すことで、相手国の使者を通らせ音信を交わす慣習があったのであろう。そして国符を破壊する（折る・焚く）ことで、相手国の関所を通過することができなくなり、音信不通の状態に陥れば国交は絶たれるわけである。さらに追究すれば、「焚く」ことによって破壊し得ることからして、この符は実際に関所の通過に使用する竹材か木材の通行証である。国符とは、広く対象国に出入する権利を指す用語である。上は国家を代表する使者、下はおそらく貿易を目的とする行商、加えてそれに付随する物流も全て絶たれれば、まさに国交の断絶である。符は城壁と城壁によって隔てられた地域間を繋げる機能を以て、外交的な役割を担っていたのであろう。なお、冨谷至氏が検証したように、符は他の「わりふ」とは異なり、特定の単一の関所通過のみ許される、限定的な機能しか持たない通行証である。[13]それを踏まえれば、関所通過は国交においての必須条件ではあっても、如何に友好国とはいえども、無条件に「わりふ」を分け与え自由に国内を通行させるわけにはいかない。複数の関所通過を許す通行証の伝より、特定の単一の関所通過のみ許される符の運用は、発行側にとって把握しやすいため、国防などの観点からしても理に叶った措置であったと言える。

第二節　春秋戦国時代に見える「借道」

一　剖符と置質との牽制

戦国時代における質子の交換において、次のような事例が見える。『史記』巻四六田敬仲完世家に、

二十四年、秦涇陽君をして斉に質とせしむ。二十五年、涇陽君を秦に帰す。孟嘗君の薛文秦に入り、即ち秦に相

とす。

とあるように、秦の昭襄王期に斉に派遣された涇陽君が、質子の任務を終えて帰国した後、斉は孟嘗君を質として秦に派遣した。秦は孟嘗君を礼遇し、丞相の地位を以て孟嘗君を迎え入れた。孟嘗君の入秦は、涇陽君を質として斉に派遣していたことを背景に成立し、この事件において孟嘗君は斉を代表する使者であると同時に質子の性質も帯びる。質子としての任務を遂行するために孟嘗君は秦に入国したが、その際に秦の要衝である函谷関を通過する必要があった。これまでの国符の検討を踏まえれば、孟嘗君は斉の使者として通行証を発行され、其れを以て函谷関を通過し秦に入国したと理解できる。現にかの鶏鳴狗盗の故事から、孟嘗君の一行が秦を脱出した際に通行証の伝を用いたと見られる。この事例から置質と関所通過ないし通行証使用の事象との関連性を垣間見ることができよう[14]。

符という物品が、関所を通過するための通行証であれば、それに基づいて剖符の措置も国境線上にある関所、いわば定点の通過に限定せざるを得ない。ところが、前述した宋符の事例から窺えるように、楚王の使者は宋の関所を通過して宋に入り、宋の別の関所を出て斉の国境に至りその任務を完遂した。これに鑑みれば、国符の使用は単純に関所という定点の通過のみではなく、点と点を結ぶ線、すなわち関所と関所の間にある道路にも関与しているように思える。このような推論に大過がなければ、剖符と置質との関係をよく表す一文が、次の『史記』巻四周本紀に発見することができる。

秦、道を両周の間に借り、将に以て韓を伐たんとす。周之を借さば韓に畏れ、借さざれば秦に畏れんことを恐る。史厭周君に謂ひて曰く、何ぞ人をして韓公叔に謂ひて曰く、秦の敢えて周を絶りて韓を伐つは、東周を信ずるなり。公何ぞ周に地を与え、質を発して楚に之かしめざらんかと。秦必ず楚を疑ひ周を信ぜず、是れ韓伐たれざるなり。又た秦に謂ひて曰く、韓彊ひて周に地を与へ、将に以て秦に周を疑はしめんとす。周敢えて受かざるなし、と。秦必ず周をして受かしまざる辞無し。是れ地を韓に地を受けて秦に聴くなり、と。

とある。右の史料は周の赧王八（前三〇七）年の出来事を記述している。赧王の時代に於いて、周の内部は周王と西周公の二つの派閥に分裂していた。河南を都とする西周公の政権は西周と呼ばれ、鞏を都とする周王の政権は東周と呼ばれる。ある時、秦は東周・西周の間を通過し、韓を討伐しようと計画した。東周は秦と韓の間に挟まれ、片方に助力すればもう片方から反発が来ると恐れ、決断に困惑した。そこで、史厭という人物が周王に次のように助言した。史厭が思うには、秦の韓への討伐計画は東周に対する信頼に基づくものである。その討伐計画を頓挫させるためには、韓が東周に土地を与え楚に質子を派遣するように行動すれば良い。そうしたら、韓から実利をもらった周に対して秦がその信頼を疑い、加えて大国の楚の脅威を背後にしていれば、秦の討伐計画が実行されることはないであろう。事態が収束した後に東周は秦が納得するように、土地を納めたことについて弁明すれば、秦との友好関係も維持し得る。これぞ東周が秦と韓の間にある両難の局面に善処する方策であろうと史厭は提言したのである。

右記に見える楚への「発質」とは質子を派遣することを意味し、おそらく置質と同義である。また、両周からの「借道」とは、周国の関所と関所の間にある道路の使用権を借りることに他ならず、前記に取り上げた宋符を借りる事例と同様な性質を持ち、秦周の剖符関係を表すものとして捉えられる。[15] したがって、右の史料は置質と剖符の措置を同時に言及したものになる。[16] 右の史料から、剖符の措置は秦の対外進出の拡大に利用されるが、置質の措置はその進出を抑制する効果が見込まれる。言うなれば、この事例において剖符と置質は牽制し合う関係である。これも置質剖符が相互に影響しながら戦国時代の外交を支えた一形態であると言えよう。

二　春秋・戦国における借道の事例

関所と関所との間にある道路の使用権を剖符の意義とするならば、（国）符の使用と借道の事象との関係性が浮かび上がる。両者の関係性を検討するに当たって、まずは借道の事例を整理しておきたい。借道については、春秋時代から戦国時代にかけて多くの事例が見られる。【表五】は伝世史料から確認できる借道もしくは仮道の文言を手掛りに、それに関連する事象をまとめたものである。なお、先秦時代の文献において暦の混乱が多く見られ、各事例が発生する年代をめぐって統一の見解を得られない。本書が各事例の年代を特定するに当たっては、平勢隆郎編『新編史記東周年表』（東京大学出版会、一九九五年）に従う。

まず【表五】に見えるように、伝世史料から確認できる借道の事例はおよそ二一例がある。その内実を見ると、一五例は「伐」「攻」「救」などの文言が見られ、軍事目的による借道である。五例は「使」の文言が見られ、特定の人物を特定の国へ送り込むことが目的である。一例は「会」の文言が見られるように、いわゆる会盟のため（結果としては軍事行動に転じたが）である。このように、借道の事例は軍事行動・使者の派遣・会盟の三種類に大別できる。また、定説に従い前四〇三年を区切りとして春秋時代と戦国時代に分ければ、①～⑭は春秋時代の事例に当たり、⑮～㉑は戦国時代の事例に当たる。

借道の事例で最も多数を占めた軍事行動であるが、⑥に見える秦と晋が強国同士で行った例を除いて、春秋時代の借道は専ら強国が弱国に対する行為であったと言える。春秋時代は国境が長城によって固定される以前の時代であり、国家間の借道が必ずしも対象国の同意を得ていたとは言い難い。⑥⑦⑧⑪は、強国が一方的に弱国の領土を通過した事例である。同時に、借道の措置を取らなかったことが問題視され、更に大きな事件へと発展したものでもある。⑥の事例は、秦の穆公が鄭を襲撃した際に晋に借道しなかったので、晋の大夫先軫が秦の軍隊を迎え撃ち、崤山で地の利を活かして秦軍を大敗に追い込んだものである。⑦と⑧の事例は、楚の荘王が覇者の地位を築こうとし、大国の斉

【表五】「借道」の関連事例表

	年（西暦）	各国紀年	申出国	対象国	目的	可否	出典	備考
①	前六五八	晋献公一九年	晋	虞	伐虢	○	『史記』巻三九晋世家、『韓非子』、『呂氏春秋』等	滅下陽
②	前六五六	斉桓公三〇年	斉	陳	（伐楚後）斉への帰還	○	『史記』巻三六陳杞世家、白虎通引『春秋伝』	南侵楚至召陵
③	前六五五	晋献公二二年	晋	虞	伐虢	○	①と同じ	晋復仮道於虞以伐虢
④	前六三三	衛成公三年	晋	衛	救宋	×	『史記』巻三七衛康叔世家	晋更従南河度救宋
⑤	前六三二	魯僖公二八年	晋	衛	伐曹	×	『史記』巻三九晋世家、『春秋左氏伝』	還自河南度、侵曹、伐衛
⑥	前六二七	秦穆公三四年	秦	晉	伐鄭	×	『説苑』敬慎篇、『漢書』巻二七五行志	以秦不假道之故、請要秦師
⑦	前五九五	楚荘王一九年	楚	宋	斉への使者派遣	×	『呂氏春秋』行論篇、『春秋左氏伝』	楚荘王使文無畏（申舟）於斉過於宋
⑧	前五九五	楚荘王一九年	楚	鄭	晋への使者派遣	？	『春秋左氏伝』	使公子馮聘于晋
⑨	前五八三	魯成公八年	晋	莒	呉への使者派遣	○	『春秋左氏伝』	晋侯使申公巫臣如呉
⑩	前五三〇	魯昭公一二年	晋	鮮虞	斉との会盟（偽）↓攻肥	○	『春秋左氏伝』	晋荀呉偽会斉師、…滅肥
⑪	前五〇四	魯定公六年	魯	衛	討鄭	×	『春秋左氏伝』	往不仮道於衛
⑫	前四七八？	陳湣公二五年？	周	陳	宋への使者派遣	○	『国語』	使単襄公聘於宋（陳滅亡の年か）
⑬	？（前四七三以前）	？	呉	衛	（晉の）智（邑）への使者派遣	○	『説苑』復恩篇、『太平御覧』	呉赤市使於智氏
⑭	前四〇六	魏文侯三七年	魏	趙	攻中山	○	『韓非子』説林篇上	魏文侯借道於趙而攻中山
⑮	？（前三六七以降）	？	楚	周	韓魏への進出を図る	？	『戦国策』西周策	楚請道於両周之間、以臨韓・魏。
⑯	前三三六	秦恵文王三年	秦	韓・魏	攻斉	○	『戦国策』斉策	

⑰	前三〇七	周王赧八年	秦	周	伐韓	×	『史記』巻四周本紀、『戦国策』東周策	秦抜（韓の）宜陽、斬首六万
⑱	前三〇〇	韓襄王一二年	秦	韓	攻楚	○	『史記』巻四五韓世家、『戦国策』韓策	秦撃楚、斬首三万
⑲	前二九八	魏襄哀王二一年	魏・斉・韓・趙	衛	三国（魏・斉・韓）攻秦、趙攻中山	○	『戦国策』趙策	敗秦軍函谷
⑳	前二七三	秦昭襄王三四年	秦	韓・魏	攻楚	×	『史記』巻七八春申君列伝	春申君の諫言により計画中止
㉑	前二七二？	楚頃襄王二五年	楚	魏	攻燕	○？	『戦国策』楚策	撃燕

と晋に使者を派遣した。使者の申舟は宋を通過して斉へと向かい、使者の公子馮は鄭を通過して晋へと向かったが、いずれも対象国の同意を得られず借道の措置を取らなかった。そして、宋の華元は楚の挙動を侮蔑行為と見なし、申舟が楚へ帰還する際にかれを捕らえて殺した。それを受けて楚が挙兵して宋に侵攻した。⑪の事例は、魯の陽虎が鄭への討伐から帰還する際に、借道せずに衛の領域を南から東へと横断し、衛侯の怒りを買った。これらの事例において、各国は他国による自国領域への無断進入を強く拒み、軍事行動・使者の暗殺などの強硬手段を取って抗議したと見られる。これらの具体例から、時代が進行するにつれて外国の干渉を排除するため、各国が長城を築き地域と地域の隔たりを深化させた原因の一端が窺えよう。

次に使者の派遣は五例を見出せる。前述した軍事行動と関連する⑦と⑧の事例の他に、⑨⑫⑬の事例が見られる。⑨の事例は、晋の使者である申公巫臣が呉に向かうため、莒に借道の措置を取った。⑫の事例は、周の使者である単襄公が宋に向かうため、陳に借道の措置を取った。⑬の事例は、呉の使者である赤市が晋の智氏の領邑に向かうため、衛に借道の措置を取った。これらの事例は、いずれも春秋時代のものである。戦国時代以降は、使者の派遣による借道の事例が見られない。

最後に、僅か一例しか確認できない上、結果からしてみれば偽りであった会盟の事例が⑩である。⑩の事例は、晋の荀呉が斉との会盟を口実に、小国の鮮虞に借道の措置を取ったが、その途中で晋が軍事行動に転じて肥を攻撃したというものである。かなり特殊な事例ではあるが、会盟と符との関係性を示唆した点において大変興味深い。会盟と符との問題に関しては、まだまだ不明瞭な点が多いため、更なる論述は別稿としたい。

全ての「借道」の事例を見渡してみると、失敗して更なる大きな問題へと発展した事例がありながらも、借道の可否に注目すれば成功例の方が失敗例より多いことに気付く。その理由は借道という措置自体にそれなりの需要があったことを反映しているからだと考えられる。春秋戦国の国々は他国による無断進入を防ぐべく、長城を築き問題の解決に取り組みながら、一方では借道の需要に応える必要があった。この矛盾を解消するため、剖符は関所を通過する手段として、借道という外交問題を解決した方策と言える。【表五】に見えるように、剖符の措置がとられていた戦国時代において、借道の申し出はほぼ承諾されるようになっている。⑰と⑳という戦国時代における借道の失敗例は、いずれも計画の中断によるものである。⑰の事例は、前述したように史厭の策略によって秦は計画の変更を余儀なくされた。⑳の事例は、春申君の諫言により秦が計画を中止した。これらの失敗例は、紛争により挫折したものではなく、そもそも執行国が借道の申し出を取り下げた事例である。

したがって剖符の措置は戦国時代における借道の遂行を助けた側面があり、春秋時代の借道を継承した側面も見られる。そうであれば、戦国時代以降に使者の派遣による借道の事例が見られないことは、剖符の出現及び置質の変化によるものであると考えられる。突発的な事態に対処するため使者を派遣するまでもなく、各国は予め質子を交換しており、当地にいる質子が符を使用して適切な外交を行う。それが円満に機能していれば、わざわざ借道の措置を取るまでもなかろう。

戦国時代の借道において、秦と関わる事例が急増する。西垂に位置する秦が中原地域への進出を図るため、積極的な姿勢を見せたと捉えられる。一般的には「合従」によって東方進出を阻まれていたと知られる秦が、地域間の移動を六国よりも敏感に捉えている可能性がある。この意識は「統一」前の秦の国策にも深く関わり、のちに秦の始皇帝による施策にも直接的に影響したのであろう。

第三節　質子による符の使用

周本紀の事例から窺えるように、戦国時代において剖符と置質とは牽制し合い、各国の均衡を保たせる側面があった。一方で、「借道」の分析から窺えるように、置かれた質子が剖かたれた符を用いて外交を行い当時の国際秩序を支えていた。直接的に質子が符を用いて任務の遂行に当たった例は、戦国燕の楽毅の事例に見える。楽毅という人物は、燕の名将として斉を滅亡の危機まで追い込んだことで著名であるが、同時に政治家として諸国を往来した経歴も持つ。『史記』巻八〇楽毅列伝の冒頭に、

楽毅とは、其の先祖は楽羊と曰ふ。魏の文侯の将と為し、伐ちて中山を取る。魏の文侯楽羊を封ずるに霊寿を以てす。楽羊死すとき、霊寿に葬り、其の後子孫因りて家とす。中山国を復するも、趙の武霊王の時に至りて復た中山を滅ぼす。而して楽氏の後に楽毅有り、……武霊王に沙丘の乱有るに及び、趙を去り魏に適く。……楽毅是に於ひて魏の昭王の為に燕に使はす。燕の（昭）王客の礼を以て之を待つ。楽毅辞譲するも、遂に質を委ねて臣と為す。

とあり、戦国燕に仕えるまでのかれの出自を概観できる。楽毅の先祖は楽羊と言い、魏の文侯の将軍であった。楽羊

は中山を討伐した功績により、中山にある霊寿を封地として賜り、かれの死後に楽氏一族が霊寿を住処とした。のちに中山は趙に滅ぼされ、楽氏一族の後裔である楽毅は中山の人から趙の人になった。やがて趙で内乱が起き、それを機に楽毅は魏に渡り、魏の人になった。のちに楽毅は魏の昭王の使者として燕に渡り、燕の昭王に礼遇され「質」として燕に滞在し、燕の昭王に仕えるようになった(17)。楽毅は前述した孟嘗君の事例と同様に、使者と質の二面性を持つと言えよう。このように、燕に仕えるまでの楽毅の経歴は趙・魏の二大国と深く関連していた。同じく強大な斉の脅威を受けていた燕・趙・魏の三国の間に、楽毅は自身の経歴を活かして三国を連結して斉に対抗した。

右記のように楽毅は魏の質として燕に滞在し、臣下として燕の昭王に仕えていた。身分の二面性を持つ楽毅であるが、質子の性質を帯びる点からして、魏と燕における置質の一環として捉えられる。その楽毅が符を使用して諸国を往来したとする記述は、次の史料から見られる。『史記』巻八〇楽毅列伝に附された「楽毅報遺燕恵王書」に

故に節を魏に仮り、以て身を燕に察するを得。

とあり、楽毅が魏から燕に使者として派遣された際には節を用いたとある。その後続の文章に、

趙若し許して、四国を約して之を攻めんとすれば、斉大ひに破るべし。先王(昭王)以為へらく然りと、符節を具へ、南のかた臣(楽毅)を趙に使わす。

とあり、斉を攻略するために楽毅は趙と同盟を結ぶよう提言し、それを承諾した燕の昭王は楽毅を使者として派遣し符節を楽毅に委ねた。「楽毅報遺燕恵王書」とは、燕の昭王の亡き後、後継の恵王が趙に亡命した楽毅を責めるのに対し、楽毅が先王への敬愛と忠誠を記し恵王への返答とする書信である。右記によると、昭王の宿願である斉への攻略を実現させるため、楽毅は自ら使者となり趙に渡って同盟を締結するように促した。その際、燕の昭王は符節を楽毅に託し、かれを燕の使者として趙に派遣した。ここに見える「符節」語は社会の上層部に用いる符の正式名称であ

り、本書の考察対象である「剖符」語の符に該当する。また、楽毅が昭王との絆について言及した中で、両者が出会うきっかけとなった魏と燕の「置質」に節の使用が見られる。この場合、魏燕外交に見える節は燕趙外交に見える符節と同様の役割を持ち、この節は符節の略称であると考えられ、当然ながらこれもまた本書の考察対象である「剖符」語の符に該当する。(18) したがって楽毅の事例により、質子が符を使用した側面が見られ、置質と剖符の措置は関係し合うと窺える。

本書の考察を踏まえれば、楽毅の事例に見える符は通行証として見て差し支えないとわかる。すなわち楽毅が魏の使者として燕に渡る際に、魏が所持していた符を借りて魏と燕の間にある関所を通過した。そして燕の使者として趙に渡る際に、燕の昭王から燕が所持していた符を託されて燕と趙の間にある関所を通過した。楽毅は通行証である符を使用して、国家の境界線上にある関所を通過して入国を果たし、使者としての任務を遂行したのである。剖符と置質、いずれにしても互いの信頼関係に基づく措置であり、ヒト／モノを媒介として取り結んだ結合関係である。戦国時代の後半期に国際間の信頼関係が破綻しはじめ、質を置くことは半ば形骸化し外交関係を保つことができなくなった。秦の荘襄王（子楚）の邯鄲脱出劇はそれを如実に反映していよう。そうしたなかで、符は形骸化した質の機能を補完する側面があったと言える。

おわりに

戦国時代には「置質剖符」といった外交関係を維持する措置が行われていた。戦国秦漢における符制度の継承関係に鑑みれば、当時交換された符には通行証としての役割があったと考えられる。そして外交官として活動していた戦国時代の質子が、様々な場面で通行証としての符と関わっていた。本書の考察において、質子が符を使用する事例からは両者の協力し合う関係が見られ、「借道」の事例からは両者が牽制し合う関係が見られる。置質と剖符はこの二面性の下で、相互に影響しながら戦国時代の外交ひいては当時の「国際」秩序を支えていたと考えられる。

とりわけ剖符の措置に注目すると、他地域を往来する使者の活動を通じて、戦国時代には通行証としての符が高頻度で使用されていたことが窺える。東方世界の諸国が国符を使用していたのと同様に、秦符に関する記述が史料に頻出することから、秦国にも符の使用慣習があったことが分かる。戦国秦における符の使用は、穰侯の事例に始まり、秦王政（のちの始皇帝）の時代まで続いていたと考えられる。『史記』巻七九范睢蔡澤列伝に

穰侯の使者は王の重きを操り、諸侯に制を決し、天下に符を剖かち、適を政し国を伐ち、敢えて聴かざるもの莫し。

とある。右の史料から、秦の昭王の時代に穰侯の魏冄は権力を擅に振るい、とりわけ秦王の代わりに他国と剖符すること、すなわち外交を行ったことが問題視されたことがわかる。のちに魏冄は失脚まで追い込まれ、自分の封地で隠居するように命じられる始末となった。右記から穰侯は権力を振るう全盛期において、秦符を掌握していたと見られる。秦符を掌握した穰侯は、同条に見える「東のかた県邑を行く」の文言が示しているように、東方世界へ移動する権限を所持していた。加えて、穰侯の封邑である定陶は函谷関より東に位置する。もしかしたら、その封地への往来には函谷関の通行権が関わっていたかもしれない。

穰侯の失脚後、秦の昭襄王は権力を回収し、秦王を中心とする政治体制が確立された。秦符の管理もこの権力掌握と共に昭襄王の手中に収められたと考えられる。その後、昭襄王から孝文王、荘襄王を経て秦王政が即位した。この継承関係から、昭襄王が掌握した秦符は最終的に秦王政に継承されたと推定される。秦王政が天下の「統一」を果た

した後、一連の「統一」策が講じられた。その中で、符の制度も社会の変化に適応する形で規定が刷新されたと考えられる。秦漢帝国の支配体制において、符は璽と並んで皇帝権力を象徴する物品となった。この変化は秦の始皇帝期の「統一」策を起点とするが、その符の規定は突如として現れたものではなく、戦国秦ひいては戦国時代の慣行にあった符を継承・発展させたものであることが明らかになった。

秦漢帝国の形成期において、中央集権支配の進行に伴い、剖符の主体は国家から君主個人へと変化した。これに応じて、符の呼称も君主号の変遷に合わせて君符、王符、皇帝符と変化していった（詳細は第三章を参照）。しかし、符制度の観点から見ると、漢帝国は戦国時代の国符を復活させ、国家の支配構造に組み込んだ。言い換えれば、秦の統治の失敗を教訓とし、それ以前の時代の政策を復活させたのである。この理解は、郡国制をはじめとする漢初の諸政策の特徴と整合性がある。このことから、漢初における「剖符」、すなわち皇帝の符を臣下に分け与える行為には、急速な中央集権化を緩和する意図があった可能性が考えられる。そのなかで剖符の具体的な役割については、本書の後半で詳細に検討する。

注

（1）春秋時代から戦国時代への社会形態の変容については、平勢隆郎『中国歴史2　都市国家から中華へ　殷周　春秋戦国』（講談社、二〇〇五年）を参照。

（2）増淵龍夫「戦国官僚制の一性格――郎官と舎人――」（『社会経済史学』二一―三、一九五頁～二二六頁、一九五五年→『中国古代の社会と国家――秦漢帝国成立過程の社会史的研究』岩波書店、二〇一四年）第二篇第一章、二二五頁～二六五頁。

（3）小倉芳彦「中国古代の質――その機能の変化を中心として――」（『歴史学研究』二六六、一頁～一五頁、一九六二年→『中国古代政治思想研究』青木書店、一九七〇年）第一篇第三章九四頁～一三〇頁。

（4）佐々木研太「戦国期の「質」の機能――『戦国策』所見の「空質」の解釈を媒介として――」（『史潮』四三、六二頁～八二頁、一九九八年）や同「『戦国策』韓策所見の「質子」の解釈をめぐって」（『史潮』七三、七五頁～九二頁、二〇一三年）などを参照。

（5）工藤元男「戦国の会盟と符：馬王堆漢墓帛書『戦国縦横家書』二〇章をめぐって」（『東洋史研究』五三、一頁～二三頁、一九九四年）。

（6）大庭脩「漢代の関所とパスポート」『秦漢法制史の研究』（創文社、一九八二年）第五篇第一章六一九頁～六二三頁を参照。

（7）佐藤武敏監修『馬王堆帛書　戦国縦横家書』（朋友書店、一九九三年）第二〇章二五七頁～二五八頁を参照。

（8）前漢景帝期の魯王虎符（一九七六年に咸陽南賀村で発見、一九八一年より陝西省咸陽博物館に収蔵）の銘文に「漢魯王と与に虎符を為る」とあるように、漢代の符は国家の総体である「漢」を権威の主体とする。

（9）『史記』巻六秦始皇本紀に「秦王の子嬰即ち頸に係くるに組を以てし、白馬素車にて、天子の璽・符を奉じ、軹道の旁に降る。」とあり、それと同様の記述は『史記』巻八高祖本紀に「秦王の子嬰素車白馬にて、頸に係くるに組を以てし、皇帝の璽・符節を封じ、軹道の旁に降る。」とある。

（10）近年は伝世史料と出土史料を合わせた研究が進められ、主には『居延漢簡』や『肩水金関漢簡』などの西北簡を用いて符の考察を重ねてきた。その研究成果で、秦漢時代に用いられた符とは関所通過のときに使用する簡易的な通行証であるとわかる。詳細は大庭脩『秦漢法制史の研究』（創文社、一九八二年）第五編第一章六一九頁～六二三頁、冨谷至『文書行政の漢帝国』（名古屋大学出版会、二〇一〇年）第三編第二章二九五頁～三〇四頁、鷹取祐司『秦漢官文書の基礎的研究』（汲古書院、二〇一五年）第一部第二章五六頁～六四頁、などを参照。

（11）ここで登場する人物は蘇秦であると解釈されてきたが、平勢隆郎氏はそれが蘇代の誤りであると指摘し、首肯できる意見であるので今はこれに従う。詳細は前掲注一第七章二六七頁～二八一頁を参照。

（12）「借宋之符」について、清の梁玉縄『史記志疑』巻二九に「此語可疑」と説く。一方で、瀧川亀太郎『史記会注考証』は胡三省注を支持し宋符を借りる合理性に首肯する。諸説がある中で本書は胡注・瀧川注に従う。

（13）冨谷至「簡牘資料に見える「伝」――辺境出土木簡を中心にして――」（前掲）。
（14）詳細は本書第一章第四節を参照。
（15）秦周の剖符関係について、『戦国策』東周策に「秦之を聞けば必ず大に怒りて、焚周の節を焚き、其の使を通ぜず。」とあり、同時期に秦は周の（符）節を所持していたことがわかる。
（16）ただし、宋符の事例は使者の個人通行であるに対し、秦の借道は軍隊の集団通行である。同様に符の使用が想定されるが、特殊な形状・形態の符が使用されたのであろう。
（17）「委質為臣」について、「質」は「贄」すなわち献身を示すために差し出す礼物と見なす見解がある。一方で、「委質」の質を質子と理解し、春秋戦国時代の独特な儀礼関係と見なす見解がある。諸説があるなかで本書は後者の説を取る。詳細は晁福林「春秋戦国時代的「質子」与「委質為臣」」（『伝統文化与現代化』一九九九年第三期）等を参照。
（18）符・節・符節などの関係については、本書第三章を参照。

第三章　出土文物に見る秦漢虎符の形成と発展

はじめに

秦漢時代の史料に散見する「符節」という語であるが、その実態は必ずしも明白とは言えない。例えば、『史記』巻八高祖本紀に、

秦王の子嬰素車白馬にて、頸に係くるに組を以てし、皇帝の璽符節を封じ、軹道の旁に降る。

とあり、『漢書』巻一高帝紀にも同様の記述が見られる。序章にも取り上げた史料であるが、ここに見える「符節」という語は、後世の考証に従って符と節がそれぞれ単独の媒体として見られてきた。右記の条文に付けられた注釈として、『史記索隠』に引く孫呉の韋昭注に「天子の印は璽と称し、又た独り玉を以ふるのみ。符、兵を発する符なり。節、使者の擁する所なり」とあり、また『漢書』顔師古注に「符とは諸々符を合わせて以て契と為す所のものを謂ふなり。節とは毛を以て之を為り、上下相重し、竹節を象ることを取り、因て以て名と為し、将軍の命ぜらる者は之を持ちて以て信と為す」とある。このように、後世の学者は『史記』『漢書』に見える「符」「節」をそれぞれ異なる用途を持つ媒体として理解した。とりわけ顔師古注の背後には、おそらく唐代人の認識が介在する。『唐律疏義』巻一

○職制律に、

諸々符・節を用ひるは、令に依り、符・節を用ひるときは並びに門下省に由る。其れ符とは銅を以て之を為る。左の符は内に進め、右の符は外に在り、符を執る人に応じ、有事に行勘し、皆な左の符を奏出し以て符を合はせ、所在は用事の訖はるを承け、人をして左の符を将ひて還さしむ。其の使者若し他処に向かい、五日の内に次者を使はさざれば、所在は専使を差はし、門下省に送りて輸納せしむ。其れ節とは大使の出づるに即ち之を執り、使還りて亦た即ち送納す。輸納に応じて稽留する者、一日に五十を笞し、二日に一等を加へ、十日に一年を徒す。日を違へると雖も、罪も亦た加へず。

とあるように、唐律は符と節を異なる媒体として扱う。右記の条文によれば、符は通行規制を解除する媒体であり、門関を通過するために符を用いて任務の遂行に当たる。任務を完遂したら速やかに使者を送り出し、符を保管する場所に送還するように規定される。一方で、節と門関の通行との関連性は不明であるが、右記の条文には節を使者の持参品として明記し、任務を完遂したら本人が保管する場所に送還するように規定される。前後の文章を共通して理解すれば、遠方の国に出使するとき、おそらく符と節の両方を携行する必要があり、符を用いて国境線上にある関所を通過して出国し、左半分を本国に残して右半分を用いて帰還する。そして節は任務中に使者の身分を表すものである、という使用実態が想起される。符と節はセットで使用される物品であればこそ、「符節」は熟語として史料に散見する、というように顔師古をはじめ唐代の人は理解したのであろう。

ところが、「符節」の語を符と節の二つの媒体として理解する意見もあれば、一つの媒体である符節《わりふ》として理解する見方もある。『孟子』『荀子』『墨子』『鶡冠子』『淮南子』など諸子百家の書物に「符節」語は散見され、中には「合符節」の文言が多く見られ、符節とは一組のわりふであることを示唆する。そして、より直接的に符節を一組の

媒体として捉える記述は、次の『周礼』巻三地官司徒第二・掌節項の条文に見られる。すなわち、

門関は符節を用ゐ、貨賄は璽節を用ゐ、道路は旌節を用ふ。皆な期有りて以て節を反へす。

とある。右記の条文は「掌節」官の職掌を記し、様々な用途を持つ節を羅列する中で、門関の出入に符節を使用することを明記している。既に第一章で述べたように、西北地域で発見された「出入符」を手掛かりに、漢代の符とは関所を通過する時に用いる通行証である。そのことを踏まえれば、門関の出入においては専ら符の特性を利用することがわかる。したがって、『周礼』に見える符節とは、符の機能を備えた節である、と初歩的に理解できる。『周礼』という書物は、周の時代を理想化して作られた官制の経典であり、周の賢人である周公が行った政治制度を記載したものであると漢代の古文学派は主張するが、後世に偽撰されたものとも言われ、一般的には漢代に成立したものと考えられている。『周礼』に見える符節は、漢代の人の認識を背景に漢代の学者が思い描いた周の符節であると言えよう。

右のように「符節」の語に対し、唐代の人が思い描く秦漢の符節と漢代の人が思い描く周の符節には一致した見解を見出せない。秦漢時代の史料に登場する符節は、果たして符と節の二つの媒体か、符節という一組の媒体か、未だにわからない。唐代の人と漢代の人の「符節」語に対する見解の相違は、時代が変遷する中で符節の形態が変化したことを意味し、それぞれの時代性がそれぞれの考察を左右したと言える。そうであれば、変遷していく符節を理解するには、源泉的な部分から出発する必要があり、まずは符と節を個別に考察しそれぞれの媒体としての特徴を把握しなければならないだろう。第一章において符を対象に基礎的な考察を行った結果、秦漢時代の符にはある程度の理解を得た。本章では節の考察に重点を置き、符との関連性を探りながら秦漢時代の符節の実態を特定したいと思う。

第一節　出土文物による節への理解――林・大庭説の再検証――

節、とりわけ漢代の節とは如何なるものかについては、意外なことに従来まとまった研究は少ない。先行研究の中で、林巳奈夫氏は漢代の画像石を用いて節の形態を推定し[1]、大庭脩氏は出土文物を用いて林氏の論証を継承して補強した[2]。両氏による旌旗を漢代の節の形態とする解説は、およそ漢節の定説と言える。林・大庭両氏の解釈が的を射た論であることは、武威で発見された王杖（鳩杖）（【図三】）からも窺える。

一九五七年秋に行われた甘粛省武威県磨咀子第一八号漢墓の発掘調査から、先端に鳩形の飾りが付いた全長一・九四mの杖、及び当初杖に結び付いていたと推測される一〇枚の木簡が発見された（『武威漢簡』文物出版社、一九六四年）。「王杖十簡」と総称されるこれらの出土史料は、王杖（鳩杖）所持者の特権に関する法令を記した木簡と墓主（名は幼伯）が所持していた王杖であると理解される。いわば、「王杖十簡」とは漢代王杖の実物及びその機能を説明する木簡である。一〇枚の木簡は編綴の紐を失ったことが原因で、散乱した状態で発見され構成の順番は不明である。この「十簡」の配列について、大庭脩[3]・冨谷至[4]・籾山明[5]諸氏の論考によって整理されるが、未だに一致した見解は見られない。本書では籾山氏の論考に従い「王杖十簡」を次のような順序で並べる[6]。

（1）制詔御史曰年七十受王杖者比六百石入官廷不趨犯罪耐以上毋二尺告劾有敢徵召侵辱

（2）・者比大逆不道建始二年九月甲辰下

（3）制詔丞相御史高皇帝以来至本【始】二年勝（朕）甚哀老小高年受王杖上有鳩使百姓望見之

（4）・比於節有敢妄罵詈毆之者比逆不道得出入官府郎（廊）第行馳道旁道市賣復毋所與
（5）・如山東復有旁人養謹者常養扶持復除之明在蘭臺石室之中王杖不鮮明
（6）・得更繕治之河平元年汝南西陵県昌里先年七十受王杖頬部游徼呉賞使従者
（7）・毆撃先用詑（訴）地大守上讞廷尉報罪名
（8）・明白賞當棄市
（9）・蘭臺令第卌三御史令第卌三尚書令滅受金
（10）・孝平皇帝元始五年幼伯生永平十五年受王杖

先行研究では王杖十簡の「令」としての史料的性格を中心に検討してきた。とりわけ法制史の専門分野において重点的に議論されてきたが、本書は王杖と節の対比に重点を置き、右の（3）～（6）の部分に注目したいと思う。まず改めて次のように節と関連する箇所のみを抽出する。

丞相・御史に制詔す。高皇帝以来本始二（前七六）年に至り、朕甚だ老小を哀む。高年に王杖を受けしめ、上に

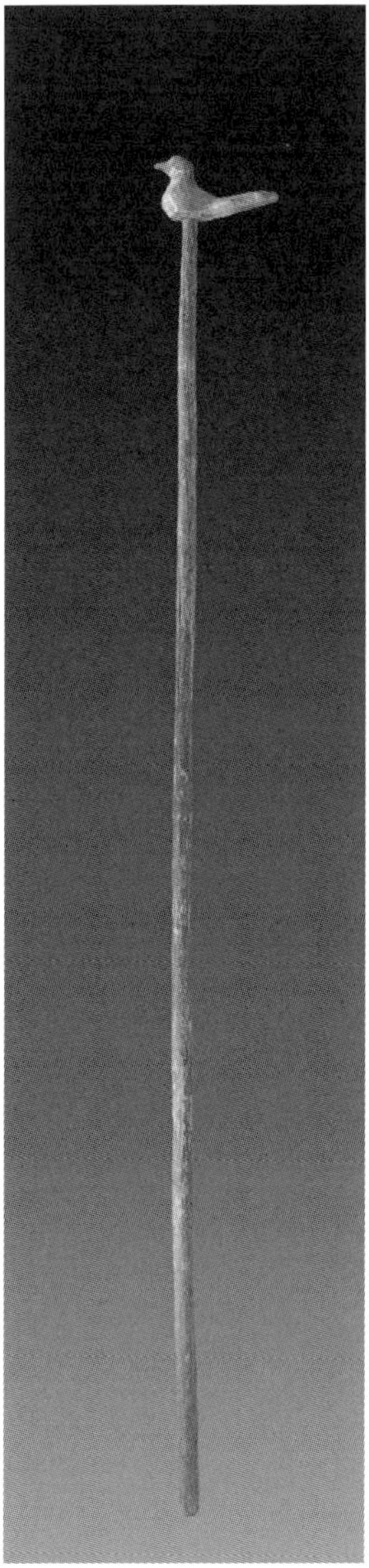

【図三】　王杖（鳩杖）
（山東省博物館／中国文化遺産研究院編『書於竹帛：中国簡帛文化』（上海書画出版社、二〇一七年）、五八頁より引用）

【図四】　四川成都出土漢代画像石に見える王杖所持者（山東省博物館／中国文化遺産研究院編『書於竹帛：中国簡帛文化』（上海書画出版社、二〇一七年）、五九頁より引用）

鳩有り、百姓をして之を望見せしむこと、節に比《なぞら》へよ。敢へて妄りに之を罵・詈・毆する者あらば、逆不道に比へよ。官府の廊第を出入し、馳道の旁道を行くことを得。市売は復して与る所なきこと、山東の復の如くせよ。旁人の養謹する者あらば、常に養ひ扶持せしめ、之を復除せよ。蘭臺石室の中に在るを明るくせよ。王杖鮮明ならずんば、更めて之を繕治するを得、と。

右記の条文は、以下の四部分によって構成される。①王杖制度を建立した動機。漢の高祖皇帝の時代以来、漢の皇帝は老人や幼子を憐愛する政策を継承してきた。その一環として年配者に王杖を授けた（【図四】を参考）。②王杖の形態。年配者に授ける杖には鳩の形の飾りを付け、節になぞらえて一般民が遠方からでも認識できるようにする。③王杖所持者の特権。侮罵や殴打などの悪意から守られる（違反する者は逆不道の罪に準じて論断される）。官府の廊第に進入する権限を持つ。馳道の旁道を使用する権利を持つ。市場での貿易においては賦税を免除される（山東の賦税免除になぞらえる）。王杖所持者を扶養する者には徭役を免除し、扶養に専念させるようにする。④王杖政策の維持措置。官府は王杖政策の相関措置を蘭臺石室の中で明記する。所持者の王杖が老朽化して認識しにくくなれば、修繕することを許可する。

このように、「節に比へ」るとの一文は王杖と漢節との類似性を肯定する。王杖の形態から言えば、二m弱の杖の長さや、遠方からでも確認できるシルシ（鳩）が付いていることは、林・大庭両氏の旌旗説を想起させられる。また、王杖による特権の内容を見れば、外部の悪意から守られることや、一般民には進入し得ない区域への出入、ひいては官道（馳道の旁道）の使用など、朝廷の使者を彷彿とさせるような内容であった。したがって、「王杖十簡」を傍証として、旌旗を漢節の形態とする林・大庭説の正確性は首肯できる。そして、このような形態を持つ節は後世に継承され、唐代における節への理解と直結するように考えられよう。

ところが、両氏の論考が公表されて以来、中国大陸では次々と古代の出土文物が発見された。数多の出土文物が続出する中で、節と分類された文物を系統的にまとめたのは、陳昭容氏である。陳氏は羅振玉等[7]の先行研究を継承し、二〇世紀以来中国大陸で発見された符と節を蒐集した。銘文にある「王命」との文言を節の特徴として捉え、龍・虎等様々な動物の形を象った節を紹介した[8]。陳氏の研究は、網羅的に符節を蒐集することに力点を置き、符節そのものに対する定義は曖昧な所があると言わざるを得ない。しかしながら、陳氏が網羅した文物の中で、銘文に「節」と明記されている青銅器が見られる[9]。辟大夫信節（【図五】）と呼ばれるものはその内の一つであり、詳細は次の通りである。

●辟大夫信節
長さ　八・三cm
厚み　不明
高さ　四・一cm
銘文　辟大夫信節　（右行）
□（塡か）丘牙塿絎　（左行）

【図五】　辟大夫信節

（出所）北宮故宮博物院ホームページより引用（www.dpm.org.cn/collection/bronze/232088.html）

（検索日：二〇二四年七月四日）

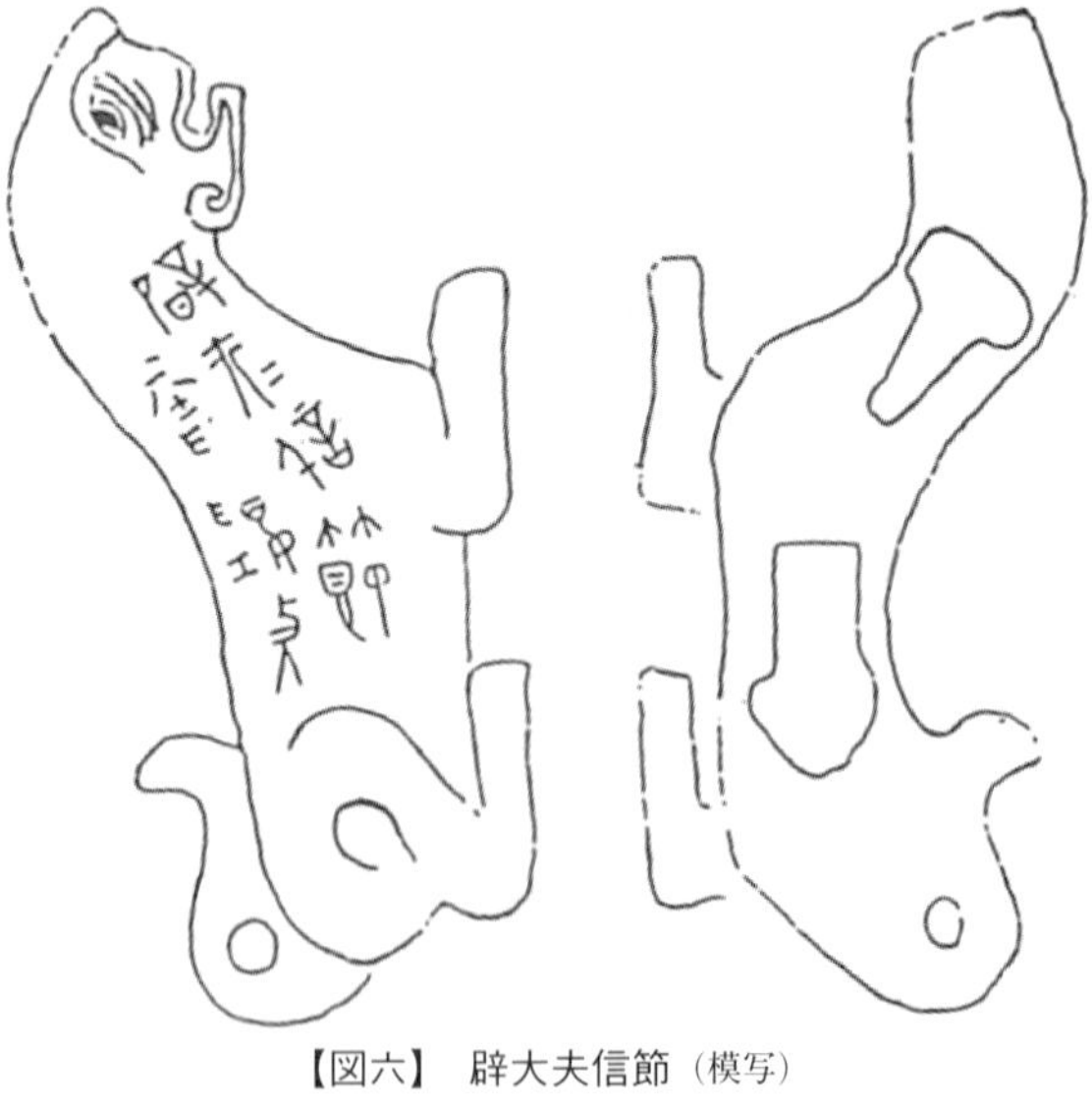

【図六】　辟大夫信節（模写）

（出所）陳一九九五、三六四頁より引用

北京故宮博物院に所蔵されているこの節は、虎を形取っており、銘文に「節」字が刻され、先行研究によって虎節と分類される。李家浩氏によれば、辟大夫信節とは戦国時代の斉国のものであり、軍事目的で使用されたものである[10]。当該将軍は当節を発給され、それによって当該地域の軍事権を掌ったと言う。当節は君主（斉王）より権力を委ねられた証であると考えられる。

このように、旌旗とかけ離れた形態を持つ節は戦国時代の出土文物から実例が見られる。銘文に「節」の文字がはっきりと確認できる以上、この媒体は節と呼称されていたものに相違ない。定説と形態を異にする右記の節は、秦漢時代において旌旗以外の異なる系統の節の存在を強く示唆する。とりわけ、辟大夫信節の裏面には象嵌するための溝があり、凹凸で噛み合うように作られている（【図六】を参照）。この造形は虎符と同様であることにも注目したい。

新出土文物の発見により、漢代の節は時代を遡れば単一な系統に由来するものとは限らないことがわかる。また旌旗を形態とする理解は、必ずしも戦国時代の影響を強く受けた秦・漢初の時代に通用しないことも意味する。大小・軽重等全くと言っていいほど異なるこれらの媒体を、全て節のカテゴリーに分類するのであれば、そもそも節とは如何なるものか、改めて検証する必要があろう。

第二節　『周礼』に見える節の法則性

辟大夫信節と近似する媒体は、同じく戦国時代の出土文物に見られる。杜虎符（【図七】）と新郪虎符（【図八】）と呼ばれるものである。この両者は、戦国秦の出土文物であると推定される。写真から確認できるように、外見・大小といった点からして、造形上は辟大夫信節と非常に似ている。しかしながら、辟大夫信節の銘文は「節」と刻してあり、

【図七】　杜虎符
（出所）陳一九九五、三五九頁より引用

【図八】　新郪虎符
（出所）陳一九九五、三六〇頁より引用

節と分類されるべきものなのにに対して、杜虎符と新郪虎符の銘文（詳細は後述する）に「符」と刻しており、符と分類されるべきものである。異なるカテゴリーに分類されるにもかかわらず、これらの媒体は相当の類似性を持っている。それに鑑みれば、符と節との間に何らかの関係性が存在するはずと考えたほうが自然であろう。

符と節を単独の媒体として捉える表現は、秦漢時代の史料に散見される。これにより、二つの媒体は同時期に存在していたと思われる。ところが、同時期に存在していたとは言え、両者の出現時期は必ずしも同一とは限らない。通行証である符は、その関所を通過する機能からして、関所の設置及び普及を前提条件とし、第一章で述べたように符は春秋末期もしくは戦国初期から普及するようになったと考えられる。それに比べて、節の制度は古くから存在していたとされる。古の王朝である周の制度を思い描いた『周礼』には、節の制度を体系的にまとめた条文が見られる。本章の冒頭でも多少触れたが、その全文は次の通りである。『周礼』巻三地官司徒第二・掌節項に、

掌節は、邦節を守して其の用ふるところを弁けるを掌り、以て王命を輔く。邦国を守る者は玉節を用ゐ、都鄙を

守る者は角節を用ふ。凡そ邦国の使節、山国は虎節を用ゐ、土国は人節を用ゐ、澤国は龍節を用ふ。皆金なり、英蕩を以て之を輔く。門関は符節を用ゐ、貨賄は璽節を用ゐ、道路は旌節を用ふ、皆期有りて以て節を反へす。凡そ天下に通達するは、必ず節を有ち、伝を以て之を輔く。節無き者は幾ばく有りて則ち達せず。

とある。また、『同』巻九秋官司寇第五・小行人項に、

天下に達するの六節。山国は虎節を用ゐ、土国は人節を用ゐ、澤国は龍節を用ゐ、皆な金を以て之を為る。道路は旌節を用ゐ、門関は符節を用ゐ、都鄙は管節を用ゐ、皆な竹を以て之を為る。

とある。掌節項の条文は掌節官の職掌を記し、その管轄となる様々な用途を持つ節を紹介した。そして小行人項の条文は運用する際に、様々な節の実用上の区別を示した。右の条文から玉節・角節・虎節・人節・龍節・符節・璽節・管節・旌節などの名称が見られる。限られた史料の中で、右の記載は節という媒体を理解するに当たって最も基本的なものと言える。以下に読み取った情報を整理する。

（一）節の素材。

右は四種類の素材を明記し、それぞれの素材で作られた節は異なる身分を表す。まず、「邦国を守る者」は国を単位とする封土を管理する者を意味し、すなわち周制の中の諸侯に該当する。諸侯を主体とする国内行政は玉を素材とする節を用いる。次に「都鄙を守る者」は、采邑に封じられた者、すなわち周制の中の卿大夫に該当する。卿大夫を主体とする領有内の行政は角を素材とする節、凡そ犀角などの素材で作られた節を用いる。更に地域を越えて活動する使者は、周王を命令の主体とし、その活動地域に沿って異なる形状の節を所持するが、全て金属を素材とする節を用いる。最後に、命令の主体は明記されていないが、天下世界において節を運用する時に、竹を素材とする節を用いる。この竹は条文に見える旌・符・管などの媒体の本来の素材となる。察するに、特殊な素材を要しない場合は、任

務遂行に適した媒体を選択し、その元来の素材を用いた節を使用する。このように、漢代人が思い描く周の制度は、周王を頂点としその権威を用いて天下を治めた体制である。王命伝達を目的とする節は、周王の支配形態の差異によって金・玉・角・竹の四等級に分けられる。

（二）節の形状。

外地へ赴く使者は派遣先によって異なる形状の節を用いる。山地の国は虎節を用い、平地の国は人節を用い、澤地の国は龍節を用いる。おそらく各地の文化に合わせ、その地方において威武なる対象の姿を形取った節を使者に持たせ、王命の厳かさを維持する目的があろう。山国には虎を形取った節を用い、澤国には龍を形取った節を用いる。それらと並列する人節も、当然の如く人を形取った節を意味しよう。無論この「人」とは単純に並の人間を指すのではなく、文献史料に見える神人を指す。ここで言及した神人は、『荘子』に思い描かれた「風を吸ひ露を飲む」のような超自然的な存在ではない。土国すなわち平地への派遣に使用される人節は、平地の特性を表す側面がある。平地には、大気の層の温度差による密度の違いのため、光線が異常に屈折して遠方の物体を放大したり空中に映したりする、いわゆる蜃気楼の現象が見られる。秦の始皇帝が山東半島を巡行した時にしばしば蜃気楼の現象に遭遇し、その巡行ルートをなぞらえた漢の武帝の巡行も、「大人の跡」など神人を想起させた記述を残した。これらの記述から、蜃気楼によって映し出された人の幻影は、当該地域における畏怖なる対象に足り得、人節とは神人もしくは巨人を形取った節であると推測できる。したがって、使用目的とは関係なく、使用地域によって節の形態は定められ、虎節・人節・龍節に等級の別はなく使用されていたとわかる。

（三）節の形態。

使用する場面に応じ、使者は異なる形態の節を用いる。①門関を通過する場合は、符を形態とする節を用いる。符とは、わりふのことを指すが、前記の如く通行証の性質を帯びる。わりふを形態とする節もまた通行証としての機能を持とう。②貨物または物資の搬送を伴う場合は、璽の形態を有する節を使用する。璽とは、印鑑のことを指す。璽の用語は時代が下れば皇帝専用の印鑑となるが、本来では印鑑全般を指し使用者を限定しないものであった。印鑑を形態とする節は物の搬送に関連し、税金の徴収もしくは免除の確認に使用されたのであろう。③官府が設けた道路を利用する場合は、旌節を形態とする節を用いる。旌とは、鮮やかな色の鳥の羽根をつけた旗印のことを指す。竿の先端に鳥の羽根をつけたもので、一本一本の羽根を裂いた上で使い析羽とも呼ばれる。旗印を形態とする節は、道路を通る上で遠方より認識される目的で使用されたのであろう。このように、符・璽・旌のいずれにしても節の形態に成り得るが、本来はそれぞれ独立した媒体であった。既存の媒体に節が持つ性質を付与することで、それらの媒体は節と呼称されるようになった。すなわち、節という名称は、固有の媒体名ではなく、媒体に付随した性質の特殊性を強調するための呼称なのである。

（四）節の使用条件。

節の使用は期限が定まっており、所持者は期限内に節を返還するように義務づけられた。また、国外へ赴く場合、使者は節のほかに輔佐となる媒体を持参する。節のほかに英蕩(11)（＝文字が刻された竹簡）を携帯させ、それで使者の真偽を確かめさせる。更に、使者が王命を天下世界に通達するためには、節を必要とした上で伝を合わせて用いる。伝とはわりふの一種として知られており、通行証の機能を持つ媒体である。その通行証としての特性は、広い領域にある複数の津関を往来するときの証明で、長距離にわたる用務を記していることにある。(12)したがって「伝を以て之を輔く」とは、伝という通行証を用いた関所通過の面から、長城によって分断された地域間における節の使用者の往来を輔佐する意味である。

右に整理したように、『周礼』掌節項・小行人項は節の素材・形状・形態・使用条件を記している。節を使用する時に、状況に沿って適切な素材・形状・形態を組み合わせて用いたと考えられ、便宜上本書ではこれを節の法則性と呼称する。このように、節という媒体は使用環境に応じて様々な組み合わせが想定され、一定の形状・形態を有しないとわかる。

節の法則性に基づけば、前節に取り上げた「辟大夫信節」は、金属を素材とし、形状は虎を形取り、わりふの形態を有する節であると解析できる。察するに、この節は王の勅命によって発行され、山国に向けて使用し、任務の遂行に当たっては門関の通過が想定されるものである。もとより、信節の名称は符節の意味合いを内包する。『説文解字』巻六竹部に「符、信なり」とあり、『同』巻一〇卩部に「卩（節）、瑞信なり」とある。瑞とは、玉の名称として知られているが、軍隊を動かす際の信任の印（わりふ）でもある。このことから、節・符・信は字義的に関連していることがわかる。「信節」を「信符」と表現して信任の印（わりふ）としたり、「符節」と表現して割符という形態の信任の印としたりすることは同義である。つまり、この場合「信」字は「符」字に置き換えても差し支えない。したがって、「辟大夫信節」はその名称からして符節であり、その実態である虎を形取った割符と合致する。節の法則性で組み合わさったこの節は、虎形の符節であり、いわば「虎符節」と呼べるものである。また、この場合「符」と「節」が同義であれば、虎符節という媒体は「虎節」とも「虎符」とも略称できるだろう。

前述したように、古代社会において命令の主体は媒体の素材で示される側面がある。金属製の虎符節と虎符は、同じく君主（王／皇帝）を命令の主体とし、同じく虎を形取り、同じくわりふを形態とする。虎符節と虎符をそれぞれ別の媒体であったと仮定しても、同時期に存在していた二つの媒体は、実用上において区別は非常に曖昧であったこ

【表六】　虎符節と虎符の比較表

	名称	推定年代	長さ(cm)	厚み(cm)	高さ(cm)
1	貴将軍信節	戦国斉	8.05	1.55	3.9
2	辟大夫信節	戦国斉	8.3	?	4.1
3	杜虎符	戦国秦	9.5	0.7	4.4
4	新郪虎符	戦国秦	8.8	?	3.2
5	陽陵虎符	統一秦	8.9	2.1	3.4

とは想像に難くない。現に【表六】で示しているように、虎符は大小といった外見上の特徴において近似する。むしろ、受け手として実際それらを用いた時に、虎符節と虎符を同一のものと見なしていたとさえ考えられる。したがって、虎符節と虎符の表現は、同一の媒体を指すと考えて差し支えないのである。

以上のような推論に大過がなければ、伝世史料に見える虎符は、正式には虎符節と呼ばれ、君主の命によって権威づけられたものである。その機能は『周礼』の記述が示したように、門関の通過を役割とする。のちに兵符と変貌していく虎符[13]であるが、門関通過の性格は早期の虎符に名残が見えるように考える。本章の冒頭にも取り上げた戦国秦の杜虎符に次のような銘文が見られる。

　兵甲の符、右は君に在り、左は杜に在る。凡そ士を興し甲を被き、兵を用ゐること五十人以上、必ず君の符を会はし乃ち敢えて之に行く。燔燧の事符を会はさずと雖も、行かしむなり。

とある。また新郪虎符に、

　兵甲の符、右は王に在り、左は新郪に在る。凡そ士を興し甲を被き、兵を用ゐること五十人以上、必ず王の符を会はし乃ち敢えて之に行く。燔燧の事符を会はさずと雖も、行かしむなり。

とある。「兵を用ゐること五十人以上」云々の条文は従来の見方からして不可解なものであった。長平の戦いで秦は趙の将兵四〇万人以上を殺したことを代表例として、数十万人規模の戦争を繰り広げた戦国時代において、五〇人の動員をわざわざ虎符に刻した意味は、軍事的観点からでは解し得なかった。ところが、門関通過における交通規制の観点からみれば、五〇人との数はおよそ集団通過を記録・登録する基準を示す。察するに、虎符を用いた関所の通過は、一般の符とは異なり個人的な通過ではなく集団的な通過である。虎符を所持する者が率いる集団は、個別的に関所で登録する必要がなく、虎符によって一括の出関手続きを経て任務の遂行に当たったと想定される。無論、このような法制外の関所通過は、君主権力を背後にしてはじめて可能となろう。

このように戦国秦の虎符である杜虎符と新郪虎符から、軍事利用にそぐわない銘文が見られる。兵の動員に用いられたとされる虎符であるが、虎符と符節の繋がりを手掛かりにすれば、必ずしも軍事目的に限定されたものではないとわかる。右記の推論は、軍事的な観点に偏った従来の虎符研究から脱却し、交通的な観点から虎符を考察する新たな研究視点を提示してくれたものである。とりわけ、「燔燧の事符を会はさずと雖も、行かしむなり」との一文が示した、符の制度下で符の照合を省略できる場面の想定は興味深い。符節の理解を踏まえた上で虎符に対して更なる検証をすべく、ここは節を改めたいと思う。

第三節　戦国秦漢の虎符

一　伝世史料に見える虎符の使用

虎符節すなわち虎符は、中国古代帝国における兵の動員手段として見なされてきた。鎌田重雄(14)氏は、銅虎符はその名の如く虎符の銅符であって、その左半分は中央に蔵し、その右半分は太守が持ち、郡兵動員の際、中央より派遣された使者が太守と合符して初めて郡兵を発する規定となっている、と述べる。このような理解は、かの信陵君の故事

に依拠するところが多いと思われる。『史記』巻七七魏公子列伝に、

魏の安釐王二十（前二五七）年、秦の昭王已に趙の長平の軍を破り、又兵を進めて邯鄲を囲む。……魏王恐れ、人をして晋鄙を止めしめ、軍を留め鄴に壁し、名は趙を救ふと為すも、実は兩端を持して以て観望す。……晋鄙の兵符は常に王の臥内にあり。而して如姫最も幸せられ、王の臥内を出入し、力能く之を竊まん。……如姫果たして晋鄙の兵符を盗み、公子に与ふ。公子行かんとす。侯生曰く、将、外に在りては、主の令も受けざる所あり、もって国家に便ず。公子即し符を合はすとも、晋鄙、公子に兵を授けずして復これを請はば、事必ず危からん。臣が客屠者の朱亥、与に倶にす可し。……晋鄙聴かば、大いに善し。聴かずんば、之を撃たしむ可し、と。……鄴に至り、魏王の令を矯め、晋鄙に代らんとす。晋鄙、符を合はせて之を疑ひ、手を挙げて公子を視て曰く、今、吾、十万の衆を擁し、境上に屯す。国の重任なり。今、単車にて来りて之に代るは、何如ぞや、と。聴かざらんと欲す。朱亥四十斤の鐵椎を袖にし、晋鄙を椎殺す。公子遂に晋鄙の軍を将ゐる。

とある。右記は信陵君（公子）が虎符を窃取し趙国を窮地から救ったという、かの戦国時代の有名な逸話の詳細である。長平の戦いを経て、秦軍は趙に勝利し趙の都である邯鄲へ進軍した。趙を救援すべく軍隊を派遣した魏王だが、秦の脅迫に屈し魏軍の進行を停止し、傍観に徹するよう将軍の晋鄙に命じた。趙の平原君を救援しようとした信陵君は、食客の侯嬴の策略に従い、将軍晋鄙の率いる一〇万の軍勢を奪取し邯鄲を救援しようとした。まず、魏軍の虎符は常に王の寝室にあることを知り、信陵君は王に寵愛されている如姫に虎符の窃取を依頼し、無事虎符を入手した。次に、虎符を入手した信陵君が出発しようとした際に、食客の侯嬴は晋鄙の一軍の将としての独立性を指摘し、軍の指揮権譲渡の可否を懸念した。いざという時のために晋鄙の殺害を想定し、その役目を担う朱亥を信陵君に随行させた。案の定、晋鄙は符を合わせて虎符の真実性を認めてもなお指揮権の譲渡を渋った。それが理由で朱亥が鉄椎で晋

鄙を殺害し、信陵君が軍隊の指揮権を入手し救趙作戦に向けて次の段階へと進んだ。

右に見える晋鄙の行動により、如何に真の虎符を持参しても、将軍には使者（信陵君）の伝令を疑ったり従わなかったりする場合があると窺える。これにより、虎符には所持者の身分を確かめる機能が備わっていないとの側面が見える。それもそのはず、前述の『周礼』の記述によれば、使者は複数の媒体を所持する。王命伝達を主体とする媒体のほかに、様々な媒体を用いてその任務を輔佐する。その中で、使者の真偽を確かめる術は、前述したように英蕩という物品にある。信陵君と晋鄙の事例から、節の使用者が何故身分証明の機能を持つ英蕩を携帯するよう規定されたのかが窺える。したがって虎符の使用目的は、王命伝達における使者の真偽を確かめることではないのである。虎符が出兵の可否を左右したことは、君主の権威づけの有無のみでは説明が付かないのである。

前節で述べたように虎符は虎符節の略称であれば、その役割は門関の通過に終始する。虎符の軍事権を掌る所以を通行証という媒体の性格に求めれば、関所の内側から出陣することおよび関所の内側へ帰還することにあると想定される。城壁を築き都城の内外を分断した戦国時代の都市国家の形態において、軍の出陣と帰還はいずれにせよ関所を通過する必要がある。虎符を与えられた将軍は、片方を残して出陣し、帰還する時に持参したもう片方を関所に送り、敵味方の識別として関所の警戒を解かせる、という使用実態が想起される。そして、前記の杜虎符と新郪虎符に「燔燧の事符を会はさずと雖も、行かしむなり」との銘文が示しているように、緊急事態の場合は虎符の照合を省略できる。それはつまり国内から国外へ出向く際の措置は、比較的重要度が低いことを意味し、虎符による出入は国外から国内への帰還をより重要視すると言える。したがって、虎符によって兵を出撃させる理由は、帰国の保証にあると考えられる。

二　銘文に見る虎符の時代性

戦国時代の虎符は後世にも継承される。漢代虎符の制度は、前漢の文帝期に確立したのである。『史記』巻一〇孝文本紀（二年九月条）に、

初めて郡國の守・相とともに銅虎符・竹使符を為る。

とあり、文帝は二年九月に「初めて」地方の長官（守）と副官（相）に、銅虎符と竹使符の二種類の符を分け与える制度を整えた。この制度は少なくとも前漢王朝の終焉まで継続して利用され、その後、王莽の新朝にも引き継がれた。戦国時代から秦、そして前漢にかけて継続して使用された虎符を手がかりとして、中国古代帝国形成期の特質を探求してみたい。まずは羅振玉[15]・陳昭容[16]・楊桂梅[17]諸氏が蒐集した虎符を基に、出土年・出土地・大小・銘文といった虎符の情報を表に整理しよう。

【表七】は現在確認し得る虎符の情報を整理し、戦国時代から前漢末期（新莽期を含む）にかけて虎符を推定年代順で並べた[18]。とりわけ虎符に刻してある銘文に注目すれば、虎符は造形に二種類に大別できることに気付く。以下、①から⑥までを第一類に、⑦〜㉔までを第二類に分別してその特徴を分析する。

二―一　左右同文型

第一類は分割した虎符の左右に同様の銘文が刻しており、本書ではこれを「左右同文」と呼称する。虎符は媒体の性質上、分割した左半と右半を同時に発見することは稀であるが、秦代始皇帝期は③の陽陵虎符を例に、漢代高祖期は④の堂陽虎符を例に左右同文の造形が見える。これにより漢代の虎符は自己独自に発展したものではなく、秦代の

【表七】 戦国秦漢虎符の一覧表

	名称	推定年代	出土年	出土地	現存形態	長さ(cm)	厚み(cm)	高さ(cm)	銘文	現所蔵地	備考
①	杜虎符	戦国秦	1974	西安、沈家橋村	左	9.5	0.7	4.4	兵甲之符、右在君、左在杜、凡興士被甲、用兵五十人以上、 必会君符乃敢行之。燔隧之事、雖毋会符、行殹。	陝西歴史博物館	1974年に発見し、1978年に陝西歴史博物館に寄贈される。
②	新郪虎符	戦国秦	1925以降	不明	左	8.8	?	3.2	甲兵之符、右在王、左在新郪。凡興士被甲、用兵五十人以上、 必会王符乃敢行之。燔燧事雖毋会符、行殹。	フランス・パリ (陳氏による個人収蔵)	初見は羅振玉1925であり、発見年はそれより以前になる。
③	陽陵虎符	統一秦	不明	不明	左右	8.9	2.1	3.4	甲兵之符、右在皇帝、左在陽陵。(右) 甲兵之符、右在皇帝、左在陽陵。(左)	中国国家博物館	羅振玉の個人収蔵、のちに中国歴史博物館(現中国国家博物館)に寄贈される。
④	堂陽虎符	前漢(高祖期)	不明	不明	左右	7.9	2.1	2.7	虎符第一　与堂陽侯為(右) 与堂陽侯為　虎符第一(左)	中国国家博物館	1953年に文物局が収蔵し、のちに中国歴史博物館に移転する。現所蔵は中国国家博物館であると推定される。
⑤	安国侯虎符	前漢(高祖期)	—	—	右	7.6	?	?	虎符第三　与安国侯為(右)	—	見『増訂歴代符牌図録』
⑥	臨袁侯虎符	前漢(高祖期)	—	—	左	7.6	?	?	与臨袁侯為　虎符第二(左)	—	見『増訂歴代符牌図録』
⑦	魯王虎符	前漢(景帝期)	1976	咸陽、南賀村	左	5.6	1	2.35	漢与魯王為虎符(半字)魯左五(左)	陝西省咸陽博物館	1976年に発見し、1981年の徴集に応じて陝西省咸陽博物館に収蔵される。
⑧	泗水王虎符	前漢(景帝期)	—	—	左	?	?	?	与泗水王為虎符(半字)泗水左一(左)	—	見『増訂歴代符牌図録』
⑨	桂陽太守虎符	前漢(景帝期)	不明	不明	右	5.5	1	2.5	桂陽右一　与桂陽太守為虎符(半字)(右)	中国国家博物館	1956年に北京歴史博物館が収蔵し、のちに中国歴史博物館に移転する。現所蔵は中国国家博物館であると推定される。

⑩	常山太守虎符（ア）	前漢（景帝期）	—	—	左	5.4	?	?	与常山太守為虎符（半字）　常山左三（左）	—	見『増訂歴代符牌図録』
⑪	常山太守虎符（イ）	前漢（景帝期）	—	—	右	5.4	?	?	常山右一　与常山太守為虎符（半字）（右）	—	見『増訂歴代符牌図録』
⑫	西河太守虎符	前漢（武帝期）	2008	西安、白樺林間	左	5.7	1.1	2.5	与西河太守為虎符（半字）　西河左三（左）	陝西省考古研究院	出土地は漢長安城宣信門東北方向約八〇〇mにある。
⑬	漁陽太守虎符	前漢（景帝期）	—	—	左	5.5	?	?	与漁陽太守為虎符（半字）　漁陽左二（左）	—	見『増訂歴代符牌図録』
⑭	東萊太守虎符	前漢（景帝期）	不明	不明	左	7.3	1.1	2.5	与東萊太守為虎符（半字）　東萊左一（左）	中国国家博物館	1949年に北京歴史博物館が収蔵し、のちに中国歴史博物館に移転する。現所蔵は中国国家博物館であると推定される。
⑮	張掖太守虎符（ア）	前漢（武帝期）	不明	不明	左	5.5	1	2.3	□張掖太守為虎符（半字）　張掖左一（左）	中国国家博物館	1956年の購入である。
⑯	張掖太守虎符（イ）	前漢（武帝期）	不明	不明	左	5.6	1.1	2.2	□□□□□□□□　張掖左一（左）	中国国家博物館	1959年に上海文管会が収蔵し、のちに中国歴史博物館に移転する。
⑰	斉郡太守虎符	前漢（武帝期）	1988	咸陽、李家荘村	左右	5.8	2.1	2.3	□□右二　与斉郡太守為虎符　（半字）（右） 与斉郡太守為虎符　（半字）　斉郡左一（左）	陝西省咸陽博物館	1989年の徴集に応じて陝西省咸陽博物館に収蔵される。
⑱	広陽虎符	前漢（武帝期）	1840	西安、？	左	7.7	1.5	2.7	□□□□□□□　広陽左二　（左）	中国国家博物館	1949年の徴集に応じて中国国家博物館に収蔵される。
⑲	玄菟太守虎符	前漢（武帝期）	1855以降	不明	左	7.5	?	?	与玄菟太守為虎符（半字）　玄菟左二（左）	山東省博物館	『増訂歴代符牌図録』に「咸豊乙卯九月呉江翁均撫刻於石」の拓本があり、発見年は1855年より以前になる。
⑳	長沙太守虎符	前漢（？）	—	—	左	7.2	?	?	与長沙太守為虎符（半字）　長沙左二（左）	—	見『歴代符牌図録』
㉑	新莽𨾏戎郡虎符	新莽期	—	—	右	11.5	?	?	新与武亭西道連率為虎符（半字）　𨾏戎郡右一	—	見『増訂歴代符牌図録』
㉒	新莽河平郡虎符	新莽期	—	—	右	11.5	?	?	新与河平羽貞連率為虎符（半字）　河平郡左二	—	見『増訂歴代符牌図録』
㉓	新莽敦徳郡虎符	新莽期	—	—	左	11.5	?	?	新与敦徳広桓連率為虎符（半字）　敦徳郡左二	—	見『増訂歴代符牌図録』
㉔	新莽武亭郡虎符	新莽期	—	—	左	11.5	?	?	新与武亭清治連率為虎符（半字）　武亭□□	—	見『増訂歴代符牌図録』

虎符を継承した側面が見られる。

虎符の銘文に注目すると、①の杜虎符に「右は君に在り」とあり、②の新郪虎符は「右は王に在り」とあり、③の陽陵虎符は「右は皇帝に在り」とある。当該時期における秦の統治者の君主号に従い、虎符の銘文に変化が生じるものの、これらの虎符は原則的に同一の系統に属するものであると区別でき、本書ではこれらを「君主符」と総称する。その特徴は、君主の称号が銘文に刻してあることにより、虎符の所持者は媒体を運用するたびにそれを強く意識せざるを得ない点である。そして第一類の虎符は左右同文の造形からして、符の一半だけで銘文が完結している。虎符の所持者に君主の存在を意識させ、権威の主体を顕在化させる意図があったと言えよう。

虎符が符の一類型であるならば、符全般も虎符と同様の時代変遷を経たと考えられる。秦の歴史と照らし合わせると、周王の支配下にある「公」号から脱却し、「君」と称した恵文君は諸国の情勢に対応して「王」号を採用し、やがて始皇帝は東方六国を征服して「皇帝」号を創出する。その間の「君主符」も、君を主体とする「君符」の時代を経て、王を主体とする「王符」の時代を経て、皇帝を主体とする「皇帝符」の時代に移るといった変遷があったと推測される。この変遷は君主称号の変化に対応している。恵文君期から始皇帝期までの秦の支配体制は、君主を頂点とする一元的支配で一貫していた。したがって、符もその本質的な性格は変わらず、支配体制を反映して一貫した性質を保持していたと考えられる。

二—二　左右合体型

第二類は一つの銘文を刻した虎符を左右に分割し、符の一半ごとに銘文の半分が見える造形となっている。「半文」と称される技法で作られたこれらの虎符は、分割した符の左右を合わせてはじめて銘文が具現化し、本書ではこれを

「左右合体」と呼称する。このような造形で作られた虎符は最古例が前漢景帝期まで遡ることができ、前漢時代の終焉まで貫徹し、のちに王莽の新の時代にも継承された。

【表七】に見えるように、第二類虎符の銘文は「与（與）〇〇〇〇（対象）虎符を為る」で統一性が見られる。秦漢時代の連続性を考慮して、漢初を皇帝符の時代の後継であると位置付ければ、「与」の主体は皇帝であると考えたほうが理に叶うだろう。ところが、ほとんどの虎符が「与」の主体を省略している中で、⑦の魯王虎符だけが銘文に「漢魯王と与に虎符を為る」とある（【図九】および【図一〇】を参照）。魯王虎符とは一九七六年に咸陽南賀村で発見され、一九八一年より陝西省咸陽博物館に収蔵されるようになった、出土地点や発見過程が明白な発掘品である。(19) 漢初の皇帝（景帝）が諸侯王（魯王）に分け与えたものとして、前漢景帝期の虎符であると推定される。魯王虎符を手掛かりにすれば、⑦以下の前漢景帝期以降の虎符に省略された主体を、全て「漢」に特定することができる。これは㉑から㉔までの新莽期の虎符が「新」を主体とすることで継承される。新莽期の虎符の造形は前漢虎符の多くは「漢」を主体とすることの傍証となろう。

　前述したように、君主符は符の一半に君主号である「皇帝」の銘

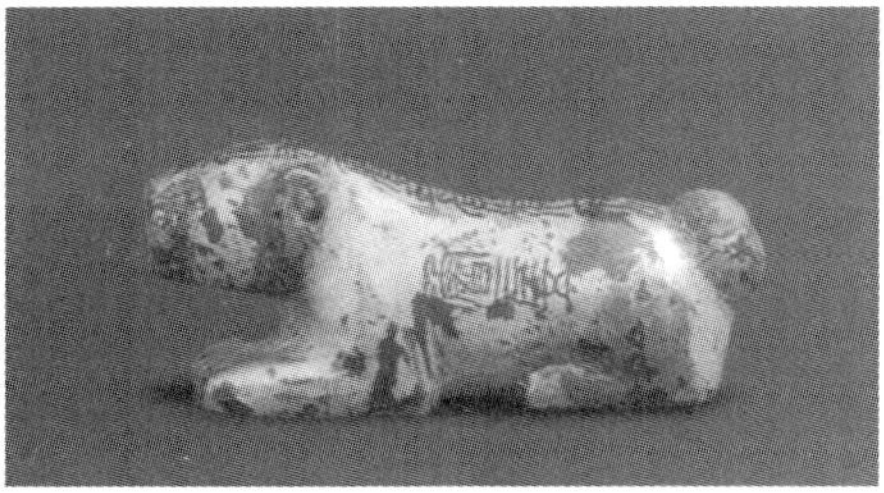

【図九】　魯王虎符

（出所）『文物』二〇〇二年第四期、九七頁より引用

【図一〇】　魯王虎符の銘文（模写）

（出所）劉曉華・李晶寰二〇〇二、八二頁より引用

文を刻し、符の所持者に権威の主体は皇帝にあることを意識させる意図がある。それと対極に、第二類虎符は皇帝ではなくまた帝室である劉氏でもない、国家の総体を表す「漢」の銘文を、左右に分割して符の発行者と所持者の両方でそれを共有するという造形になっている。かつて尾形勇氏は家を基盤とした漢の国家支配は、全ての「私家」が廃棄されたところに「天下一家」が実現し、君臣関係を媒介として「漢」という擬制的「姓」を冠した「家」が現実的・個別的「姓（家）」を一掃し、最終的には一つの「家」として完成することが、漢帝国の秩序構造であると説いた(20)。本書で考察した左右合体型の虎符は、まさに「漢」を共有する造形となっており、君と臣の関係を繋ぎ皇帝支配を支えたことを反映している。

これらの虎符の登場時期を見ると、呉楚七国の乱のような政治的に不安定な時期に「漢」を主体とする虎符が使用された。また、王朝交代期に「新」を主体とする虎符が登場した。これらの現象は、当該時期の君臣関係を再確認するために、国家の総体を強調する政治的な働きの現れと解釈できる。左右合体型の虎符に準じた同類の符には、専制君主の一元的支配を表す皇帝符とは全く別の原理が働いている。この類型の符は、「漢」という国家の総称を主体とするので、前章で確認した戦国時代の国際秩序に関わる符と同様に、「国符」と呼称することができる。以上の推論に大過がなければ、符制度の観点から見て、漢帝国は秦が制定した君主符を直接継承せず、むしろ戦国時代の国符の概念を選択的に採用し、それを国家の支配構造に組み込んだと解釈できる。

中国古代帝国の形成期において、漢は秦の符制度を基本的に継承しつつ、現実の統治需要に応じて一定の変化を加えたと考えられる。このような制度的変化は、前漢高祖期に突如として出現したものではなく、時間の経過とともに漸次的に形成されていったと推測される。現在知られている左右合体型の虎符の最古の例は景帝期のものであるが、これは現時点での考古学的発見に基づく暫定的な結論にすぎない。今後の発掘調査や研究の進展により、この種の虎符の起源が、虎符制度を確立したとされる文帝期、あるいはさらに漢朝初期の高祖期や恵帝期にまで遡る可能性は十分に考えられる。

おわりに

唐の時代において、符と節は二つの異なる媒体として存在していたことは、唐律の規定から窺える。ところが、本章の考察を踏まえればその理解は必ずしも秦漢時代の符節と一貫するとは限らないことがわかった。『周礼』には様々な節が記載されているが、その条文を整理することによって、節の法則性が浮かんでくる。節を運用するに際し、金・玉・角・竹の四等級の素材が用いられる。それぞれの素材は命令する主体を表す。使用する場面に応じて特殊な形状や形態が用いられ、虎を形取るわりふを形態とする虎符節がその一例となる。したがって『史記』巻五三蕭相国世家に、

（高帝）使をして節を持ち赦して相国を出でしむ。

とあり、『同』巻五七絳侯周勃世家に、

（文帝）是に於て使をして節を持ち絳侯を赦さしむ。

とあり、『同』巻一二二酷吏列伝（郅都条）に、

孝景帝乃ち使をして節を持ち都を拝して鴈門太守と為さしむ。

とあり、これらの節は皇帝の意向・命令を伝達するために使用されたものであるが、運用時の状況に則して異なる形態を持ち、必ずしも定説の旌旗節とは限らない。

伝世史料に見える符は、その用いた素材を手掛かりに命令の主体を特定すれば、符節と定義し得る場合は多々ある。そうであれば、皇帝に関連する記述の中で、伝世史料に符の一文字で記述されたものは符節の略称であると考えられる。実際のところ、伝世史料の表記に符と符節が混在する箇所も確かに見受けられる。たとえば『史記』巻六秦始皇本紀に、

秦王の子嬰　即ち頸に係くるに組を以てし、白馬素車にて、天子の璽符を奉じ、軹道の旁に降る。

とあり、『史記』巻八高祖本紀に、

秦王の子嬰　素車白馬にて、頸に係くるに組を以てし、皇帝の璽符節を封じ、軹道の旁に降る。

とある。本章の冒頭にも取り上げた史料であるが、右記のように同じ『史記』の記事で、同様の場面を描いたにもかかわらず、璽符と璽符節の部分に記載の差異が見られる。この記載の乱れこそが、符と符節が同一のものである傍証と言えよう。「節」の字義は、その本字である「卩」の原形に由来している。この形は本来、人が跪いた姿や体を曲げて屈伏する様子を表現しており、君主の命令を恐れつつ承る姿勢を象徴している。戦国時代の複雑な外交情勢下では、各国が自国の尊厳を損なう表現を避けようとした。そのため、符節に関する記述は各国の史書によって異なる表現が用いられることとなった。結果として、『史記』のような各国の史書を集成・編纂した書物においては、符節に関する用語に一定の混乱が生じることとなったと推察される。

本章の考察により、伝世史料では一様に「符」の一文字で表記される物が、実際には複数の概念を包含していることが明らかになった。社会の上層部で使用される符は、「符節」の略称であり、本質的には通行証の機能を付与された節であることがわかる。これは社会の下層部で使用される符、特に西北地域で発見された通行証そのものの符と、同一系統に属するものと考えられる。青銅器と竹片・木片という異なる媒体間には材質上の差異があるものの、通行

証としての基本的性格は一貫している。本書では史料の記載に従い、便宜上「符」との呼称で統一するが、本書の主な考察対象である皇帝権力に関わる符の多くは符節であることに留意すべきである。これらの符は、帝国形成前史から帝国形成期にかけての社会変化に応じて変遷してきた。この歴史的文脈を踏まえることで、符の機能と意義をより深く理解することができるだろう。

注

（1）林巳奈夫「中国先秦時代の旗について」（『史林』四九―二、六六頁～九四頁、一九六六年→『中国古代車馬研究』（臨川書店、二〇一八年）第一章七頁～四〇頁）

（2）大庭脩『秦漢法制史の研究』（創文社、一九八二年）第四編第二章四一〇頁～四六五頁。

（3）大庭脩「漢代の決事比試論」（『関西大学文学論集創立九〇周年記念号』、二七一頁～二八一頁、一九七五年→『秦漢法制史の研究』（前掲）第三編第六章三三二頁～三五四頁）

（4）冨谷至「王杖十簡」（『東方学』六四、六一頁～一一三頁、一九九二年）

（5）籾山明「王杖木簡再考」（『東洋史研究』六五、一頁～三六頁、二〇〇六年）

（6）籾山氏は一九八一年に武威県博物館に寄贈された「王杖詔書」の信憑性を肯定し、「王杖十簡」と近似している箇所を活用し王杖の考証に加えた。首肯できる最新研究なので今はこれに従う。

（7）羅振玉編『歴代符牌図録』（中国書店、一九九八年）や同編『増訂歴代符牌図録』（東方学会、一九二五年）などを参照。

（8）陳昭容「戦国至秦的符節――實物資料為主」（『歴史語言研究所集刊』六六―一、三〇五頁～三六六頁、一九九五年）

（9）本書で取り上げた「辟大夫信節」のほかに、「韓将庶信節」と「貴将軍信節」というものがあり、三節のいずれも形が近似している。詳細は陳昭容一九九五を参照。

（10）李家浩「貴将軍虎節與辟大夫虎節――戦国符節銘文研究之一――」（『中国歴史博物館館刊』二、五〇頁～五五頁、一九九

三年）

（11）英とは刻することであり、蕩とは竹箭のことである。一説によると英蕩とは命令内容を刻した竹箭であり、わりふの伝の原形とも言われる。

（12）詳細は藤田勝久『中国古代国家と情報伝達』（汲古書院、二〇一六年）第一編第五章、第六章三三三頁～四一〇頁を参照。

（13）虎符は秦始皇帝期や前漢文帝期を経て制度化していき、運用上の変化があったと考えられる。とりわけ、山国を示す機能は、秦漢時代を貫徹していないことは明白である。現段階で、筆者は秦嶺山脈に囲まれる山地の国である秦は、秦漢帝国の虎符制度の出発点として捉える。郡県制の成立や秦の「統一」策の影響を受けて変化していく虎符であるが、まだ不明瞭な部分が多いため今後の課題にしたい。

（14）鎌田重雄「漢代の郡都尉」（『東方学報』三―二、一八八頁～二一〇頁、一九四七年→『秦漢政治制度の研究』日本学術振興会、一九六二年、第二編第六章三〇六頁～三〇七頁）

（15）前注八を参照。

（16）前注七を参照。

（17）楊桂梅「漢代虎符考略」『中国国家博物館館刊』五、三九頁～五八頁、二〇一三年

（18）本書は陝西省周至県文化館が収蔵する「東郡虎符」を取り扱わない。東郡虎符は偽造の疑いがあり、羅福頤氏（『商周秦漢青銅器辨偽録』（香港）中文大学中国文化研究所呉多泰中国語文中心、一九八一年）は東郡虎符と陽陵虎符との対比で偽造品である可能性を指摘し、陳昭容氏は東郡虎符に「甲兵之符左在皇帝」とある銘文は秦漢時代の左右観にそぐわないと指摘する。いずれも首肯できる意見であるので、本書は東郡虎符を対象から外す。

（19）詳細は劉曉華・李晶寰「魯王虎符與斉郡太守虎符小考」『文物』四、八一頁～八二頁、二〇〇二年を参照。

（20）尾形勇「国家秩序と家族制的秩序」『中国古代の「家」と国家――皇帝支配下の秩序構造』（岩波書店、一九七九年）第五章二四一頁～二七九頁を参照。

第四章　前漢時代の竹使符――「徼」の分析を通じて――

はじめに

前漢時代の支配体制は「関中」と「関外」を厳格に区分し、中央の直轄地を豊かにすることによって、地方との格差を意図的に拡大させていた[1]。これは戦国時代の秦と東方諸国の関係を引き継いだ「関中」と「関外（関東地域）」の対峙を背景に成り立ち、「本土」と「被征服地」とでもいうべき露骨な地域間の対立関係が色濃く残された結果と考えられる[2]。区分された地域において、物品の流通だけではなく、人間の移動にも制限を加える様々な政治意図があったことが、『睡虎地秦簡』『張家山漢簡』の整理により明らかになってきた[3]。こうした地域間の隔たりを解消し、支配領域全体の一体化を図ることは「統一」帝国にとって大きな課題であろう。

地域を越えた移動が厳しく制限されるなか、地方官僚および一般民衆が首都圏へ出入りすることは容易ではなかった。前漢時代の皇帝は特定の人物或いは特定の用務に従事する者だけに、移動制限を一時的に解除する「符」という通行証を発行し、地域を越えた活動を許していた。その一環として、前漢の文帝は地方から人材を中央へ招聘するため、竹使符の制度を整えた。この制度は以後の中国古代の歴代王朝に継承され、唐の高祖によって廃止されるまで存続した。ところが、伝世文献資料に見える竹使符の事例は乏しく、前漢時代の竹使符の実態は不明瞭である。『史記』『漢書』をはじめとする二四史に記載された、漢代から唐代までの竹使符に関連する資料を網羅したところ、該当資料の総数は僅か二五点に過ぎない。さらに、これらの記録の大半は「竹使符第一から第十（左）」を特定の人物に授与するという定型文の記載で占められている（【表八】を参照）。

漢代の同時代資料から竹使符の実態を特定することは困難だが、後世の資料からその手掛かりを得ることができる。『隋書』巻一一礼儀志に、

天子の六璽に、……皇帝信璽とは、銅獣符を下し、諸州征鎮の兵を発するや、竹使符を下し、拝して代へて諸州の刺史を徴召するは、則ち之を用ふ。

とあり、竹使符が地方の長官（諸州の刺史）を召喚する際に用いられたことがわかる。さらに、竹使符を下賜する際は皇帝信璽で封をすることも明らかである。(4) 既に本書で言及したように、秦漢時代の符伝には封印が施され、関所を通過する際に役人がその封印を「発き」、相違の有無を確認していた（第一章第四節）。右記の資料から、竹使符を下賜する場合、発行元である皇帝が自らの印璽（皇帝信璽）で封印を施していたことがわかる。この竹使符の規定は、戦国時代の孟嘗君の事例に見える封伝と繋がっており、このことから隋代の規定はそれ以前の時代の竹使符にも共通する要素があったと推測できる。

『隋書』巻一一礼儀志によると、竹使符の用途は「拝して代へて諸州の刺史を徴召する」とされている。他の資料も参照すると、『後漢書』巻三一杜詩伝に、

旧制に兵を発するは、皆な虎符を以てし、其の余の徴調は、竹使のみ。

とある。ここでの「竹使」が竹使符を指すことは明白であり、その用途は発兵以外の「徴調」とされている。さらに、

【表八】　竹使符の関連資料

出典	内容	篇目
史記	九月、初与郡国守相為銅虎符、竹使符。	巻10、孝文本紀
漢書	九月、初与郡守為銅虎符、竹使符。	巻４、文帝紀
後漢書	初、禁網尚簡、但以璽書発兵、未有虎符之信、詩上疏曰、臣聞兵者国之凶器、聖人所慎。旧制発兵、皆以虎符、其餘徴調、竹使而已。符第合会、取為大信、所以明著国命、斂持威重也。	巻31、杜詩伝
後漢書	登遐、皇后詔三公典喪事。……是日夜、下竹使符告郡国二千石・諸侯王。竹使符到、皆伏哭盡哀。	巻94、礼儀志・大喪
三国志	今封君為呉王、使使持節太常高平侯貞、授君璽綬策書、金虎符第一至第五、左竹使符第一至第十。	巻47、呉書
晋書	命使持節、兼司徒、司隷校尉陔即授印綬策書、金獣符第一至第五、竹使符第一至第十。	巻２、太祖文帝紀
晋書	符節御史、秦符璽令之職也。漢因之、位次御史中丞。至魏、別為一臺、位次御史中丞、掌授節、銅武符、竹使符。及泰始九年、武帝省并蘭臺、置符節御史掌其事焉。	巻24、職官志
宋書	使持節、兼司空、散騎常侍、尚書、陽遂郷侯泰授宋公茅土、金虎符第一至第五左、竹使符第一至第十左。	巻２、武帝紀
宋書	秦、漢有符節令、隷少府、領符璽郎・符節令史、蓋周礼典瑞、掌節之任也。漢至魏別為一台、位次御史中丞、掌授節、銅虎符、竹使符。晋武帝泰始九年、省并蘭台、置符節御史掌其事焉。	巻40、百官志
南斉書	持節、兼司空副、守尚書令僧虔授斉公茅土、金虎符第一至第五左、竹使符 第一至第十左。	巻１、高帝紀
南斉書	使持節、司空、衞將軍褚淵奉策授璽紱、金虎符第一至第五左、 竹使符 第一至第十左。	巻１、高帝紀
梁書	使持節兼司空王志授梁公茅土、金虎符第一至第五左、竹使符第一至第十左。	巻１、武帝紀
梁書	恪等稽尋甲令、博詢惇史、謹再拜上、進位相国、総百揆、竹使符一、別准恒儀。	巻５、元帝紀
陳書	使持節兼司空王瑒授陳公茅土、金獣符第一至第五左、竹使符 第一至第十〔左〕。	巻１、高祖紀
魏書	遂授節、銅虎、竹使符、御仗、左右、仍行恒州事。	巻19、任城王雲伝
南史	使持節、兼司空、散騎常侍、尚書陽遂郷侯泰授宋公茅土、金虎符第一至第五左、竹使符第一至第十左。	巻１、宋武帝紀
南史	持節、兼司空副、守尚書令僧虔授斉公茅土、金虎符第一至第五左、竹使符第一至第十左。	巻４、斉高帝紀
南史	使持節、兼司空王志授梁公茅土、金虎符第一至第五左、竹使符第一至第十左。	巻６、梁武帝紀
南史	使持節、兼司空王瑒授陳公茅土、金虎符第一至第五左、竹使符第一至第十左。	巻９、陳武帝紀
北史	恒州刺史穆泰在州謀反、授澄節、銅武、竹使符、御仗左右、仍行恒州事。	巻18、任城王雲伝
隋書	皇帝信璽、下銅獣符、発諸州征鎮兵、下竹使符、拜代徴召諸州刺史、則用之。	巻11、礼儀志・衣冠
隋書	諸王皆仮金獣符第一至第五左、竹使符第一至第十左。諸公侯皆假銅獣符、竹使符第一至第五。	巻26、百官志
新唐書	四月己卯、張長遜降。辛巳、停竹使符、班銀菟符。	巻１、高祖本紀
新唐書	初、高祖入長安、罷隋竹使符、班銀菟符。其後改為銅魚符、以起軍旅、易守長、京都留守、折衝府、捉兵鎮守之所及左右金吾、宮苑總監、牧監皆給之。	巻24、車服志

『史記索隠』に引く『漢旧儀』に、

銅虎符もて兵を発す。長は六寸。竹使符もて出入の徴発。

とある。これらの史料を比較すると、『隋書』の「徴召」と『後漢書』の「徴調」に加えて、『漢旧儀』では「徴発」という語が使用されている。また、「出入」という語が補足されていることから、「徴」の概念の中でも特に地域移動の機能が強調されていると考えられる。本章では竹使符の「符」（通行証）としての性格を念頭に置きつつ、秦漢時代における徴の事例を通じてその実態に迫り、国家の支配構造における意義を探求する。

第一節　竹使符と鄂君啓節

漢代の竹使符に関する我々の理解において、『史記集解』に引く後漢の応劭注が基礎的な資料となっている。すなわち、

竹使符は皆な竹箭五枚を以てし、長は五寸。篆書を鐫刻し、第一より第五に至る。

とある。それによれば、竹使符は竹五枚で作り、長さは五寸（約一一・五cm）、篆書を彫刻してあり、第一から第五まである。この竹五枚からなる形態に注目して、郭沫若は竹使符と鄂君啓節との関係をいち早く指摘した[5]。

鄂君啓節とは、一九五七年に安徽省寿県丘家花園で出土した青銅器である。これは戦国時代後期、楚国の懐王六（前三二三）年に楚の懐王から鄂君啓の府庫に与えられたものとされる。当初は舟節一枚、車節三枚が発見され、後に一九六〇年に更に舟節一枚が発見された。舟節（【図一－一】）は、水路に適用される節であり、長さは三一cm、幅は七・三cm、厚さは〇・七cmである。一枚の節に九行の銘文があり、毎行一八字となり、凡そ一六五字が刻されている。車

節（【図一二】）は、陸路に適用される節であり、長さは二九・六㎝、幅は七・三㎝、厚さは〇・七㎝である。一枚の節に九行の銘文があり、毎行一六字となり、凡そ一五〇字が刻されている。また、舟節・車節はともに金属（青銅）を素材とし、竹を形取り、少し湾曲して五枚合わさると円筒形になるという。郭氏によれば、発見当初は舟節・車節それぞれ五枚の構成で、合計一〇枚の節が存在する見立てであった（【図一三】を参考）。殷滌非・羅長銘両氏[6]もその意見に同意した。ところが、一九六〇年以後に関連する文物は発見されておらず、現状では舟節・車節合計五枚となっている。

右記のように、鄂君啓節は竹を形取り、五枚の構成によって一つの媒体となる。この形態上の近似性、および符と節の類似性に基づき、郭氏は竹使符と鄂君啓節との関係を指摘した。

また、鄂君啓節の機能について、舟節の銘文[7]に

【図一一】　鄂君啓節（舟節）
（出所）安徽博物院にて撮影（二〇一八年六月二八日）

【図一二】　鄂君啓節（車節）
（出所）安徽博物院にて撮影（二〇一八年六月二八日）

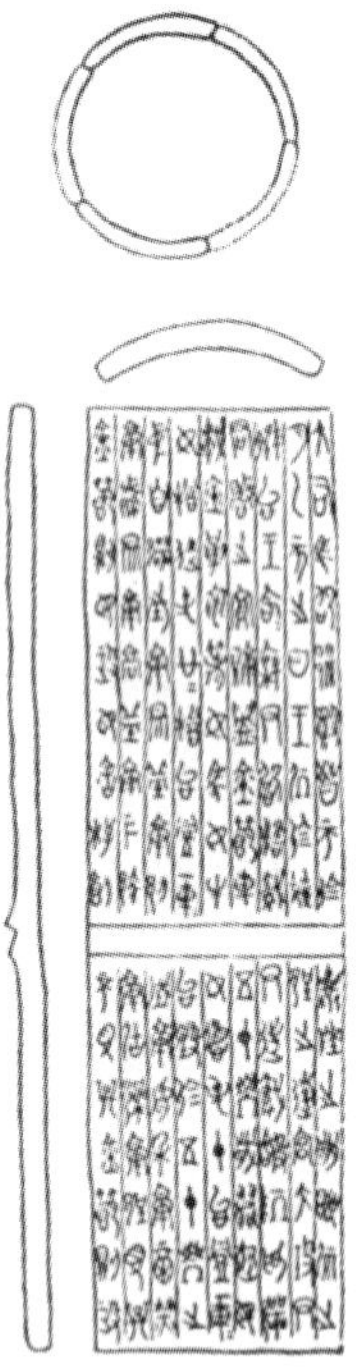

【図一三】　顎君啓節原型予想図
（出所）大庭脩一九八二、四二〇頁より引用

……其れ金節を見れば即ち政《ちょう》す毋かれ、毋舍□□。其れ金節を見れずんば即ち政せ。女の馬・牛・羊を載せ以て関を出入すれば、則ち大府に政し、関に政す毋かれ。

とあり、車節の銘文に

……其れ金節を見れば政す毋かれ。桴飼に捨す毋かれ。其れ金節を見れずんば則ち政せ。

とある。その銘文から金節（鄂君啓節）と政（＝徴）の関係が見られる。「金節を見れば徴収すること毋かれ」から徴税免除の特権、「メスの馬・牛・羊は大府（中央）が徴収し関所で徴収すること毋かれ」から徴税の付帯条件など、鄂君啓節にもたらされる経済面の機能が窺える。鄂君啓節の「徴」は竹使符の「徴召」「徴調」「徴発」と関連する可能性があった。したがって郭沫若・殷滌非・羅長銘諸氏が両者を関連付けさせている。

しかしながら、本書のこれまでの符および符節に関する考察を踏まえると、竹使符と鄂君啓節は異なる性質の媒体であるという結論に至った。この相違は以下の点から明らかである。まず、前章で整理した節の法則性に従えば、両者は異なる節の分類に属する。鄂君啓節は五枚が合わさって中空の丸い棒状の形態を持ち、『周礼』で言及される管節に該当する。この点については大庭脩氏も指摘している(8)。一方、竹使符はその名称からして符節に該当する。この基本的な分類の違いから、竹使符と鄂君啓節が担う役割は媒体の性質上、本質的に異なるものであると断定できる。

鄂君啓節と竹使符の機能面の違いは、さらなる証拠によって裏付けられる。鄂君啓節の銘文からは、徴税免除の特権や徴税の付帯条件など、経済面での機能が窺える。これに関連して、『周礼』の記述を比較検討すると興味深い点が浮かび上がる。小行人項には「道路に旌節」「門関に符節」「都鄙に管節」とあり、一方、掌節項には「道路に旌節」「門関に符節」「貨賄に璽節」とある。この対比から、管節と璽節の間に機能的な共通性があることが示唆される。「都鄙」の具体的な意味は特定しにくいものの、掌節項の「貨賄」という表現から、経済面に関わる機能の可能性が高いと考えられる。

これらの考察から、鄂君啓節は符節とは異なる性質を持つ管節であることが明らかである。鄂君啓節と竹使符は同じく「徴」に関わっているが、前者には徴税・徴収といった「財」に関わる機能を持ち、後者には徴発・徴召といった「(人)材」に関わる機能を持つ。「モノ」と「ヒト」の移動が制度上に異なる扱いとなれば、両者には本質的に異なる役割を担っていたと結論づけられる。

第二節　秦漢時代における「徴」の事例

『史記索隠』に引く『漢旧儀』の解釈に基づければ、竹使符の機能は「出入徴発」にある。この徴発とは人材の徴召を意味し、地方から中央への招聘として理解できる。本節では秦漢時代の「徴」に焦点を当て、竹使符の使用実態に迫る。【表九】は『史記』『漢書』を中心に「徴」の事例を収集・整理したものである。竹使符が制度化された前漢の文帝期から、その成立背景をも検討すべく、秦の始皇帝期まで遡った。また、前章の考察を踏まえて制度の一貫性を考慮して前漢の末期（王莽の摂政期）まで下限を設定した。

「徴」の事例を整理することで、皇帝の勅令に「挙」「招」の文言と並列した「徴」の文言が付く中央への招聘事例

【表九】出入が伴う「徴」の事例

年代	対象者	所在地	内容	目的	出典	備考
始皇帝期	蕭何	沛	御史欲入言徴何、何固請、得毋行。	秦御史監郡者による中央への推薦	『史記』巻53、『漢書』巻39	毋行
	叔孫通	薛	秦時以文学徴、待詔博士。	中央への招聘（文学⇒博士）	『史記』巻99、『漢書』巻43	
高祖期	韓信	斉？	漢王之敗固陵、用張良計、徴信将兵会垓下。	軍隊を率いて垓下の決戦に召集	『漢書』巻34	
呂后期	周昌	趙？	趙相（周昌）徴至長安、迺使人復召趙王。	趙隠王如意殺害計画の一環	『史記』巻9・96、『漢書』巻42・97	
	趙隠王如意	趙？	高祖崩、呂太后徴（趙）王（如意）到長安、鴆殺之。	殺害計画を遂行	『漢書』巻38	
文帝期	河南守呉公	洛陽	文帝初立、聞河南守呉公治平為天下第一……徴以為廷尉。	中央への招聘（治平⇒廷尉）	『史記』巻84、『漢書』巻48	
	賈誼	長沙	文帝思誼、徴之。……上因感鬼神事、而問鬼神之本。誼具道所以然之故。	鬼神の事について問答	『史記』巻84、『漢書』巻48	
	淮南厲王長	淮南	上徴淮南王、遷之蜀、檻車伝送。	謀反計画の暴露により島流し	『史記』巻101、『漢書』巻49	
景帝期	臨江閔王栄	臨江	臨江王栄坐侵太宗廟地、徴詣中尉、自殺。	不法の宮殿造営により中尉府まで召喚	『史記』巻59・122、『漢書』巻5・27・53・90	
武帝期	公孫弘	薛	上徴文学之士公孫弘等。	中央への招聘（博士⇒賢良文学）	『史記』巻112、『漢書』巻58	
	公孫弘の次子	？	其賜弘後子孫之次当為後者爵関内侯、食邑三百戸、徴詣公車、上名尚書。	中央への招聘（関内侯に賜爵、尚書）	『史記』巻112、『漢書』巻58	
	楊何	菑川	淄川楊何、字叔元、元光中徴為太中大夫。	中央への招聘（太中大夫）	『史記』巻121、『漢書』巻88	
	張湯	茂陵	武安侯為丞相、徴湯為史、時薦言之天子、補御史、使案事。	中央への招聘（史）	『史記』巻122、『漢書』巻59	

	減(咸)宣	楊	衛将軍青使買馬河東、見宣無害、言上、徴為大廄丞。	中央への招聘（無害⇒大廄丞）	『史記』巻122、『漢書』巻90	
	杜周	南陽	杜周初徴為廷史	中央への招聘（廷史）	『史記』巻122	
	魯申公	魯？	（武帝）遣使者安車蒲輪、束帛加璧、徴魯申公。	中央への招聘（明堂建設の有識者として召集）	『漢書』巻6	
	枚乗	淮陰	武帝自為太子聞乗名、及即位、乗年老、乃以安車蒲輪徴乗、道死。	中央への招聘	『漢書』巻51	長安へ向かう途中に死亡
	卜式	斉？	元鼎中、徴式代石慶為御史大夫。	中央への招聘（御史大夫）	『漢書』巻58	
	褚大	梁？	及御史大夫缺、徴褚大、大自以為得御史大夫。	中央への招聘（御史大夫）	『漢書』巻58	児寛の就任により挫折
	朱買臣	呉？	徴（朱買臣）入為主爵都尉、列於九卿。	中央への招聘（主爵都尉）	『漢書』巻64	
	吾丘寿王	東郡	後徴（吾丘壽王）入為光禄大夫侍中。	中央への招聘（光禄大夫侍中）	『漢書』巻64	
	王訢	被陽	（暴）勝之使還、薦訢、徴為右輔都尉、守右扶風。	中央への招聘（右輔都尉）	『漢書』巻66	
	趙充国	隴西？	貳師奏狀、詔徴充國詣行在所。……拝為中郎、遷車騎将軍長史。	中央への招聘（中郎）	『漢書』巻69	
	雋不疑	勃海	（暴）勝之遂表薦不疑、徴詣公車、拝為青州刺史。	地方長官として任命（青州刺史）	『漢書』巻71	
	田広明	淮陽	上以広明連禽大姦、徴入為大鴻臚。	中央への招聘（大鴻臚）	『漢書』巻90	
昭帝期	昌邑王賀	昌邑	後昭帝崩、無子、徴昌邑王賀嗣位	昭帝の崩御により次期皇帝として上京	『漢書』巻8・14・27・59・63・66・68・71・76	
	韋賢	鄒	徴為博士、給事中。	中央への招聘（博士⇒給事中）	『漢書』巻73	のちに官は大鴻臚に至る
	夏侯勝	東平	徴為博士、光禄大夫。	中央への招聘（博士⇒光禄大夫）	『漢書』巻75	
宣帝期	黄霸	潁川	徴為京兆尹而至丞相、復以礼義為治。	中央への招聘（京兆尹⇒丞相）	『史記』巻96	

龔遂	昌邑	昌邑王賀嗣立、官属皆徴入。	中央への招聘（昌邑王賀と共に上京）	『漢書』巻89	晩年にも斉地から中央へ徴される
周堪	斉？	上復徴用周堪為光禄勳。……是歳、上復徴堪領尚書。	中央への招聘（光禄勳⇒領尚書事）	『漢書』巻27・88	
張延寿	北地	歳餘、上閔安世年老、復徴延寿為左曹太僕。	中央への招聘（左曹太僕）	『漢書』巻59	
杜延年	西河	五鳳中、徴（杜延年）入為御史大夫。	中央への招聘（御史大夫）	『漢書』巻60・66・74	
杜緩	雁門	父延年薨、徴（杜緩）視喪事、拝為太常	父延年の喪事のため、中央への招聘（太常）	『漢書』巻60	
王褒	蜀？	益州刺史因奏褒有軼材、上乃徴褒。……頃之、擢褒為諫大夫。	中央への招聘（諫大夫）	『漢書』巻64	
疏広	東海	徴（疏広）為博士太中大夫。	中央への招聘（博士⇒太中大夫）	『漢書』巻71	
王吉	益州	復徴（王吉）為博士諫大夫	中央への招聘（博士⇒諫大夫）	『漢書』巻72	
貢禹	琅邪	以明経絜行著聞、徴為博士、涼州刺史。	地方への異動（博士⇒涼州刺史）	『漢書』巻72	のちに河南令、諫大夫
韋玄成	河南	数歳、玄成徴為未央衛尉、遷太常。	中央への招聘（未央衛尉）	『漢書』巻73	
魏相	河南	徴相入為大司農、遷御史大夫。	中央への招聘（大司農⇒御史大夫）	『漢書』巻74	
眭弘の子	魯？	後五年、孝宣帝興於民間。即位、徴孟子為郎。	中央への招聘（郎）	『漢書』巻75	眭弘、字は孟
趙広漢	穎川	本始二年、漢発五将軍撃匈奴、徴広漢以太守将兵、属蒲類将軍趙充国。	太守として軍隊を引率	『漢書』巻76	
伊翁帰	弘農	徴（伊翁帰）拝東海太守。	地方長官に任命（東海太守）	『漢書』巻76	
張敞	豫州	以数上事有忠言、宣帝徴敞為太中大夫、与于定国並平尚書事。	中央への招聘（太中大夫）	『漢書』巻76	

	蕭望之	平原	徴（蕭望之）入守少府……復以為左馮翊。	中央への招聘（少府⇒左馮翊）	『漢書』巻78	
	韓生	涿郡	以易徴（韓生）	中央への招聘	『漢書』巻88	韓嬰の後裔、名不詳
	黄霸	穎川	徴霸為太子太傅、遷御史大夫。	中央への招聘（太子太傅⇒御史大夫）	『漢書』巻89	
	馮夫人嫽	烏孫	宣帝徴馮夫人、自問状。	中央への招聘（西域の事情について訊問）	『漢書』巻96	烏孫右大将の妻。烏就屠の説得に成功
元帝期	匡衡	平原	御史徴之、以補百石属薦為郎、而補博士、拝為太子少傅、而事孝元帝。	中央への招聘（郎⇒博士⇒太子少傅）	『史記』巻96	
	段会宗	金城？	徴会宗為左曹中郎将光禄大夫、使安輯烏孫。	辺境にて軍事行動（烏孫の局面に対応）	『漢書』巻70	
	翼奉	東海	元帝初即位、諸儒薦之、徴（翼奉）待詔宦者署。	中央への招聘	『漢書』巻75	
	孔霸	？	徴霸、以師賜爵関内侯、食邑八百戸、号褒成君、給事中。……徙名数於長安。	中央への招聘（関内侯に賜爵、給事中）	『漢書』巻81	
	召信臣	寿春	竟寧中、徴（召信臣）為少府、列於九卿。	中央への招聘（少府）	『漢書』巻89	
	陳遂	杜陵	元帝時、徴遂為京兆尹、至廷尉。	中央への招聘（京兆尹⇒廷尉）	『漢書』巻92	
成帝期	張放	？	左遷放為北地都尉。数月、復徴入侍中。……出放為天水属国都尉。……徴放帰第視母公主疾……出放為河東都尉……後復徴放為侍中・光禄大夫。	中央と地方の異動（北地都尉⇒侍中⇒天水属国都尉⇒河東都尉⇒侍中・光禄大夫）	『漢書』巻59	張湯の後裔、元帝の妹である敬武公主の子

王章	泰山	成帝立、徴章為諫大夫、遷司隷校尉、大臣貴戚敬憚之。	中央への招聘（諫大夫）	『漢書』巻76	
定陶王欣	定陶	使執金吾任宏守大鴻臚、持節徴定陶王、立為皇太子。	皇太子として上京	『漢書』巻11・77・80・97	のちの哀帝
杜欽	長安?	徴（杜欽）詣大将軍莫府	大将軍王鳳の莫（幕）府に招聘	『漢書』巻60	
陳咸	冀州?	（大将軍王鳳）奏請咸補長史。遷冀州刺史、奉使称意、徴為諫大夫。	中央への招聘（諫大夫）	『漢書』巻66	
辛慶忌	酒泉	乃復徴為光禄大夫、執金吾。	中央への招聘（光禄大夫⇒執金吾）	『漢書』巻69	
王崇	河南	建平三年、以河南太守徴（王崇）入為御史大夫数月。	中央への招聘（御史大夫）	『漢書』巻72	
王尊	高陵?	於是（王）鳳薦尊、徴為諫大夫、守京輔都尉、行京兆尹事。	中央への招聘（諫大夫・京輔都尉・京兆尹の事を兼行）	『漢書』巻76	
張禹	東平	徴禹、寛中、皆以師賜爵関内侯、寛中食邑八百戸、禹六百戸。拝為諸吏光禄大夫、秩中二千石、給事中、領尚書事。	中央への招聘（関内侯に賜爵、光禄大夫・給事中・領尚書事）	『漢書』巻81	
鄭寛中	?			『漢書』巻81	
薛宣	?	上徴宣、復爵高陽侯、……給事中、視尚書事。	中央への招聘（復爵、給事中・視尚書事）	『漢書』巻83	
朱博	山陽	復徴為光禄大夫、遷廷尉、職典決疑、当讞平天下獄。	中央への招聘（光禄大夫⇒廷尉）	『漢書』巻83	
何武	清河	太僕王音挙武賢良方正。徴対策、拝為諫大夫、遷揚州刺史。	中央と地方の異動（諫大夫⇒揚州刺史）	『漢書』巻86	
王嘉	河南	徴（王嘉）入為大鴻臚、徙京兆尹、遷御史大夫。	中央への招聘（大鴻臚⇒京兆尹⇒御史大夫）	『漢書』巻86	
師丹	琅邪	挙丹論議深博、廉正守道、徴入為光禄大夫、丞相司直。	中央への招聘（光禄大夫⇒丞相司直）	『漢書』巻86	

	陳立	西夷	立已平定西夷、徴詣京師。	京師への召喚	『漢書』巻95	
哀帝期	中山王衎	中山？	哀帝崩、無子、徴中山王徴入即位、是為平帝。	哀帝の崩御により次期皇帝として上京	『漢書』巻80・97	のちの平帝
	王莽	新都	先是、新都侯王莽就国、数年、上以太皇太后故徴莽還京師。	太皇太后の死去により京師への召喚	『漢書』巻27・86	
	平当	朔方	復徴入為太中大夫給事中、累遷長信少府、大鴻臚、光禄勳。	中央への招聘（太中大夫給事中⇒長信少府⇒大鴻臚⇒光禄勳）	『漢書』巻71	
	龔勝	重泉？	徴（龔勝）為諫大夫	中央への招聘（諫大夫）	『漢書』巻72	
	龔舎	楚？	初、龔舎以龔勝薦、徴為諫大夫、病免。復徴為博士、又病去。	中央への招聘（諫大夫⇒博士）	『漢書』巻72	
	鮑宣	勃海	復徴（鮑宣）為諫大夫	中央への招聘（諫大夫）	『漢書』巻72	
	何武	？	徴何武、彭宣、旬月皆復為三公。	中央への招聘（三公）	『漢書』巻72	
	彭宣	？		中央への招聘（三公）	『漢書』巻72	
	馬宮	九江	徴（馬宮）為詹事、光禄勳、右将軍、代孔光為大司徒、封扶徳侯。	中央への招聘（詹事⇒光禄勳⇒右将軍⇒大司徒）	『漢書』巻81	
	董賢	雲陽	徴（董賢）為覇陵令、遷光禄大夫。	中央への招聘（覇陵令⇒光禄大夫）	『漢書』巻93	
平帝期	劉嬰	広戚	平帝崩、無子、莽徴宣帝玄孫選最少者広戚侯子劉嬰、年二歳……請立嬰為孺子。	平帝の崩御により次期皇帝として上京	『漢書』巻98	
	金欽	泰山	平帝即位、徴（金欽）為大司馬司直、京兆尹。	中央への招聘（大司馬司直⇒京兆尹）	『漢書』巻68	
	邴漢	琅邪	初、琅邪邴漢亦以清行徴用、至京兆尹、後為太中大夫。	中央への招聘（京兆尹⇒太中大夫）	『漢書』巻72	
	蕭由	陳留	元始中、作明堂辟雍、大朝諸侯、徴由為大鴻臚。	中央への招聘（大鴻臚）	『漢書』巻78	
	楼護	広漢	徴護入為前煇光、封息郷侯、列於九卿。	中央への招聘（前煇光、賜爵）	『漢書』巻92	

王莽				
云敞	魯郡	更始時、安車徴敞為御史大夫、復病免去、卒于家。	中央への招聘（御史大夫）	『漢書』巻67
馮茂	巴蜀	平蛮将軍馮茂撃句町……益州虚耗而不克、徴還、下獄死。	中央への召還（益州討伐の不利）	『漢書』巻92・99
廉丹	益州	更始将軍廉丹撃益州不能克、徴還。	中央への召還（益州討伐の不利）	『漢書』巻99

が多く見られると気付いた。特定の地域に限定した宣帝期に見える「斉人の能く正読する者を徴す」の事例もあれば、中華世界全土を対象とした昭帝期に見える「天下の名医を徴す」の事例もある。前漢時代の「徴」には、広範囲の地域における不特定多数の対象者を招聘する事例が混在する。ところが、前漢時代における竹使符の第一から第五まで（のちに第一から第十まで拡充）の点数に鑑みれば、広範囲の地域への対応には限界があると理解すべきである。さらに、地方から中央への招聘という観点から、地域内で完結するような「徴」の事例は竹使符の使用とは無関係であると断定し、本節の考察から除外することができる。以上の条件から特定の個人を対象とした「徴」の事例をさらに絞り込み、対象となる資料八七例を抽出した。その概要は次の通りである。

中央への招聘は合計六七例であり、最多の割合を占める。【表九】から見えるように、地方の人材を中央へ招聘することは秦代から既に行われ、必ずしも漢代に始まった措置ではない。参考までに、『睡虎地秦簡』や『張家山漢簡』などの出土文字史料に「置吏律」が見られ、秦・漢初の人材を推挙するに伴う法律規定が見られる。「秦律雑抄・置吏律」簡一六一に、

官嗇夫即し存ぜずんば、君子の無害なる者をして令史・守官の若からしめ、官の佐・史を守する毋かれ。

とあり、秦律に佐・史などの下級役人を越して無害者を優先的に抜擢する規定が見られる。また、『嶽麓秦簡（肆）』

「尉卒律」簡一四三～簡一四四に、

……典・老を置くは、必ず里相ひ推し、其の里の公卒・士伍の年長にして無害なる者を以て典・老と為せ。……

とあり、郷里の指導者（典・老）を推挙する時に無害者を優先する規定が見られる。これらの条文は、『史記』巻五三蕭相国世家に見える、秦の始皇帝期に蕭何が無害の資格によって中央に抜擢されかけた事例と対照できる部分がある。そして前漢の武帝期に咸宣も無害の資格によって大廐丞に抜擢された。これらにより、地方の人材を招聘する措置において、秦漢帝国の間に一定の連続性があると考えられよう。

なお、中央官僚として抜擢するのではなく、いわゆる有識者として招集された事例は二例ある。武帝期に明堂建設のために魯申公を厚遇して中央へ招聘した。また、宣帝期の烏孫王の後継者争いにおいて、反乱を起こした烏就屠の説得に成功した馮嫽夫人は中央に招聘され、宣帝から漢節を授けられて漢と西域との外交を任された。

地方への異動は合計四例である。前漢の半ばより見られるようになる。これらの事例は対象者を一度中央へ召喚し、朝廷の任官を経て地方へ配属する。具体的には、武帝期に不疑を青州刺史に任命、宣帝期に貢禹を涼州刺史に任命、成帝期に何武を揚州刺史に任命、といった事例が見られる。その中で、成帝期の張放はかなり特殊な例であり、中央と地方の異動を何度も繰り返した（北地都尉→侍中→天水属国都尉→（私事により中央へ）→河東都尉→侍中・光禄大夫）。なお、「徴」との関係性が不明のため、【表九】に表示することができなかったが、前漢後期から末期にかけて、一度中央へ就任し直ちに地方へ移る事例が急増する。いわゆる郷挙里選の制度的な成熟と関連する可能性がある。

軍事行動に関わる招集は合計四例である。高祖期に、項羽との決戦に臨むべく、韓信に軍隊を率いて垓下の戦いに参加するように招集をかけた。宣帝期に、匈奴を討伐すべく、趙広漢に太守として軍隊を率いて参戦するように招集をかけた。元帝期に、烏孫の局面に対応すべく、段会宗に辺境にて軍事行動を行うように招集をかけた。成帝期に西夷を平定した陳立を中央へ召喚した。

劉氏諸侯王の招集は合計七例である。呂后期に、趙隠王如意を中央に呼び込んで毒殺した。文帝期に、淮南厲王長は謀反を企て、失敗して蜀へ追放された。景帝期に臨江閔王栄は宗廟を建てる土地に違法な宮殿造営を行おうとして中央へ召喚された。昭帝の崩御により昌邑王賀は次期皇帝として中央へ召喚された。成帝期に、定陶王欣は皇太子として中央へ召喚された。哀平帝の崩御により僅か二歳の広戚侯の子である（劉）嬰は皇太子として中央へ召喚された。ただし、王莽は摂政として皇帝の業務を代行し、のちに禅譲の形で前漢を簒奪して新を建国する。劉嬰は皇帝になることはなかった。

其の他の私事は合計五例。呂后期に趙隠王如意の殺害計画を遂行するために、周昌を中央へ呼び戻した。文帝期に賈誼を中央に呼び戻し、鬼神の事について問答を行った。宣帝期に杜緩は父の延年の喪事を主催するために中央へ召喚された。成帝期に大将軍王鳳は幕府へ招き入れるために杜欽を中央へ召喚した。哀帝期に太皇太后の死去により（喪事の関連で）王莽は中央へ召喚された。

以上が対象者を特定できる秦漢時代における「徴」の事例である。しかしながら、全ての「徴」は竹使符と関連するとは限らない。次節は『史記索隠』に引く『漢旧儀』にある「出入」の文言を手掛かりに、「徴」の事例をさらに絞り込み分析を試みる。

第三節　地方から中央への徴召と出入

一　地方官吏の徴召

『漢旧儀』が言う「出入徴発」を具体的に示す資料は次の通りである。『漢書』巻九〇酷吏伝（厳延年条）に、

後に左馮翊缺け、上延年を徴せんと欲す。符已に発するも、其の名の酷たるがために復た止む。

とある。時に三輔の左馮翊が空席となったため、宣帝は厳延年を河南郡から中央へ徴召し、左馮翊の長官に抜擢しようとした。この目的を達成するために、宣帝は「符」を河南郡へ発出した。ところが、厳延年の政治手腕が酷烈という評判を聞き、既に「符」を発出したにもかかわらず、宣帝はこの徴召を呼び止めた。ここに見える「符」について、本条に引く応劭注に、

符とは、竹使符なり。臧して符節臺に在る。拝せんと欲する所有らば、治書御史符節令を召して符を発して太尉に下さしむなり。

とある。後漢の応劭の考証によれば、この符は竹使符を指す。普段は王宮内の符節臺に収蔵される竹使符であるが、皇帝が招聘したい対象が現れれば、対象者に竹使符を下賜し、地方から中央まで徴召するために用いる。厳延年の事例を参考とすれば、前節で考察した地方官吏の徴召事例は竹使符を利用していたと推定できる。現に【表九】に網羅した事例に、徴召後は中央の重役に任命されることが多い。中央の評価を得て皇帝の目に叶った人材であることは間違いない。「皇帝が招聘したい対象」という条件に符合することで、竹使符を使用したと想定し得る。

時代が下ると、竹使符に由来する「符竹」という語は、地方長官である郡守の代名詞になる。前記の通り漢代の後期から、一度中央へ就任し直ちに地方へ移る事例が急増する。上京した際に賜った竹使符をキャリアの象徴として所持したまま地方へ転属した可能性がある。本来であれば地方より中央へ人材を召喚して、上京を果たされたら竹使符

を回収するはずであるが、所持したまま地方へ就任するとなると相当の数になる。これが竹使符を「第一から第五まで」からのちに「第一から第十まで」に拡充した原因であろう。

二　皇帝位継承者の招聘

『後漢書』巻九四礼儀志大喪項に、

登遐、皇后三公に詔して喪事を典らしむ。……是日の夜、竹使符を下し郡国の二千石・諸侯王に告ぐ。竹使符到らば、皆な伏哭し哀に尽く。

とあり、登遐すなわち皇帝の崩御に伴う喪事に際して竹使符の使用が見られる。これを皇帝位継承者の招聘事例と並べて考えてみたい。前漢中葉以降、漢室は皇帝が後嗣を残さずに他界するという不運に幾度も見舞われた。【表九】に見えるように、昭帝の崩御後は昌邑王の劉賀を次期皇帝として中央へ招聘し、成帝の時は後嗣を確保するために定陶王の劉欣を皇太子として中央へ招聘し、哀帝の崩御後は中山王の劉衎を次期皇帝として中央へ招聘し、平帝の崩御後は廣戚侯の劉嬰を次期皇帝として中央へ招聘した（年が幼いため王莽の傀儡に過ぎないが）。皇帝の崩御は、むろん喪事が伴う。皇帝に任命され地方の行政を任された郡国の二千石、それから血縁集団に属する劉氏の宗室は中央より竹使符を賜与され、それを利用して地方から上京を果たしたと見られる。皇帝が崩御するような事態は、突発性・緊急性を要する一大事である。竹使符の使用はその原義である「竹使符は本より是れ箭なり。徴発の速きを取るなり」とも合致する。喪事の関係者を中央に召喚することは宣帝期における杜緩の事例と哀帝期における王莽の事例とも対照できる部分がある。しかしながら、それだけではなく、政治の中枢に居座る皇帝の崩御により、本来皇帝の名義で処理する政務が一時的に滞ってしまう。竹使符の使用は有事の際の朝廷の指揮系統とも関連するかもしれない。この点は後述にまわす。

皇帝の後嗣を宗室から求めることは、前漢・後漢を通して幾つもの事例が見られる。『後漢書』巻五孝安帝紀に、

（鄧）騭をして節を持たしめ、王青蓋車を以て帝を迎ふ。

とあり、『同』巻六孝質帝紀に、

（梁）冀をして節を持たしめ、王青蓋車を以て帝を迎へて南宮に入る。

とあり、『同』巻七孝桓帝紀に、

（梁）冀をして節を持たしめ、王青蓋車を以て帝を迎へて南宮に入る。

とあり、『同』巻八孝霊帝紀に、

守光禄大夫の劉儵をして節を持たしめ、左右の羽林を将ゐて河間に至りて奉迎す。

とあり、地方より劉氏の宗室を中央へ招き入れて次期皇帝として擁立する事例が見られる。右記のいずれの事例にも「節」の使用が見られる。宗室を地方から中央へ招き入れる状況が同じであれば、器物の使用にも一貫性を持つと考えられる。前漢時代の事例に見える「符」と後漢時代に見える「節」の共通性が見られる。このことから、前漢時代において皇帝が使用する符は全て「符節」（通行証の機能を持つ節）であると規定した自説の補強にもなろう。

また、前漢中葉以降に見える「徴」の表現とは異なり、右記のいずれも「迎」の表現を使用している。このことは前漢の文帝即位に見える表現と一致する。すなわち『史記』巻一〇孝文本紀に、

丞相陳平・太尉周勃等人をして代王を迎へしむ。

とあり、『漢書』巻四文帝紀に、

大臣遂に人をして代王を迎へしむ。

とある。もとより皇帝の品格からして次期皇帝を「徴す」よりも「迎える」の方が儀礼に即しており、外部から皇帝の後嗣を招聘する時に「迎」の文言を使用すべきと言えよう。同様に『漢書』の記述にもかかわらず、班固は文帝の事例と漢代中葉以降の事例と異なった文言で表現した。この表現の差異が実状に基づいたものであれば、「迎」と「徴」とは異なった招聘の実態を表し、「徴」に関わる事象すなわち竹使符の使用がその間に介在したと想定される。もとより文帝は諸呂の乱が平定されたのち、高祖功臣の擁立により地方（代）から上京して皇帝位を継承した。文帝からして見れば漢の支配を安定させるためには、ほかの宗室が自分と同様に地方から上京し、皇帝継承権をめぐって争奪することは望ましくない。自分自身の実例に鑑み、それを防ぐことは対策すべき課題と言える。文帝の施策の中で、竹使符制度の確立は中央と地方との往来に関連する。そして前漢中葉以降の事例を見ると、外部から招聘された皇帝の後嗣は「徴」の文言が示しているように、中央から竹使符を賜与しなければ上京できない状況となっていた。それはつまり皇帝の後嗣を決定するに当たって、竹使符の発行を掌握した者が主導権を有することを意味する。唯一竹使符を賜与し得る皇帝と、その保管を一任された御史臺／符節臺、すなわち中央の朝廷が皇帝位継承者を決定する主導権を持つわけである。このような側面から文帝期における竹使符制度の確立は、皇帝継承の主導権を中央に集約した措置の一環と位置付けられる。

第四節　竹使符と「漢家天下」

竹使符を制度化して中央の優位を確立することは容易ではなかった。異例の皇帝継承を果たし、権力基盤が弱かった文帝の施策は、独裁的な押し付けとはなり得なかった。臣民が心情的に受け入れやすい環境を整えることが必要だったのである。そのため、どのようにしてそれが可能となったのかを考えたい。

前節は皇帝が崩御した直後、指揮系統を後嗣に移行する期間の問題を言及した。『後漢書』巻九四礼儀志には皇后が主体となって三公に詔を下すとあった。この際に竹使符を発行する主体の所在については実に興味深い資料がある。すなわち『通典』巻八四設銘に

　主の生なるや、魏と称して姓を称せず。漢律に拠れば使節は漢と称す。今魏の使節も亦た魏と称し、及びて二千石の諸竹使符は皆な魏と称す。以て之を類推すれば、其れ義は宜同し、今太后の旌宜しく魏と称すべし。

とあり、曹魏の時代に皇后が崩御した際に旌旗をどのように銘を設けるかの議論があった。右記の劉劭の建議によれば、漢代の使節（使者が用いる節）は漢律に則って漢の名称により命名している。その一例として、曹魏の竹使符は漢代の制度を継承し、帝室である曹氏ではなく国家の総体である魏と称していることが挙げられる。したがって太后の旌旗も魏の名称により命名すべきであると結論付けられた。これにより、漢代の竹使符の銘文には、発行する主体である皇帝ではなく帝室の劉氏でもなく、国家の総体を表す「漢」を冠することがわかる。

もとより竹使符はわりふである。竹使符の下賜は対象者に符の一半を渡す。符の所持者は、それに刻された銘文を見て、符を発行した権威の主体を意識させられる。『通典』の記載を手掛かりとすれば、その意識させる権威の主体は皇帝ではなく、あくまで国家の総体である漢であることがわかる。すなわち皇帝ではなくまた帝室である劉氏でもなく、国家の総体を表す「漢」の銘文を、左右に分割して符の発行者と所持者の両方でそれを共有する形となっている。これは前章で取り上げた、尾形勇氏によって提唱される「漢家天下」の秩序構造を反映するものである。漢によって発行される竹使符は、まさに「漢」を共有する造形となっており、「漢家」によって君臣関係が結ばれ、それをもって皇帝支配を支えたことを反映している。異例な皇帝継承を果たし権力の基盤が弱い文帝は、「漢家天下」の思想を

利用して自身の不足を補強したと捉えられる。帝室を移行する混乱の時期において、帝国の君臣関係を再確認するために、国家の総体を強調する政治的な働きの現れであると言えよう。

おわりに

漢代には竹使符を使用した「徴」の事例が見られる。中央へ招聘された対象者は、徴召の勅書を持ちながら、封印された竹使符を持参し、勅書をもって入関の目的を説明する一方で、関所の役人は竹使符を開封して事実確認を行う。皇帝による拝命だけではなく、函谷関をはじめとする関所に隔絶された関中地域に入るためには、通行証の使用が必要であった。これが『周礼』の「英蕩（文字が刻された竹箭）を以て之（節＝卩＝勅命）を輔く」の意味であろう。

本章では、秦漢時代における徴の事例を収集し、「出入」に関連する事象を整理して、竹使符の実態とその歴史的意義に近付こうとした。五種類に大別できる「徴」の事例から、竹使符の中央と地方を連結させる役割を果たした側面が見られた。ここで特別に強調したいのは、「徴」の事例に見える皇帝位継承者の召喚は、前漢・後漢の事例を一貫して読み解くことで、「漢家天下」という漢帝国を支える国家の支配秩序の一端が浮かび上がった。権力の基盤が弱かった前漢の文帝は、中央と地方の分断関係を巧妙に利用し、「漢」家を共有する形で君臣関係を再構築させたと言える。同時に、この「漢」の共有は、君臣関係の再定義と帝国の一体性強化に寄与し、分裂の危機にあった帝国を統合する象徴的役割も果たした。

漢代における竹使符制度の考察を通じて、中国古代の政治システムと権力構造の複雑性を浮き彫りにした。この制度は、単なる行政的ツールを超えて、帝国統治の根幹に関わる重要な機能を果たしていたことが明らかになった。とりわけ、皇帝継承の制御手段へと変貌を遂げた過程は、権力の中央への集約化を象徴している。文帝期における制度の確立は、諸呂の乱後の政治的不安定さを克服し、皇帝権力を強化するための戦略的措置であったと解釈できる。地方から中央への移動を制限することで、潜在的な皇位継承者の動きを管理し、政治的安定性を確保する効果があった。これは、中央政府の権威を強化し、皇帝権力の安定的な継承を保証するための重要な仕組みであったと考えられる。本章の考察を通じて浮かび上がった「漢家天下」の概念は、中国古代帝国の形成期における統治の正当性や国家概念といった政治思想と密接に関わる。この制度の基本的な概念や機能が、どのように継承または変容されたかと分析することで、当該時期の権力構造の特殊性を究明することができると考えられる。

注

（1）福島大我氏は『二年律令』津関令の条文を整理し、黄金の持ち出しや馬の出入に関わる規制から、漢帝国には関中と関外を区分するラインが存在すると指摘する。詳細は『秦漢時代における皇帝と社会』（専修大学出版局、二〇一六年）六五頁～六九頁を参照。

（2）大櫛敦弘「使者の越えた「境界」：秦漢統一国家体制形成の一こま」（『東洋史研究』第七二巻一号、二〇一三年）や「近年の内史研究から見る秦漢統一国家体制の形成」（『中国史学』第二四巻、二〇一四年）や「漢代三輔制度の形成再論」（『人文科学研究〈高知大〉』第二一号、二〇一五年）など、氏の一連の研究を参照。

（3）飯尾秀幸「中国古代における人の移動とその規制に関する基礎的研究」『専修大学人文科学年報』第三七号、二〇〇七年などを参照。

（4）東京国立博物館の所蔵品に「皇帝信璽」の封泥がある。これは清代金石学者の陳介祺の旧蔵とされる。陳氏の歿後、上海で書店を経営する金頌清の手に渡った。そして阿部房次郎は、博文堂の原田悟朗を介して入手したのち、すぐに帝室博物館

（現・東京国立博物館）に寄贈した。詳細は森橋なつみ「爽籟館主人・阿部房次郎の中国書画蒐集について」『大阪市立美術館紀要』（第一九号、五頁～六頁、二〇一九年）を参照。

（5）郭沫若「関於鄂君啓節的研究」『文物参考資料』四、三頁～七頁、一九五八年。

（6）殷滌非・羅長銘「寿県出土的鄂君啓金節」『文物参考資料』四、八頁～一一頁、一九五八年。

（7）鄂君啓節の銘文の解読には膨大な先行研究があり、ここでは船越昭生「鄂君啓節について」（『東方学報』（京都）四三、五五頁～九五頁、一九七二年）を取り上げておく。

（8）大庭脩『秦漢法制史の研究』（創文社、一九八二年）第四編第二章四一八頁～四一九頁を参照。

第五章　漢初における符の下賜

はじめに

始皇帝が万世にまで継承させていこうとした秦帝国であるが、二世皇帝が趙高の反乱で弑殺され、巨大な帝国の「統一」支配が失速した。やがて秦の継承者である子嬰は皇帝号の廃止を受け入れ、王号を復活して帝国を王国に格下げし、反秦勢力との共存を目論んだ。ところがその努力は報われず、咸陽の掌握に成功した楚を筆頭とする連合軍は、項羽の統率のもとで秦王一族の処刑を実行した。これにより秦王の血筋が途絶え、初めて中華世界を統合した大帝国が短命に滅亡を迎えた。

秦の滅亡後、一度中華世界全土を掌握した楚政権は旧七国の土地を再分配し、「国」を主体とする封建国家を復活させ、西楚の覇王である項羽を筆頭に一九人の王からなる封建体制を築き上げ、中華世界は再び「分裂」の状態に戻った。しかしながら、この「分裂」も長く続くことはなかった。過剰な封建は地方の紛争を招き、地方の紛争が白熱化するにつれて全国規模の闘争に発展した。旧貴族階級を代表する項羽の勢力が、平民出身の新貴族階級を代表する劉邦の勢力と衝突し、このいわゆる楚漢戦争が中華世界の主導権を争うようにまで展開した。この一連の紛争は垓下の戦いで決着し、項羽の死去によって幕を閉じた。楚漢戦争が終結したのち、中華世界を掌握した諸勢力は漢五（前二〇二）年春に集う。漢王劉邦が諸勢力の推戴に従い皇帝に即位し、漢帝国の樹立を宣言した。

漢帝国は漢中を都とする王国を基礎とし、関中地域を支配の土台として中華世界へ進出し、楚漢戦争の展開と共に国家が形成されていった。僅か四年の歳月で王国から帝国へと発展した漢は、秦の「遺産」に頼るところが多かったと言われる。『史記』巻五三蕭相国世家に「（蕭）何獨り先に入りて秦の丞相・御史の律令・図・書を収めて之を藏す」とあるように、劉邦集団の咸陽入城と共に功臣の蕭何が秦の書籍を掌握し、のちに漢中への就国とともにそれらを漢王国に持ち帰った。これによって漢は「具に天下の阨塞、戸口の多少、彊弱の処、民の疾苦する所を知る」ことができた。その上で、漢は秦の書籍を国家支配の指南書とし、秦帝国の制度を積極的に取り入れた。漢中へ就国したのち、漢は令尹・連敖・粟客といった楚制の官職を廃止し、漢元年に蕭何を丞相にし、周苛を御史大夫にし、漢二年に盧綰を太尉にし秦に倣って官僚制度を整えた。また、同時期に漢は執帛・執珪といった楚爵を廃止し、独自の漢爵を用いるようになった。その漢爵の多くは『漢書』巻一九百官公卿表に「秦制に因る」とあるように、秦に倣って爵位制度を整えたことに他ならなかった。

王国時代より漢は秦の「遺産」を受け継ぎ国家支配の仕方を模倣し、制度上における秦漢両帝国の連続性を生み出した。本書が注目する符も漢に継承された「遺産」のうちの一つである。とりわけ漢による符の継承は、単純に秦の符制度をそのまま導入したのではなく、漢帝国が直面する政治状況に即して適宜変化を加えた。その結果、秦の君主符とも呼べる措置を取らず、「与に《とも》」という表現が示すように、符を通じて「共有する」体制を構築した。第三章と第四章の考察を経て、虎符と竹使符の事例から明らかになったように、この「共有する」体制の主体は国家の総称である「漢」であった。漢帝国は、戦国時代の国符とも呼べる慣行を復活させたと言える。果たしてこの漢を共有する

「漢家天下」の体制は、権力構造上どのような役割を持つのか。本章では、功臣との剖符を通じてその一端を考察する。

第一節　高祖と功臣との剖符

前漢初期において皇帝と臣下との関係を示す文言として、伝世史料に次のような条文が見られる。

符を剖かち、世々絶ゆる勿し。

この条文は、『史記』『漢書』の曹参をはじめとする功臣の世家や列伝に散見される。その意味は、漢の高祖皇帝劉邦が功臣に符を分け与え、功臣は皇帝より賜わった符を子々孫々にまで引き継がせていくことが保証される、との約束であると推定される。この条文を前漢初期の政治状況と合わせて考えれば、功臣は楚漢戦争の終結に伴う論功行賞の中で、褒賞として列侯の爵位及びそれに付随する封地を受領すると同時に、符を媒介として何らかの特権の保持が約束されたと思われる。ところが、条文にある「符」が何を意味するかは明白ではない。ゆえに、皇帝となった劉邦が側近の功臣と何を約束したかは定かではないのである。

先行研究において、栗原朋信[1]・工藤元男[2]・楯身智志[3]諸氏はこの条文を功臣の列侯としての特権的な地位の永続、いわゆる「封爵之誓」というものと関連させて考える。『漢書』巻一高帝紀に、「又た功臣と符を剖かち、誓を作して鐵契に丹書し、金匱石室もて、之を宗廟に蔵す」とある。この条文を理解するに当たって、当該箇所に引く曹魏の如淳注に「謂ふこころは功臣表の誓に、河をして帯の如く、泰山をして厲の若からしめ、国乃ち滅び絶ゆ」とある。それに基づいて史料に当たれば、『史記』巻一八高祖功臣侯者年表に「封爵之誓に曰く、河をして帯の如く、泰山をして厲の若からしむるも、国以て永寧し、爰に苗裔に及ばん」とあり、『漢書』巻一六高恵高后文功臣表に「封爵之誓に曰く、黄河をして帯の如く、泰山をして厲の若からしむるも、国以て永存し、爰に苗裔に及ばん」とある。右記の通り、「封爵之誓」とは黄河と泰山を例にとり、黄河が帯のように泰山が砥石のようにならない限り、功臣の封国は永遠に子々孫々にまで継承させていくとする誓文である。一方で、仁井田陞氏は『漢書』巻一高帝紀に見える鉄券（鉄契）は一種の「わりふ」であり、一半は功臣に頒賜し、一半は宗廟に保存する。事あるときはつきあわせの用に供したものであり、証拠文書の一つであるとする(4)。したがって、先行研究の諸氏は『漢書』巻一高帝紀の条文を「功臣封建には剖符して誓いをなし、それを金匱石室に封緘し宗廟に収蔵した」と解釈し、「誓文が丹書された鉄券を半分に割って、一方を宗廟に保管し、もう一方を封侯者に下賜する」と理解する。そして「符を剖かち、世々絶ゆる勿し」の条文は「封爵之誓」が交わされたことを示す記述とされる。

ところが、符と券（契）は同様に「わりふ」という形態の媒体ではあるが、それぞれの用途・機能からして全く異なる性質のものだと思われる。また、諸家の注を見渡したところ、剖符と鉄券との関係を明示する記載は見当たらない。右記の『漢書』巻一高帝紀の条文には、①功臣と符を剖かつ、②誓文を鉄券に丹書する、③金匱石室でこれを宗廟に蔵する、の三つの独立した要素がある。『漢書』巻六二司馬遷伝に「僕の先人剖符・丹書の功に有らずにして」云々の自称からも「剖符」と「丹書」は違うものだと示唆する。さらに、『太平御覧』巻五九八（契券項）に引く『楚漢春秋』の佚文に「高帝の初め侯に封ずる者、皆な丹書せし鉄券を賜ひ、曰く、黄河をして帯の如く、泰山をして礪の如からしむるも、漢に宗廟を有てば、爾に世を絶ゆる無し、と」とあり、丹書鉄券と「封爵之誓」との関係を示す中で、剖符への言及が見当たらない。したがって、①の符と②の鉄券を同一ものと見なす意見に疑う余地が生じる。

符に関連する記事は、戦国時代から秦末漢初にかけて多くの史料に見られる。これまでの考察では秦始皇帝―秦王子嬰—漢高祖皇帝—漢文帝にかけて符の継承を整理していく中で、戦国時代の事情に由来する符の使用と、秦漢帝国における皇帝権力の問題との関連性を明らかにした。「符を剖かち、世々絶ゆる勿し」の条文に見える符も、漢初における皇帝と功臣との間に形成された権力構造に関わっていると想定される。かつて西嶋定生氏は高祖集団の構成員の社会的身分を考察し、高祖と功臣との間にあった隷属関係を肯定し、高祖集団の人的関係は帝国の成立に伴いそのまま漢帝国の構造となった、そして中国古代帝国とは、非血縁者が擬制家族員あるいは家内奴隷として統合された家父長的家内奴隷制的結合体であると唱えた(5)。その影響を受け、李開元氏は高帝五年詔の解釈に基づき、漢帝国建立における一連の戦争に従軍した軍吏卒は、軍功爵や田宅の賜与などの優遇を受ける特権階級であるとした。およそ当時の人口総数の二〇％を占める社会階層として、「軍功受益階層」は当時の国家構造の骨幹となっていたと指摘する(6)。

漢初の支配体制では、諸侯王を封建すると同時に、列侯など爵位の上位者にも封地を与えた。漢帝国は国内に「国」を単位とする政治共同体の存在を許容したことにより、その国家構造は一種の「国際」関係を内包していた。栗原朋信氏は、漢の国家には皇帝の礼と法が及ぶ「内臣」と礼のみが及ぶ「外臣」という二種類の臣下がおり、その亜種も含め、皇帝の「徳化に基づく異分子の包摂」を蒙ったものによって構成されるのが、漢の「国家構造」であるとする(7)。その研究を踏まえた上で、阿部幸信氏は、漢初における漢と諸侯王国は行政面・経済面・軍事面のいずれをとっても切り離されており、理念の上でも当時の諸侯王は漢皇帝の「外」の臣下であるとし、漢の「外」に「封建」されていた諸侯王は、「郡県」によって支配される漢朝の直轄領域すなわち「内」とは切り離された存在であると指摘する(8)。

右のように、皇帝と功臣との関係は漢初の国家構造に影響する。そして両者の間に介在した符は、漢帝国の支配構造に何らかの役割を持つと予想される。簡易な通行証である符は、その媒体としての特性を以て地域と地域を結ぶ機能を有する。右記に見える「内」と「外」の支配体制にも直接的に関与するように思われる。本章では「符を剖かち、世々絶ゆる勿し」の条文を「封爵之誓」から切り離して考え、通行証である符の理解を踏まえた上で高祖と功臣との間に交わされた「符」の実態を究明し、秦末漢初に見える符の下賜に焦点を当て、その歴史的な意義を検討したいと思う。

第二節　漢王国の支配体制――諸侯王との剖符――

戦国から漢初にかけて符に関連する記事は伝世史料に散見されるが、符を分け与えることを意味する「剖符」という文言の使用は、専ら漢初の記述に集中する。漢帝国が成立した直後に、剖符の事例は伝世史料から幾つか確認できる。『史記』巻九三韓信列伝に、

五年春、（韓信）遂に与に符を剖かちて韓王と為し、潁川に王たらしむ。

とある。韓王韓信（以下韓王信と呼称する）は項羽封建の対象から除外され、楚の封建体制に収められなかった。以降韓王信は旧韓地域を中心に、韓国を復興すべく活動し続けた。次第に、独立集団として劉邦集団と同盟し、漢二（前二〇六）年に漢王劉邦の承認のもとで韓王と号して自立し、楚漢戦争に参与した。右に見えるように、楚漢戦争が終結したのち、漢五（前二〇二）年の春に韓王信は漢皇帝劉邦と剖符し、潁川を都として王国政権の樹立を認められた。また、『史記』巻一〇〇欒布列伝に、

天下已に定まれり、彭王（彭越）符を剖かちて封を受け、亦た之を万世に伝へんと欲す。

とある。盗賊集団の長として反秦戦争に参加した彭越は、咸陽への反攻作戦において劉邦を筆頭とする楚の西行軍に協力した。しかしながら、その功績は認められず、項羽封建の対象から除外された。これを鑑み、漢元（前二〇七）

年秋に漢王劉邦は彭越に将軍印を賜与し、その集団を漢の傘下に収めた。漢王国の東進において、彭越は旧魏地域を中心に活動し、楚漢戦争に参与した。そして楚漢戦争が終結した漢五（前二〇二）年の春に、彭越は定陶を都として王国の樹立を認められた。『史記』巻九〇彭越列伝に彭越の剖符事例は見当たらないが、右記『同』巻一〇〇欒布列伝に、彭越と親しい欒布の言葉から、「天下平定」すなわち楚漢戦争が終結したのちに、彭越は漢皇帝劉邦と剖符したと記されている。時期として、右に見える欒布の言葉に従えば、彭越は「封を受け」ると同時に剖符の措置を施されたので、漢五年の春とみて差し支えなかろう[9]。更に、『史記』巻九一黥布列伝に、

（黥）布遂に符を剖かちて淮南王と為し、六を都とし、九江・廬江・衡山・豫章郡、皆な布に属す。

とある。項羽による封建体制のもとで、九江王として封建された黥布であるが、漢との密約が露見するにつれて、項羽と決裂し戦争状態に陥る。やがて項羽に敗れた黥布は、漢王の勢力に吸収された。漢四（前二〇三）年七月、漢王劉邦の承認のもとで黥布は淮南王とされ、楚漢戦争に参与した。そして楚漢戦争が終結したのち、漢五年の春に黥布は漢皇帝劉邦と剖符し、六を都として王国の樹立を認められた。

右記のように、韓王信・梁王彭越・淮南王黥布の三名は、諸侯王として封建されると同時に漢帝国と剖符し、漢皇帝劉邦から符を分け与えられたことがわかる。ところが、右の記載はいずれにしても断片的なものであり、帝国と諸王国を繋ぐこれらの符が、どのような機能を持つかは右記の史料から読み取ることができない。しかしながら、今までの考察でわかったように符の使用は漢初に限られた事象ではない。漢初における剖符は、戦国から秦漢にかけての符の連続性を継承した側面があるに相違ない。そこで、これらの符の実態を考えるに際し、本書ではまず漢初における帝国構造の性質に着眼したい。すなわち、劉邦が漢王から皇帝に即位し、王国から帝国へと転換した間もない内に、漢帝国はすぐに新しい体制を作り上げてそれに切り替えたとは考えにくい。右に見える諸侯王との剖符は、それまで

の歴史的事象を継承したと考えたほうが妥当である。したがって、これらの符の意義を考察するに当たり、まずは帝国の前身である劉邦集団ないしは漢王国、その中における符の使用を把握する必要がある。

沛公として秦末より蜂起し、漢王として楚漢戦争に身を投じた漢の高祖皇帝劉邦、かれが率いる集団の中で、符を使用した痕跡は次の『史記』巻九二淮陰侯列伝の記事から窺える。

楚数々奇兵をして河を渡り趙を撃たしむ。趙王耳・韓信往来して趙を救ふ。因り行くゆく趙の城邑を定め、兵を発して漢に詣る。楚方に急に漢王を滎陽に囲み、漢王南に出で、宛、葉の間に之き、黥布を得、走りて成皋に入る。楚 又た、復た急に之を囲む。六月、漢王 成皋に出で、東して河を渡り、獨り滕公と倶に、張耳の軍に脩武に従はんとす。至り、伝舎に宿す。晨に自ら漢使と称し、馳せて趙の壁に入る。張耳・韓信未だ起きず、其の臥内に即き上其の印符を奪ひ、以て諸将を麾召し、之を易置す。信・耳起き、乃ち漢王の来たれるを知り、大に驚く。漢王兩人の軍を奪い、即ち張耳をして趙の地を備守せしむ。韓信を拝し相国と為し、趙兵の未だ発せざる者を収めて斉を撃たしむ。

右記の史料は楚漢戦争の最中に、漢王の劉邦が張耳・韓信が所持する印と符を奪った経緯を記している。漢を中心とする連合軍は、二方面から関中地域より東へと進出を計った。張耳と韓信を筆頭とする軍勢は北の旧趙地域で楚軍と衝突し、楚軍を撃退し「趙の城邑を定め」たのち、軍を率いて前線から後退する。「兵を発して漢に詣らんとす」の一文が示すように、張耳と韓信は軍勢を率いて漢の本拠地である関中地域へ進行したのである。一方で、劉邦を筆頭とする軍勢は旧魏地域で楚と衝突し、楚軍に包囲されて不利な状況に陥った。この背景をもとにして、劉邦は夏侯嬰（滕公）などの少数の側近とともに戦場から離脱し、脩武に駐屯する張耳・韓信の軍営に忍び、密かに両者の印と符を奪った。これにより、張耳と韓信は関中地域への移動を断念し、旧趙・旧斉地域へ転進し対楚作戦を続行した。

両者は兵を再編成し項羽政権との戦闘を継続している点から見れば、右に見える符とは兵符を意味しないことは明白である(10)。西への帰還を放棄して進路を改変したのは、通行証である符を失って函谷関を通過する術を失ったことが原因だと考える。この史料から、漢王劉邦は王国時代から既に盟友と剖符する措置を取っていたとわかる。そして、後に諸侯王に封建される張耳・韓信との剖符と、諸侯王である韓王信・黥布・彭越との剖符が同じ性質を持つのであれば、ここで言及した「符」とは、およそ通行証の符であると特定できる。ひいては、函谷関の通過をはじめとする、関中地域への出入と関連する通行証である可能性がある。

更に追及すれば、漢王国時代における右の状況を作り出す前提条件として、背後にある劉邦集団の支配体制に注目する必要がある。項羽封建によって旧秦地域は四つの王国政権に分割されたが、やがて旧秦地域は紛争に陥り、四つの王国は最終的に漢王国によって統合されていく。その経緯は次の『史記』巻八高祖本紀（漢二年条）の記事に詳しい。

漢王東のかた地を略し、塞王欣、翟王翳、河南王申陽 皆な降る。……水を引きて廃丘を灌し、廃丘降り、章邯自殺す。名を更めて廃丘を槐里と為す。

とあるように、項羽封建の受封者同士の争いで、漢王劉邦は塞王司馬欣と翟王董翳を降伏させ、雍王章邯を自殺に追い込み、咸陽を拠点として旧秦地域の統合に成功した。更に、漢王国の勢力は旧秦地域に止まらず、近隣の旧魏地域まで手を伸ばし、河南王瑕丘申陽を下した。このような勢力拡大を経て、漢王国は櫟陽を都とする支配体制を確立させた。言い換えれば、それは旧秦地域（＝関中地域）を基盤としつつ、旧魏地域（＝河南地域）を前線基地とする体制である。関中地域とは、名の如く関所の中側《うち》にあり、主には函谷関・武関を東西の連絡口とし、周囲は秦嶺山脈なる自然環境に囲まれ、ひとつ地理的な隔絶による完結した世界となっている。そのことは賈誼「過秦論」に「秦地山を被《き》河を帯び以て固と為し、四塞の国なり」との評論をはじめ、同年代の書物にも多く論じられた所である。そのような地理環境の中で、関中地域を拠点とする漢王国は、東へ勢力を拡張するに当たり、関所の通過は戦略の要となる。地形によって分断された東西の連絡を支えるのに、符などの通行証の使用は想像に難くない。現に、符を失った張耳・韓信が東への転進を余儀なくされたことは、符などの媒体を通して漢王国は東西の連絡を繋ぐ関所を掌握し、本拠地と前線基地の位置関係を活かした支配体制の存在を強く示唆する。

関中地域の地理的優勢を有する漢は、王国時代から帝国時代の初期にかけてそれを生かし続けたと考えられる。関中地域の範囲について、従来では『史記』巻二二漢興以来将相名臣年表の「（高祖）入りて関中を都とす」に引く『史記索隠』にある「東は函谷、南は嶢武、西は散関、北は蕭関。四関の中に在り、故に関中と曰ふ」や、『同』巻八高祖本紀（秦二世三年条）にある「先に入りて関中を定むる者は之を王とす」に引く『三輔旧事』の「西のかた散関を以て界と為し、東のかた函谷を以て界と為し、二関の中之れ関中と謂ふ」との解釈に基づいて理解されてきた。漠然とした広範囲の地域であるため、ただ地理的名称に過ぎないと見なされていた。ところが、この理解を再考させるように促した史料が、次の『二年律令』津関令簡四九二の条文である。

二、御史に制詔す。其れ扜《う》関・鄖《うん》関・武関・函谷【関】・臨晋関、及び諸々其の塞の河津に令し、禁じて黄金・諸々の奠黄金器及び銅を出だす毋からしむ。令を犯すこと有らば……(11)

とある。この条文は、漢の直轄領域いわば「首都圏」における黄金器の持ち出しを禁じる規定であるとされる。その禁制が及ぶ範疇について、右は五つの関所の名称を取りあげた。これらの関所の位置について、次のように考察を加えたいと思う。なお、本書では『二年律令與奏讞書』（上海古籍出版社、二〇〇七年）の図版を底本とし、図版に付随する整理小組の註釈［以下小組と呼称する］及び冨谷至編『江陵張家山二四七號墓出土漢律令の研究・譯注篇』（朋友書店、二〇〇六年）〔以下京大訳と呼称する〕、専修大学二年律令研究会「張家山漢簡『二年律令』訳注（一）～（一四）」（『専修史学』第三五号～四六号、二〇〇三年～二〇〇九年）〔以下専大訳と呼称する〕の訳注を参考とする。

①扜関

扜関については『史記』『漢書』ともに記載なし。小組は扜を扞の誤りとし、扞は音通の江に作る場合もあると解釈する。伝世史料に「扞」関の記載は『史記』巻四〇楚世家(12)や『同』巻七〇張儀列伝(13)に見える。一方で、京大訳と専大訳は呉式芬・陳介祺『封泥攷略《ふうでいこうりゃく》』（中国書店、一九九〇年）巻四・五三葉・裏の「扜關長印」、『同』巻四・五四葉・裏の「扜關尉印」を引き、「扜」字で見える実例を提示する。名称こそ異なるが右のいずれにしても同一の地を指し、扜関を扞関（江関／捍関(14)）とするのは現状での有力な説である。『漢書』巻二八地理志の巴郡魚復県条(15)に江関都尉が見え、それに従えば当該関所はおよそ今の四川省奉節県の東にある。

②鄖関

『漢書』巻二八地理志の漢中郡長利県条に鄖関(16)があり、今の湖北省鄖県の東北にある。『史記』巻一二九貨殖列伝に「秦の末世、不軌の民南陽に遷す。南陽西のかた武関・鄖関に通じ、東南のかた漢・江・淮を受く」とあるように、鄖関は武関と並ぶ秦帝国の要衝である。ところが、伝世史料に鄖関に関する記述は乏しい。或いは、鄖関は別の名称で史料に見られる。右の貨殖列伝の記事に引く『史記正義』に「……蓋し「鄖」当に「徇」と為すべし。徇水の上に関有り、金州洵陽県に在る。……徇、亦は「郇」に作り、鄖と相似るなり」とある。「鄖」の名称は徇・鄖に由来し、鄖関とは旬水沿いに位置する関所である。それを手掛かりに、『漢書』巻四一酈商伝に「従ひて繒氏を攻め、河津を絶え、秦軍雒陽の東に破る。従ひて宛・穰を下し、十七県を定む。別に将ゐて旬関を攻め、西のかた漢中を定む」とあり、それに引く顔師古注に「漢中旬水の上に関なり、今は洵陽県に在り」とある。このように鄖関または旬関に作り、秦末に楚の西行軍の猛攻撃を受け、秦帝国の国防の要であったとわかる。

③武関

『漢書』巻二八地理志には武関の名称を確認できないが、秦帝国の要衝として知られる武関は、他史料に多くの記載が見られる。それらに即して様々な考証を加えられてきた。『史記』巻六秦始皇本紀（二八年条）の「上は南郡より武関に由りて帰る」に引く『史記集解』に「應劭曰く、武関、秦の南関、南陽に通ず、と。文穎曰く、武関析より西のかた百七十里弘農界に在り、と」とあり、同条の『史記正義』に引く『括地志』に「故武関商州商洛県より東のかた九十里に在り、春秋時の少習なり」とある。このように、『史記集解』と『史記正義』の考証によって武関の位置が特定され、およそ今の陝西省商州県の東にある。

④函谷関

津関令の条文に函谷の二字しか書かれていないが、小組は文意より関字を補い、函谷関のこととする。『漢書』巻二八地理志の弘農郡弘農県条に「故秦函谷関[17]」とあり、今の河南省霊宝県の西南にある。函谷関は秦帝国の最重要な要衝として知られる。『史記』巻七項羽本紀の「函谷関は兵有りて関を守る」に引く『史記索隠』に「按ずるに、山の形は函の如く、故に函関と称す」とあり、同条に引く『史記正義』に「『図記』に云く、西のかた長安を去ること四百余里、路は谷中に在り、故に以て名と為す、と」とあるように、「函谷」との名称は当地の地理環境を表す。この特徴的な点からして、函谷関を「関中」地域の起点とする意見は多い。また、『漢書』巻六武帝紀に「（元鼎）三年冬、函谷関を新安に徙す。故関を以て弘農県と為す」とあるように、前漢武帝期に函谷関の位置は移され、秦・漢初と前漢中葉以降の函谷関の位置は変遷する。

⑤臨晋関

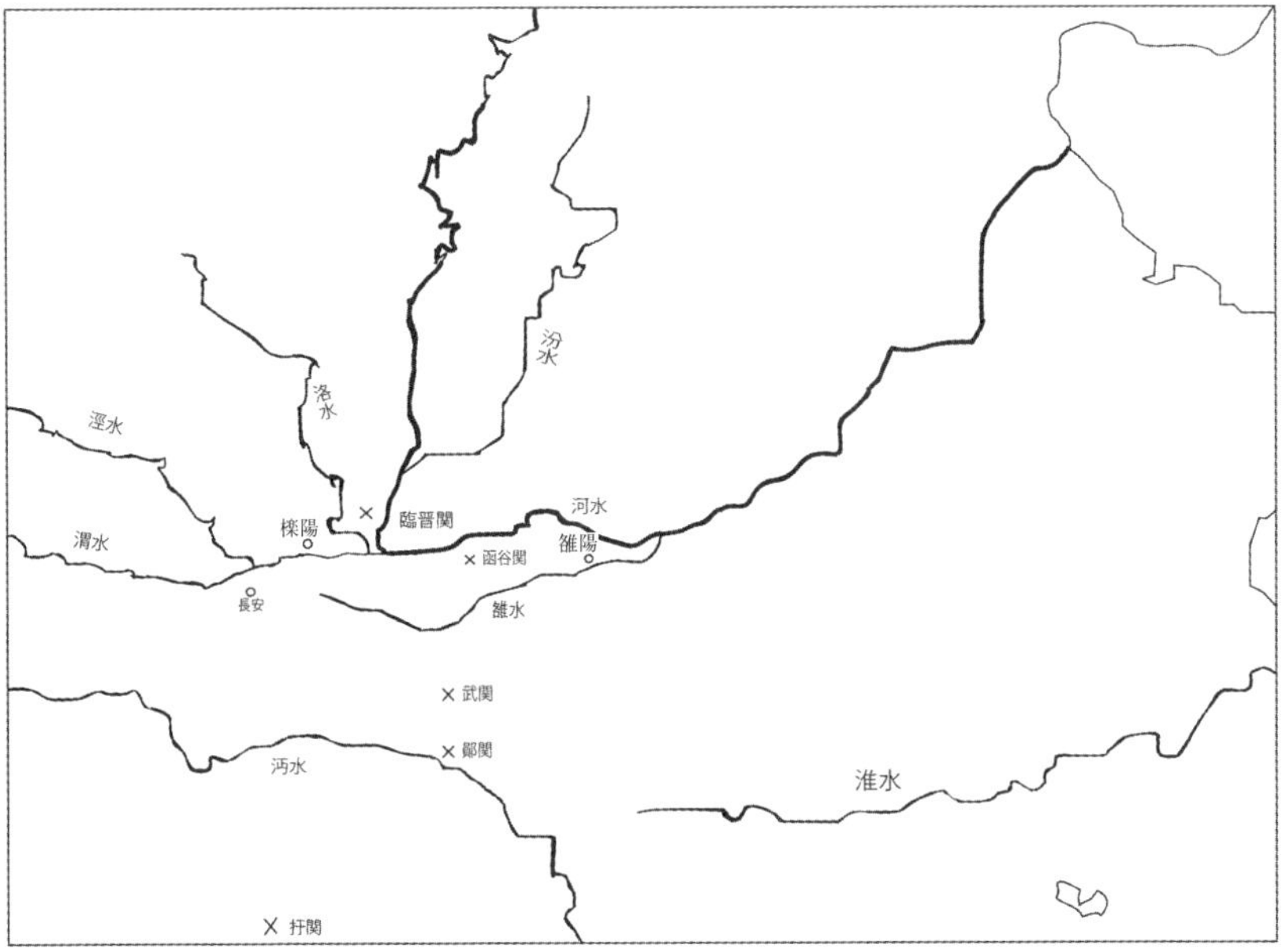

【図一四】　津関令にみえる関所の位置関係図

譚其驤主編『中国歴史地図集』第二冊（前掲）を基に作成

『漢書』巻二八地理志に臨晋県の名称は見えるが、臨晋県条に関所の記載は見当たらない。『同』同左馮翊条に「臨晋、故の大芮なり、秦は之を獲り、名を更む。河水の祠有り。芮郷、故の芮国なり。莽は監晋と曰ふ」とあり、大茘＝臨晋＝監晋という度重なる名称改変があったとわかる。左馮翊条の注釈に「臣瓚曰く、晋水は河間に在り、此（臨晋）県は河の西に在り、晋水に臨むを云ふを得ざるなり。旧説に曰く、秦 高壘を築き以て晋国に臨み、故に臨晋と曰ふなり、と」とあるように、「臨晋」の名称は晋水を臨む意ではなく、晋国を臨む意である。秦晋の対抗関係から国防施設である関所の存在が示唆される。また、『史記』巻五四曹相国世家に「中尉を以て漢王に従ひて臨晋関を出づ」とあり、その注に引く『史記正義』に「即ち蒲津関なり。臨晋県に在り、故に臨晋関と言ふ。今は同州に在るなり」とある。このように、臨晋関は左馮翊臨晋県に属するとの小組の意見は首肯できる。臨晋関の位置は、およその今の陝西省大荔県東朝邑鎮の東北にある。

右の情報を整理し、津関令に見える五つの関所の位置関係を図に示す。【図一四】で示したように、津関令に見える五つの関所、それらに囲まれる範囲は従来の関中地域の理解より遙に狭くなる。旧趙地域と隣接する臨晋関、旧魏地域と隣接する函谷関、旧楚地域と隣接する武関と鄖関、百越の地域と隣接する扜関[18]、この五つの関所の内側はほぼ旧秦地域に該当する。この範囲は、漢王劉邦による旧秦地域の併合に伴い、漢王国の支配下に置かれた。この五つの関所が発揮した機能も、漢王国時代から漢帝国時代の初期にかけて連続性を持とう。

漢帝国が樹立したのち、雒陽と長安をめぐって遷都の議題が出された。審議の結果、長安は櫟陽の代わりとなる新たな都として設置される。櫟陽と同様に関中地域に位置する長安は、その地理的優越性を踏襲し、前述したような櫟陽を都とする体制を継承したと考えられる。この連続性を考慮すれば、漢初における諸侯王との剖符は、やはり函谷関をはじめとする関所通過の事情と関連し、王国時代の措置の延長線上にあると規定すべきである。

ここで特筆すべき点として、王国時代の政策を継承した漢初に見える剖符の措置は、諸侯王の「来朝」をもたらしたと指摘したい。伝世史料から確認できるように、諸侯王は一定の間隔で都長安を訪れ、漢皇帝劉邦と会見を行った。この皇帝と諸侯王との「会見」は、如何にも春秋・戦国時代における覇者と諸侯との「会盟」を彷彿させる。そして、戦国時代において符が会盟のシルシとしての役割を持つことは、既に工藤元男氏に指摘されるところである[19]。戦国から漢初にかけて符という媒体はこの会盟／来朝の関係を共通するものがあると考えられる。会盟の構成員である列侯を考察すべく、ここは節を改めたい。

第三節　符を剖かち世々絶ゆる勿し——列侯との剖符——

漢帝国が樹立したのち、剖符の措置は諸侯王だけではなく、列侯もその対象となった。『史記』巻八高祖本紀六（前二〇一）年条に「乃ち功を論じ、諸列侯と与に符を剖かち封を行ふ」とあり、『漢書』巻一高帝紀同年条に「始めて符を剖かち功臣曹参等を封じて通侯と為す」とある。その中で、「世々絶ゆる勿し」の文言が付随する、剖符の措置を永続とする特殊な剖符事例は『史記』『漢書』に散見される。【表一〇】はその該当者及びかれらの剖符経緯を示す。

【表一〇】に見える功臣は、漢皇帝劉邦より二〇等爵位の最上位である列侯爵を賜わる。永続的に剖符の措置を施されることを約束された上で、かれらは食邑として封地を受領する。かれらの剖符経緯に注目すると、すぐさま前節で考察した諸侯王の剖符との差異に気付く。とりわけ、「符を剖かち、世々絶ゆる勿し」の該当者には「改封」（封地を改める）との共通点が見られ、功臣に施された剖符措置はおよそ改封に伴うものである。これにより列侯に対する符の下賜は、諸侯王のそれとやや性質が違うことが窺われる。

諸王国政権は、前記に見えるように封建されると同時に剖符の措置を施された。通行証として理解すべきこれらの符は、関中地域を出入する保証でもあり、漢帝国と諸侯王国との交流を維持する役割があった。したがって劉邦より符を分け与えられた諸侯王は、それを用いて皇帝との会見を全うしたと考えられる。漢の帝国支配を考慮すれば、諸侯王国が音信不通に陥らないように対処するため、剖符の措置は諸侯王封建の必須条件とさえ言える。

それに対して、列侯封建と剖符措置との関連に必然性はない。曹参をはじめとする【表一〇】の列侯は、漢元（前

【表一〇】「符を剖かち、世々絶ゆる勿し」該当者表

	人物名	剖符経緯	出典
①	曹参	高祖六年を以て爵の列侯を賜ふ。諸侯と符を剖かち、世々絶ゆる勿し。邑の平陽の萬六百三十戸を食み、号は平陽侯と曰ひ、前の邑を食む所を除く。	『史記』巻54 曹相国世家
②	靳歙	従ひて陳に至り、楚王の信を取る。符を剖かち、世々絶ゆる伝勿し。定めて四千六百戸を食み、信武侯と為す。	『漢書』巻41 靳歙伝
③	夏侯嬰	漢王 帝位に即くや、燕王臧荼 反す。嬰 従ひて荼を撃つ。明年、従ひて陳に至り、楚王信を取る。更めて汝陰を食む。符を剖かち、世々絶ゆる勿し。	『漢書』巻41 夏侯嬰伝
④	傅寛	斉地を定むるに因り、符を剖かち、世々絶ゆる勿し。封ずるに陽陵侯、二千六百戸なり。前の食む所を除く。	『漢書』巻41 傅寛伝
⑤	陳平	還えて雒陽に至り、功臣と符を剖かち封を定め、平を封じて戸牖侯と為し、世々絶ゆる勿し。…更めて平を封じて曲逆侯と為し、尽く之を食む。前の戸牖を食むる所を除く。	『漢書』巻40 陳平伝
⑥	酈商	遷して右丞相と為し、爵の列侯を賜ふ。與に符を剖かち、世々絶ゆる勿し。邑の涿郡五千戸を食む。	『漢書』巻41 酈商伝
⑦	周勃	将軍を以て高帝に従ふ。反者たる燕王の臧荼、之を易下に破る。将ひる所の卒、馳道に当たるを多ひと為す。爵の列侯を賜ひ、符を剖かち、世々絶ゆる勿し。絳の八千一百八十戸を食み、絳侯と号す。	『史記』巻57 絳侯周勃世家
⑧	樊噲	其の秋、燕王臧荼 反す。噲 従ひて攻めて荼を虜とし、燕地を定む。楚王韓信 反す。噲従ひて陳に至り、信を取り、楚を定む。更めて爵の列侯を賜ひ、諸侯と符を剖かち、世々絶ゆる勿し。舞陽を食み、号して舞陽侯と為し、前の食む所を除く。	『史記』巻95 樊噲列伝
⑨	灌嬰	車騎将軍を以て従ひて燕王荼を撃つ。明年、従ひて陳に至り、楚王信を取る。還えるや、符を剖かち、世々絶ゆる勿し。潁陰二千五百戸を食み、号して潁陰侯と曰ふ。	『史記』巻95 灌嬰列伝

二〇六）年に一度列侯として封建されるが、『漢書』巻一高帝紀の高祖六（前二〇一）年条にある「始めて符を剖かつ」云々が示すように、列侯に封建された漢元年の時点では剖符の措置を施されていなかったと推定される。列侯の爵位だけでは剖符する資格を満たさないのである。【表一〇】に取り上げた史料を整理した結果、ある時期を境に右の列侯は本来の封邑を除去され、新たな封邑へ改封され、同時に「符を剖かち、世々絶ゆる勿し」の措置に遇されるとわかる。その「ある時期」とは、右に並べる九名の列侯の最大の共通点でもあり、すなわち燕王臧荼の討伐と楚王韓信の捕獲である。

燕王臧荼は、楚漢戦争への関与が少なく伝世史料の記述は少ないが、劉邦の皇帝推戴にも参加した諸侯王であると知られる。楚王韓信は、漢王劉邦のもとで出世し、下級官吏（連敖）から大将軍へと任命され、やがて王として封建される人物である。この両者は、共に漢帝国への脅威を名目に王位から退けられる。従来では、軍事行動と封爵の関係に注目し、「軍功受益階層」[20]の視点より曹参などの列侯封建は軍事行動の結果として見なされ、それを二〇等爵制の特徴として捉えられてきた。しかしながら、前節に言及した漢初の支配体制を踏まえれば、臧荼討伐・韓信鹵獲・列侯封建と同時期に行われた、長安への遷都は軽視できない要素だと考える。長安遷都の地理的観点と、【表一〇】①～⑨の列侯の改封事情と合わせて注目すれば、

①曹参：寧秦（内史）→平陽（河東郡）
②靳歙：？→信武（？）
③夏侯嬰：沂陽（河南郡？／南陽郡？）→汝陰（汝南郡）
④傅寛：雕陰（上郡）→陰陵（九江郡）
⑤陳平：？（—剖符後→曲逆（恆山郡））

⑥酈商：信成（隴西？）→涿（涿郡）
⑦周勃：？→絳（河東郡）
⑧樊噲：臨武（？）→舞陽（潁川郡）
⑨灌嬰：昌文（？）→潁陰（潁川郡）

と整理できる。史料の限界により全員の改封を把握することはできないが、「符を剖かち、世々絶ゆる勿し」の該当者の内、およそ曹参・夏侯嬰・傅寛・酈商の四名の改封が確認できる。漢代の地域区分で右記四名の元封地と言えば、曹参は内史の管轄地、傅寛・酈商の二名は内史の隣接地域、夏侯嬰の封地は河南郡に属する。そして、改封したのち右記四名に限らず、「符を剖かち、世々絶ゆる勿し」の該当者全員の封地は東方世界に点在するようになる。まとめれば、列侯の改封事情とは、およそ西から東への改封であると捉えられる。その目的は、五井直弘氏が指摘したように、漢帝国の基礎が固まるまで功臣は高祖劉邦の物的基盤として地方への浸透に関与し、かれらを介して漢は直轄領域以外の地方に間接的な統治を行った(21)。このような観点から見れば、列侯封建における符の下賜は、関中地域と東方世界との行き来、関所を介在とした東西交通における必要性の有無に関連するように考えられる。したがってこれらの符は通行証として理解して差し支えないと思われる。列侯との剖符は、かれらの特権的地位の保証とは直接的な関係を有しないように思える。符を通行証として捉える点からして、諸侯王との剖符とは同様の意図が見られ、諸侯王と列侯との間に、符の所持によって繋がるものがあるように考えられる。

前節の考察を踏まえ右の情報を総合すれば、次のような推論を得られる。かつて諸侯王は符を用いて、漢皇帝との会見を全うしたが、地方を支配する有力な諸侯王である臧荼・韓信の粛清により、帝国支配の構造に乱れが生じたと想定される。それに対応すべく、皇帝劉邦は会見の空席に列侯の上位者を充てたが、儀礼上では列侯は会盟（＝会見）

に参加する資格が欠如する。ゆえに、形式を列侯にでも参加できる朝儀／朝見に変更した。次第に全ての異姓諸侯王は粛清され、剖符措置を賜わる列侯は増加し、全体的に「来朝」という文言の普及に繋がるのではないかと推測される。

漢初に叔孫通によって制定された朝儀[22]は、儀礼が制度化するにつれて、前漢中葉以降では様式が整備され、「来朝」から「朝見」へと定着していく。『史記』巻五八梁孝王世家に附された褚少孫の補遺に、

又た諸侯王天子に朝見するは、漢の法凡そ当に四たび見ゆべきのみ。始めて到るや、入りて小見す。正月朔旦に到りて、皮薦璧玉を奉じて正月を賀し、法見す。後三日、王の為に置酒し、金銭財物を賜ふ。後二日、復た入りて小見し、辞して去る。凡そ長安に留まること二十日に過ぎず。小見は、禁門の内に燕見し、省中に飲み、士人の入るを得る所に非ざるなり。……今漢の儀法、朝見して正月を賀するは、常に一王四侯と倶に朝見し、十余歳にして一たび至る。

とある。前漢元帝・成帝期の博士である褚少孫は、前漢中葉以降の朝見制度を右記のように整理した。それによれば、朝見とは、合計四回の皇帝への謁見である。謁見の期間はおよそ二〇日前後となっており、その間朝見者は都長安に滞在するようになる。「常に一王四侯と倶に朝見す」との条文から窺えるように、この朝見は諸侯王と列侯が共に行うものであるとわかる。無論、杉村伸二氏[23]が指摘したように、褚少孫が語った「漢法」は必ずしも前漢初期の状況を如実に反映するものではない。しかしながら、来朝の間隔や儀礼における細部の規定などは、制度化の過程において変化するものの、行為対象そのものは歴史的事象として後世に継承されるものであると考えられ、前漢初期の朝儀は諸侯王と列侯が合同で執り行った可能性は高い。本書で論じた諸侯王と列侯の関連性から見る、会盟と朝儀の歴史的連続性の傍証となろう。

長安を都とする漢帝国の支配体制は、東西の連絡を要とする。福島大我氏が整理した[24]「二年律令・津関令」の条文に見えるように、漢初の関中地域とは律令の規定から窺えるように、国家意思においてはひとつの完結した世界である。長安を都とする体制のもとで、列侯となった劉邦集団の幹部は長安以東の世界に封地を改められ、地理的な隣接による皇帝との親密な関係は保証されなくなる。以上の推論に大過がなければ、功臣にとって帝国官僚としての長安での実務と、封君としての封地への就国の間に、首都圏を出入する保障は危惧すべき問題である。まして、かつて反秦戦争・楚漢戦争に共闘してきた諸侯王が、東方世界にて次々と粛清される現状を直視したならば尚更である。前漢文帝期に見える列侯への就国命令[25]は、基本的に東へ就国したくない列侯の心理を表すと同時に、多くの列侯は長安に滞在し己の封地に就国していない状況を示す[26]。

「符を剖かち、世々絶ゆる勿し」の該当者は、当初では漢王国が直轄もしくは隣接する土地を封地として領有したが、帝国の成立および拡大に伴い、封地は関中地域以外の全国各地に改封された。その際に見える皇帝より下賜された符は、通行証の性質を持ち首都圏の出入と関連するものだと思われる。したがって、「符を剖かち、世々絶ゆる勿し」の条文とは、許可なしに首都圏を出入する特権を所持し、子々孫々にまでその特権を保持していくことを意味する。すなわち、皇帝劉邦は符という媒体を通して、功臣との親密な関係を保とうとする意図がある。符の下賜は、皇帝と功臣との人的結合関係を維持する狙いがあった。言うなれば、漢初の支配体制の下で、符は皇帝と功臣との間に、精神的な結びつきとしての役割を果したと指摘できよう。

第四節　徹侯から列侯へ

功臣の中で「符を剖かち、世々絶ゆる勿し」の約束を交わした者は、全員符を賜わり漢の「首都圏」である関中地域を自由に出入する権限を与えられた。同時に、曹参をはじめとする功臣は、例外なく爵位制度の最上位である列侯として封建されている。この事象がどのような意味を持つかを検討したいと思う。

まず、明白にしたいのは、かれらはもともと列侯ではなく、徹侯と呼ばれた存在である。「列侯」の名称について、『漢書』巻一九百官公卿表に、

　爵。一級は公士と曰ふ。二は上造、三は簪裊、四は不更、五は大夫、六は官大夫、七は公大夫、八は公乘、九は五大夫、十は左庶長、十一は右庶長、十二は左更、十三は中更、十四は右更、十五は少上造、十六は大上造、十七は駟車庶長、十八は大庶長、十九は関内侯、二十は徹侯。皆な秦制にして、以て功労を賞す。徹侯は金印紫綬。武帝の諱を避け、通侯を曰ひ、或は列侯と曰ふ。食む所の国の令・長を改めて相と名づく。又た家丞・門大夫・庶子あり。

とある。右記の条文から、漢初の爵位制度いわゆる二〇等爵位の名称を確認できる。とりわけ、「徹侯は金印紫綬、武帝の諱を避け、通侯と曰ひ、或は列侯と曰ふ」の箇所に注目すれば、徹侯が通侯もしくは列侯と呼称されるようになったのは、前漢武帝の諱である徹の字を避けるためであり、武帝期以降に徹侯を列侯に改めたわけである。逆に言うと、武帝期以前の時代である前漢初期において、曹参をはじめとする功臣は列侯ではなく、徹侯と呼ばれていたとわかる。皇帝の諱を避ける事例は中国史上に多く見られ、漢初にも高祖皇帝劉邦の「邦」字を避けて「くに」の意味を持つ「国」を用いたり、文帝劉恒の「恒」字を避けて恒山郡の名称を常山郡に改めたりするので、通常では武帝の諱を避けることにさほど注目する価値はなかろう。ところが、次の『里耶秦簡』（文物出版社、二〇一二年）の木牘（J1⑧461／8―455）の発見によって列侯という名称に対する認識に注意が喚起されたのである。

内侯為倫侯（内侯もて倫侯と為せ）
徹侯為列侯（徹侯もて列侯と為せ）
荘王為泰上皇（荘王もて泰上皇と為せ）
邊塞為故塞（邊塞もて故塞と為せ）
毋塞者為故檄（塞なき者は故檄と為せ）
騎邦尉為騎□尉（騎邦尉もて騎□尉と為せ）
郡邦尉為郡尉（郡邦尉もて郡尉と為せ）
邦司馬為郡司馬（邦司馬もて郡司馬と為せ）
乗伝客為都吏（乗伝客もて都吏と為せ）
大府為守丞公□（大府もて守丞公□と為せ）

右記の条文は里耶古城の一号古井第八層から出土した木牘より抜粋したものである。当木牘は、横二七・四cm、縦一二・五cmの長方形の木板であり、上下二段・合計五〇条に上る条文が確認できる。その内容は、始皇帝の統一前後に実施された公的用語の改称を箇条書きにして記し、おそらく地方の役人の便宜に供した一覧の木板と推測される。そのうち、本書では渡邉英幸氏(27)の整理・分類に従い、「A為B」構文を右のように並べた。氏はこの木板を「更名扁書」と呼称し、統一に伴う秦の行政上の用語改定に関わるものとする。そして、「A為B」構文は「A」から「B」への呼称や概念の変更を表すものであると説明する。右記に見えるように、「内侯もて倫侯と為せ」と「徹侯もて列侯と為せ」の条文から、最上位の爵位である「内侯」と「徹侯」は「倫侯」と「列侯」に改められたことがわかる。その意義について次のように分析する。

まず、「更名扁書」の発見により、『史記』の記述に見える「倫侯」の意味は明らかになった。『史記』秦始皇本紀二八（前二一九）年条から、始皇帝の巡行中に立てた琅邪刻石に「列侯武城侯王離、列侯通武侯王賁、倫侯建成侯趙亥、倫侯昌武侯成、倫侯武信侯馮毋擇」の署名が確認できる。従来、この倫侯は秦国独自の爵位と見なし、列侯より下の封邑を賜わらない爵位とされてきた[28]。それに対し、右記の条文からは、倫侯とは関内侯から更名したもので、おそらく漢制の関内侯と同義であろうと推定され、二〇等爵制の第一九等に該当することがわかる。付け加えると、漢代の爵制において関内侯は封地を賜わる対象であり、その元となる秦代の倫侯も封地を賜わった可能性は高く、内侯から倫侯への改称は封地賜与の実態と関わるかもしれない。字義の観点から見れば、倫は輪に通じる。本書の考察対象である符ないしはそれに伴う地域移動などの事象にも関連するように思われる。だが、ここは列侯号の考察に焦点を絞りたいため、関内侯への考察についてここでは割愛する[29]。

次に、徹侯から列侯への改称は秦の始皇帝期より始まったとわかる。この理解を以てすれば、武帝の避諱とは無関係で、漢初の「列侯」は既に列侯と称されていたこととなる。ところが、この改称事情はそれほど単純ではない。何故なら、漢初にも徹侯の名称を確認できるからである。【表一一】からわかるように、「二年律令」には複数の用例を確認できる。

「二年律令」の条文から徹侯の呼称が多く見られるように、武帝期以前の徹侯という名称の存在は明白である[30]。いったん議論を整理すると、「徹侯」と「列侯」の改称過程は次の通りである。一度秦の始皇帝期に戦国秦にあった徹侯は列侯と改称され、前漢初期には列侯を徹侯に戻し、前漢武帝期以降は武帝の諱を避けて再び徹侯を列侯と改称し、同時に通侯の名称も用いられた。それを表記すると、【表一二】のようになる。戦国秦の時代に既に徹侯の名称が存在していたのであれば、前記百官公卿表に引く顔師古注にある「其の爵位上は天子に通ずると言ふ」との解釈は覆さ

【表一一】「二年律令」徹侯用例表

簡番号	条文	律令分類
一〇	偽寫徹侯印、棄市。小官印、完為城旦舂□	賊律
八五	呂宣王内孫・外孫・内耳孫玄孫、諸侯王子・内孫耳孫、徹侯子・内孫有罪、如上造・上造妻以上。	具律
二二二	徹侯得置孺子・良人。	置吏律
三一四	宅之大方卅歩、徹侯受百五宅、關内侯九十五宅。	戸律
三六七	疾死置後者、徹侯後子為徹侯、其毋適（嫡）子、以孺子□孺。關内侯後子為關内侯、卿侯（後）為公乗、〔五大夫〕後子為公夫。	置後律
三九六～三九七	県道官所治死罪及過失・戯而殺人、獄已具、勿庸論、上獄属所二千石官。二千石官令毋害都吏復案、問（聞）二千石官、二千石官丞謹掾、當論、乃告県道官以従事。徹侯邑上在所郡守。	興律

【表一二】徹侯から列侯への改称過程表

時期	名称	典拠
王国秦	徹侯	『里耶秦簡』
統一秦	列侯	『里耶秦簡』『史記』
漢代初期	徹侯	「二年律令」
漢代中期	列侯／通侯	『漢書』

れよう。皇帝（天子）を最高位に置く身分秩序の中で徹の字義を求める理解は、皇帝号と王号の性質上の差異を考慮していないと言わざるを得ない。まして、皇帝制度の草創期に「煌々たる上帝」[31]と並列する侯の存在は到底考えられない。ゆえに、徹侯と列侯の名称の語義に関しては従来と異なった解釈が求められる。

秦漢の二〇等爵制より以前には、殷周の封建体制のもとで五等爵制が存在していたとされる。白川静氏は公・侯・伯・子・男という五等爵の名称を文字の原義から分析し、殷周時代の政治状況や列国間の情勢等を推論した[32]。漢字の一文字が意味成体として蓄積されるのであれば、秦漢二〇等爵制の名称も、殷周五等爵と同様に当該時期の社会を反映する側面を持つ。既に白川氏が指摘しているように、侯の語義は射儀において祭場を清めることを意味し、そこから転じて異神邪霊を祓い王朝を衛るために置かれるものである。功臣の漢帝国を守衛する役割が侯の一文字に表れるのであれば、徹・列・通・関内ひいては（秦の）内・倫という語は、侯の前置修飾として当該侯爵の性格を表していると思われる。したがって、徹（列）侯の改称過程がどのような意味合いを持つかは、前置修飾語である徹・列の文字の原義から窺えよう。

徹とは、「とおる」の意で『論語』と『国語』などの古典からその用例が見られる。段玉裁注『説文解字』によれば、徹とは彳と育と攴の合字である。彳はゆくこと、育は養育すること、攴は鞭撻すること。故に徹は鞭撻し養育して行かせることを以て「とおる」の意味に用いる（「通」字と同義である）。また一説に、育とは、子の逆形＋肉よりなり、お産のとき頭から赤子がうまれるさま、胎内からするりと抜け出ることを示す。彳印と攴印は手と足の動作を示す動詞の記号である。ゆえに、徹はするりと抜け出る、抜きとおすなどの動作を示す（「達」字と同義である）。

諸説はありながら、右のいずれにしても「徹」侯なる名称に、本来では「とおる」「ぬける」といった移動性を包含することに変わりはない。『史記』巻一一七司馬相如列伝に「故に剖符の封有り、析圭して爵し、位は通侯と為る」とあるように、通侯（＝徹侯）の爵位は、「剖符の封」を基礎とする。西南夷に位置する遠方の封には剖符が伴い、都長安との距離からして通侯との名称は移動性が伴おう。したがって、『漢書』巻三高后紀（元年八月条）に引く曹魏の如淳注に「列侯関を出で就国す」とあるように、漢初において当該爵位は都長安ないしは「首都圏」である関中地域から、遠く離れることを前提条件とするものである。更に、徹の字義に着目し、どこを通り抜けるかまで特定するならば、それは如淳注が言うように関所を通り抜けることに他ならず、本書の論と一貫する。(33)

一方で、列とは、「ならぶ」の意である。段注によれば、列とは歺と刀を組み合わせた会意文字である。歺は骨の形で、一連の骨を刀で切り離して並べることを示す。一列に並ぶ、ないしは羅列することを意味する。また、列の篆書は𠛱と書き、𡿪と刀とに従う。𡿪は断首の象であり、頭髪を存する形に作る。その字義は、「一首を斬れば爵一級を賜ふ」なる軍功爵の大原則を想起させ、「列」侯なる爵位は軍功爵の性格を強く反映しているように見える。

列の字義からして、「列」侯なる名称は「徹」侯なる名称と反対に、流動性がないように見える。『史記』巻一〇七魏其侯列伝に「列侯を就国せしめ、関を除く」とある。武帝期には列侯を就国させると同時に、列侯の通関制限を解除したとわかる。[34]この措置から、様々な政治意図が読み取れるが、少なくとも通関規制の撤廃は明白であり、「徹」侯の字義である「通り抜け」はその対象を失ったと言える。本来関所通過を特権とした列侯は、通関規制がなくなった環境の中で、そのあり方も変わったのであろう。更に言えば、前漢武帝期と秦始皇帝期において、前述したように二〇等爵の最高位は同様に列侯の名称を採用した。そうであれば、武帝の「除関」と始皇帝の「城郭を墮壊し、川防を決通し、険阻を夷去す」[35]とは共通したものがあるかもしれない。始皇帝が六国の城壁を壊し秦帝国内の交通障害を排除したことは、秦代列侯のあり方と関連する可能性がある。「列」侯という名称は、始皇帝期と武帝期における支配体制のあり方に左右されていたと考えられる。

以上のように、徹と列の字義より、徹侯なる名称と列侯なる名称の差異は流動性の有無に帰結する。推測するに、戦国時代を終結させた秦は、かつての封建領主に準えて二〇等爵の上位者に封邑を賜与したものの、社会の変遷により、侯国は戦国秦時代のような流動性を失い、固定的なものとなってしまった。その現実に沿って始皇帝期は徹侯を列侯に改称した。前漢初期においては、秦代の爵制を継承した王国時代の体制を踏襲し、漢の支配領域に侯国を設け、帝国が拡大するにつれて侯国は東方世界に点在するようになった。関の東西連絡を支配の要とする漢帝国の支配体制であるが、皇帝と功臣との人的結合関係を重視し、帝国と侯国との間の関所通過を許した結果、侯爵は再び流動的なものとなった。武帝期以降、皇帝の諱を避ける必要性を考慮し、おそらく「徹」と同義である「通」を名称に用い「通侯」にするか、時代を遡ってかつて秦の時代にあった「列侯」の名称にするかで困惑し、一時期は両方を同時に採用したと思われる。『史記』『漢書』の記述に通侯と列侯の名称が混在する理由となろう。ただし、使用例の多寡から窺えるように、漢代中葉以降の侯爵は漢初と比べて固定的なものとなっていき、「列」侯なる名称は次第に定着する。したがって、漢初と漢代中葉との間には、人間の移動ないしは社会の流動性において、ある程度の変化はあったと想定されよう。

おわりに

漢初において、高祖皇帝劉邦は近臣との関係を保つために、「符を剖かち、世々絶ゆる勿し」の約束を交わしたが、伝世史料には符の正体について明記されていない上、諸家の注にも検証されることがなかったゆえ、約束の内容は不明確であった。本章では通行証としての符を伝世史料に当てはめて考え、秦漢帝国移行期に見える符を考察した。

秦帝国から符を継承した漢帝国は、関中地域を拠点として符による権力構造を展開したと言える。楚漢戦争の中で、漢は同盟する諸王国を警戒すべく、符を用いて関所の東西交通を掌握し、地の利を生かして漢王と諸侯王との間に格差を付けた。漢帝国が樹立したのち、漢は都を櫟陽から長安へ遷しても、王国時代の措置を継承し諸侯王との剖符を継続した。やがて漢は支配領域の拡大および支配体制の維持に対応すべく、列侯を対象に剖符の措置を拡大した。その中で「符を剖かち、世々絶ゆる勿し」の条文が示すように、自由に関中地域を出入りする特権を永続的に所持する特殊な剖符事例が見られた。

中国古代帝国は、地域間の移動が厳しく規制される環境であった。そのもとで、移動規制を解除する符は、単純に通行証としての機能を果たしただけではなかった。信頼関係に基づく通行許可は、人と人の絆を深め、漢皇帝による符の下賜は都長安から離れる功臣との人的結合関係を維持する役割があったと言える。功臣位次（序列）の上位者の中で、関中地域と東方世界との往来を必要としない者、かの蕭何や張良などの大功臣でさえ、剖符の事例は見当たらない。そうすると、符は皇帝と功臣との精神的な結び付きに止まらず、漢帝国の東方世界への支配において、実務的にも具体的な役割を果たしたと考えるべきであろう。

かつて秦の始皇帝が大規模な巡幸を行うなど移動の特権を独占した。それに反して、漢の高祖劉邦は符を媒介として同盟国の諸侯王や帝国官僚の功臣に移動の特権を分与し、新たな広範囲の領域支配の仕方を模索していた。分断されている地域と地域を繋ぐため、漢は符を通じて移動の特権を共有する体制を築いていくことを選択した。それは、秦帝国の中央集権政策を採用せず、戦国時代にあった剖符の措置へ遡行した側面が見られる。この点はいわゆる郡国制の採用と同様に、漢初政策の方針と一貫していると言えよう。ところが、戦国時代の国々は外交手段として剖符の措置を施し、その対象はあくまでも国家の外部に当たる外国政権である。本章で考察した諸侯王や列侯などは、いずれにしても漢帝国の内部に位置付けられた存在である。果たして国家の外部との接続において、符による権力構造が如何に展開したか、漢帝国と周縁地域との剖符については次章の考察に譲りたい。

注

（1）栗原朋信「「封爵之誓」についての小研究」（『秦漢史の研究』吉川弘文館、一九六〇年）二八七頁～三〇五頁。

（2）工藤元男「戦国の会盟と符――馬王堆漢墓帛書『戦国縦横家書』二〇章をめぐって――」（『東洋史研究』第五三巻一号、一九九四年）。

一頁～二三頁、一九九四年）。

（3）楯身智志『前漢国家構造の研究』（早稲田大学出版部、二〇一六年）第三章一八八頁～一九三頁。

（4）仁井田陞『唐宋法律文書の研究』（東方文化学院東京研究所、一九三七年→東京大学出版会、一九八三年）第三編第二章八〇七頁～八一九頁。

（5）西嶋定生「中国古代帝国形成の一考察――漢の高祖とその功臣――」（『歴史学研究』一四一号、一九四九年→『中国古代国家と東アジア世界』東京大学出版会、一九八三年）二三五頁～二七一頁。

（6）李開元『漢帝国の成立と劉邦集団――軍功受益階層の研究――』（汲古書院、二〇〇〇年）第一章二五頁～六四頁。

（7）栗原朋信『秦漢史の研究』（注一前掲）第三・四・五章一六〇頁～二八三頁。

（8）阿部幸信「漢初「郡国制」再考」（『日本秦漢史学会会報』九号、五三頁～八〇頁、二〇〇八年）→『漢代の天下秩序と国家構造』（研文出版、二〇二二年）所収。

（9）『史記』巻九〇彭越列伝に「（漢五年）春、立彭越為梁王、都定陶」とある。

（10）もとより「虎符」という代表的な兵符は、兵の動員に使われるものとされるが、その源泉は関所通過の問題と繋がる。『周礼』掌節項と小行人項の記載をまとめれば、古代の節には金―玉―角―竹の等級があり、用務によって特殊な形状・形態を有する。虎符節（＝虎符）とは、金属を素材とし、形状は虎を形取り、割符の形態を有する節である。それは門関通過に使用するものだと明記される。詳細は第三章を参照。

（11）冨谷至編『江陵張家山二四七號墓出土漢律令の研究・譯注篇』（朋友書店、二〇〇六年）に「整理小組が「以下缺簡」と注する通り、条文は中途半端なところで終わる。これに続く簡があったはずである」とある。

（12）『史記』巻四〇楚世家に「肅王四年、蜀伐楚、取茲方。於是楚為扞関以距之」とある。

（13）『史記』巻七〇張儀列伝に「秦西有巴蜀、大船積粟、起於汶山、浮江已下、至楚三千餘里。舫船載卒、一舫載五十人與三月之食、下水而浮、一日行三百餘里、里数雖多、然而不費牛馬之力、不至十日而距扞関。扞関驚、則従境以東尽城守矣、黔中、巫郡非王之有」とある。

（14）『後漢書』列伝第七岑彭伝に「留威虜将軍馮駿軍江州」とあり、同条の考証について沈欽韓『後漢書疏證』（上海古籍出版社、一九九五年）に「江州、今重慶府巴県。疑馮駿此時未能越巴峡也。当江関之誤、即捍関也」とある。

(15)『漢書』巻二八地理志に「巴郡、秦置。……魚復、江関、都尉治。有橘官」とある。

(16)『漢書』巻二八地理志に「漢中郡、秦置。……長利。有鄖関」とある。

(17)『漢書』巻二八地理志に「弘農郡、武帝元鼎四年置。……弘農、故秦函谷関」とある。

(18) 扞関と百越の位置関係については第六章を参照。

(19) 工藤元男「戦国の会盟と符――馬王堆漢墓帛書『戦国縦横家書』二〇章をめぐって――」（注二前掲）を参照。

(20) 李開元『漢帝国の成立と劉邦集団』（注六前掲）を参照。

(21) 五井直弘「中国古代帝国の一性格――前漢における封建諸侯について――」（『漢代の豪族社会と国家』名著刊行会、二〇〇一年）第一章四一頁～七五頁を参照。

(22)『史記』巻九九劉敬列伝に「漢五年、已幷天下、諸侯共尊漢王為皇帝於定陶、叔孫通就其儀号。高帝悉去秦苛儀法、為簡易。羣臣飲酒争功、酔或妄呼、抜剣撃柱、高帝患之。叔孫通知上益厭之也、説上曰、「夫儒者難与進取、可与守成。臣願徴魯諸生、与臣弟子共起朝儀。」高帝曰、「得無難乎。」叔孫通曰、「五帝異楽、三王不同礼。礼者、因時世人情為之節文者也。故夏・殷・周之礼所因損益可知者、謂不相復也。臣願頗采古礼与秦儀雑就之。」上曰、「可試為之、令易知、度吾所能行為之」とある。

(23) 杉村伸二「漢初の郡国廟と入朝制度について――漢初郡国制と血縁的紐帯――」（『九州大学東洋史論集』三七号、一頁～二三頁、二〇〇九年）を参照。

(24) 福島大我『秦漢時代における皇帝と社会』（専修大学出版局、二〇一六年）第二章五九頁～七九頁を参照。

(25)『史記』巻一〇孝文本紀に「二年十月、丞相平卒、復以絳侯勃為丞相。上曰、朕聞古者諸侯建国千餘歳、各守其地、以時入貢、民不労苦、上下驩欣、靡有遺徳。今列侯多居長安、邑遠、吏卒給輸費苦、而列侯亦無由教馴其民。其令列侯之国、為吏及詔所止者、遣太子」とある。

(26) 五井氏（注（21）前掲）は、列侯が就国を嫌っていたことが支配構造の不安定さの現れであるとする。漢に絶対服従しているとは言えないものの、功臣は地方統治の役割を期待されている。その中で、直轄地でもなく遠隔地でもないその中間地に置かれたことは漢帝国の葛藤を表し、功臣の地方配置は消極的な意図があった。ところが、剖符によって功臣が移動の特権を分与されるまで、地方への浸透を図っていた漢帝国の施策は、むしろ積極的な意図があったと考えられる。

(27) 渡邉英幸「里耶秦簡「更名扁書」試釈――統一秦の国制変革と避諱規定――」（『古代文化』六六、四八九頁～五〇九頁、二〇一五年）を参照。

(28) 当該箇所に引く『史記索隠』に「爵卑於列侯、無封邑者。倫、類也、亦列侯之類」とある。

(29) 補足として、関内侯の名称について本書では「自己の関内すなわち勢力下にある侯」との理解に従う。詳細は楯身智志「関内侯の成立と展開」『前漢国家構造の研究』（前掲）第四章附論二九八頁～三二三頁を参照。

(30) 「二年律令」の発見以来、多くの論者が「二年」とは呂后二（前一八六）年のことであると推測してきた。一方で、論者によっては「二年」を高祖二（前二〇五）年とする見解も示されている。前者の場合、呂后元年以降の制定であるのが確実な条文が存在する点、墓主が病で退職したのが恵帝元（前一九四）年で、墓葬の時期はそれ以降である点がその論拠となっている。後者の場合、高祖二年に蕭何が「法令約束を為」したとされること、二年律令の条文に高祖の諱「邦」字は現れないが、恵帝以下の諱（盈・雉・恒）は使用されていることを論拠とする。現在のところ、呂后二年説が主流である。本書において二説のいずれにしても、前漢初期であることに変わりはないので、「二年律令」の「二年」を特定する作業を省く。

(31) 西嶋定生氏は秦の始皇帝が考案した皇帝号を絶対的な称号とし、「皇」と「帝」の組合せを「煌々たる上帝」と解釈する。よって、皇帝は天帝と対になる存在であり、天の権威を借りる「天子」号とは全く別の新しい概念であると指摘する。詳細は「皇帝支配の成立」『岩波講座世界歴史　第四巻古代四』（岩波書店、一九七〇年）第六章二一一頁～二二六頁を参照。

(32) 白川静「神聖王朝の構造」『白川静著作集1漢字I』（平凡社、一九九九年）第一編第三章七八頁～八三頁を参照。

(33) ここに見える「列」侯は「徹」侯のことを指す。如淳注は第二〇等爵と第一九等爵の相違を比較し、封地の所在を前者は関外に置き後者は関内に置くとする。ところが、関内侯を関中地域に封建された侯とする理解は秦漢時代を一貫せず、前漢武帝期以前に既に関外に封建された関内侯が見える（詳細は注（29）前掲楯身氏の論考を参照）。したがって、如淳注が語る事象は前漢武帝期より以前の時期を表すものであり、列侯との呼称は『漢書』の避諱に引きずられて述べているにすぎないと判断する。

（34）陳子龍・徐孚遠撰『史記測議』に「漢立関以稽諸侯出入、至此罷之、示天下一家之義也」とある。
（35）『史記』巻六秦始皇本紀三二年条。

第六章　扞関によって連結された秦漢帝国の南方交通
──漢越外交に介在する符の役割──

はじめに

漢帝国が中華世界の覇権を確立したことは、当時の「国際」社会に大きな影響を与えた。「統一」後にも関わらず南北戦争を繰り広げた秦帝国とは異なり、漢は外交を用いて周囲との友好を維持しようとする意図が見られた。中華世界の内部において、前章で言及したように漢は諸侯王や列侯を封建し、「国」を単位とする擬似的な独立政権を帝国の内部にその存在を許容した。そして中華世界の周縁地域において、民族・言語・文化といった面からして中華の外部に属する集団は、漢と相互に影響しながら外交関係を模索していった。

秦帝国の支配領域を継承した漢は、「中原」と呼ばれる東ユーラシア大陸の中央部を中心に国家支配を展開した。その四方には様々な集団が中原の混乱に乗じて、秦末の動乱から楚漢戦争期にかけて力を蓄えた。北方において匈奴は冒頓単于の統治下で、大国の東胡や月氏を破り、楼煩や白羊河南王を併合し、北方の一大勢力を築いて漢の最大の脅威となった。南方において秦の軍事長官（南海郡尉）である尉佗（または趙佗）は秦末の動乱を機に中央の支配から離脱し、桂林や象郡を併合して南越王国を築いた。同時に、越王句践の後裔である無諸・搖が漢の高祖劉邦の盟友として反秦戦争と楚漢戦争に参加し、それぞれ閩越王国・東甌王国を築き東南地方に割拠した。そのほかに、楚の遺民の一部が戦国楚の将軍荘蹻とともに西南夷に移住し、巴蜀地域と交易して漢の西南地方に富をもたらした。また、燕の遺民の一部が燕王盧綰の部下である満（または衛満）とともに朝鮮の西部に移住し、遼東地域と交易して漢の東北地方に富をもたらした。

このように、漢帝国の樹立と同時期にその外縁には様々な勢力が活動していた。これらの勢力は、在地の民を吸収して大勢力になるまで発展したが、その指導層の多くは中華の流民であった。かつて先秦時代には中華の常識が通用しない者を「夷狄」と蔑み、文化の差異によって双方の交流を拒んでいた。しかしながら、中華世界の事情を熟知する指導層の出現により、これらの周縁地域にも中華世界の常識が通用するようになったと考えられる。これをもとに、漢帝国の対外関係は斬新な局面を迎えた。

とりわけ、本書が注目した符の利用は、特定の国が用いた固有の制度ではなく、戦国秦漢の国々が広く認知していた常識であればこそ、符の交換は当該時期の外交を支える手段になり得たのである。ゆえに、符が中華世界の外部にも通用するためには、中華の流民の周縁地域への進出が重要な役割を果たしたと考えられる。漢帝国と周縁地域との間に展開した権力構造を考察するに当たって、中華と外縁との境界線上にある関所が発揮した役割を考察することが有効であろう。本書では、南方の関所である扜関の特殊性に注目する。

第一節　「津関令」に見える扜関の位置付け

『張家山漢簡』『二年律令』(1)には、津（渡し場）関（関所）を通過する時の規定を記した「津関令」の条文が見られる。

「二年律令・津関令」簡四九二に

二、御史に制詔す。其れ扜《う》関・鄖《うん》関・武関・函谷【関】・臨晋関、及び諸々の其の塞の河津に令し、禁じて黄金・諸々の奠黄金器及び銅を出だす毋からしめ、令を犯すこと有らば……(2)

とある。その内容は津関を通過する際に、黄金器類を携帯してはならないと規定しており、物資供給の流動性にかけられた規制に関連するものだと思われる。具体的には、五つの関所の名称が挙げられている。この物品移動の規制から、漢代の行政区画において、右記五関の内と外とは異なった行政区域であるように見える。すなわち、漢帝国の支配はこの五関によって区切られ、その内側のみが漢の直轄支配領域であるように見える。また、同様の性質を持つ条文は次の簡にも見られる。「同」簡五〇六に

□議す。民に禁じて私に馬を買ひ以て扜関・鄖関・函谷【関】・武関及び諸々河塞の津関より出づるを得ること毋かれ。其れ騎・軽車の馬、吏の乗・置の伝馬を買ふは、県各々〔以所買〕……(以下略)

とある。右によれば、一般民が私的に馬を購入した場合、一定の範囲内での使用が決められており、範囲「外」に持ち出してはならないと規制されている。その範囲として、扜関・鄖関・函谷関・武関などの名称が取り上げられ、臨晋関を除いた前記「同」簡四九二に記された四関の名称が見える。右記の条文は、個人の目的で馬を購入した、漢帝国の民の移動範囲について言及している。その移動範囲の限界である四関が、前記の五関と同様に漢帝国の支配範囲を区切っているように見える。

多くの論者は、この四関／五関の内側こそいわゆる関中地域であるとみなし、漢代初期の「中央」ひいては「首都圏」の範囲はこれらの関所の位置に比準されると論じる。王子今氏は(3)、簡四九二の五関が描く南北の縦線を、秦始皇帝期の咸陽—朐県が描く横線と対比し(4)、古代地理把握技術の広大さを説く中で、「大関中」(広義の関中)は法律の明

文によって規定され、その地理的観念は当時の人々に広く認識されていたとする。一方で、これらの関所を関中地域の基準とする意見に対して、慎重な態度を取る姿勢も見られる。何より、これらの関所の位置が中央の直轄地である秦の内史もしくは漢の三輔を包み込む形になっていない、との点はこれらの関所を関中地域の基準とすることに対する有力な反論となろう。

前章で述べたように、「関中地域」の概念について従来では「関の中側《うち》にある地域」との考え方が根強い。『史記』巻二二漢興以来将相名臣年表に「(高祖) 入りて関中を都とす」とあり、『史記索隠』に引く注は「東は函谷、南は嶢武、西は散関、北は蕭関。四関の中に在り、故に関中と曰ふ」という説明を加えた。東西南北の四関に包み込まれ、四関の中にあるが故に「関中地域」との理解は、一般的に受容されている。かの定説と比べて、「津関令」簡四九二に見える五関は、その内の一つがほかの四つの関所とかけ離れた場所に位置する影響で、内史／三輔を包囲する形が崩れる。「同」簡五〇六に見える四関にも同様の問題を指摘できる。中央の直轄地との連携が薄く、首都からかけ離れた関所と指摘されるのが、すなわち扞関である。

戦国～秦漢の国家形成において、関所の設置は都城の所在と密接な関係を持つ。藤田勝久氏[5]は天水放馬灘秦墓から出土した地図を用い、秦の領域形成と放馬灘付近の関所群との関連性を分析し、都を中心とする秦の領域支配には、関所を要所とし交通路によって分散地域を支配する側面があったと指摘する。都城と関所の関係に焦点を当てて「津関令」に見える関所に注目すると、戦国期の秦魏戦争の中で設置された臨晋関[6]、秦末において項羽軍に攻撃された函谷関、劉邦軍に攻撃された武関、酈商軍に攻撃された鄖関[7]、などの事象から、この四つの関所は秦の都咸陽を防衛する役割があったと裏付けられ、その機能は前漢初期における都長安の防衛に継承されたと考えられる。これらに対して、咸陽もしくは長安を防衛する扞関の役割について言及した伝世史料は確認できず、「津関令」に見える関所の中で扜関の異色さがより際立つ。

しかしながら、「津関令」は中央政府が頒布した律令である以上、朝廷で議論を重ねて決議したものに相違ない。その条文に見える四関／五関の名称は、単純に一例として挙げられたのではなく、多少なりとも中央にとって特別な意義を持つ可能性は高い。本章では扜関を考察対象とし、秦漢帝国における扜関の発揮した役割を明白にし、その設置と南方地域との関係性を探求したいと思う。

第二節　扜関の北上交通

「二年律令・津関令」に見える扜関について、『史記』『漢書』などの伝世史料からは記載を確認できないが、陳直(8)氏は『封泥攷略《ふうでいこうりゃく》』巻四・五三頁・裏「扜關長印」、『同』巻四・五四頁・裏「扜關尉印」を引き、出土文物を用いて扜関の存在を肯定する。氏は呉式芬(9)氏の考察を踏襲し、扜《う》関とはすなわち伝世史料に見える扞《こう》関のことであるとし、伝写の誤りによって扜関は扞関とされるようになったと説く。また、『張家山漢簡』の整理小組は扜関を扞関として捉える意見に同意した上で、扞は音通で江に作る場合があると理解する。名称こそ異なるが右のいずれにしても同一の地を指し、扜関を扞関（江関／捍関）(10)とするのは現状の有力な説である（混乱を避けるため、史料の表記は異なるが本書では「扜関」で統一する）。

扜関の位置について、『漢書』巻二八地理志上巴郡魚復県条(11)に江関都尉が見え、およそ今の四川省奉節県の東にある。その設置は、戦国時代の楚国によるものであるとされる。『史記』巻四〇楚世家に、

粛王四年、蜀楚を伐ち、茲方を取る。是に於いて楚扞関を為りて以て之を距む。

とある。楚の粛王四（前三七七）年に楚は蜀の侵攻を受け、それに対抗するために扞関を設置した。蜀と楚との対抗関係から設置された扞関には、楚の都郢を防衛する役割があったと考えられる。その後の発展として、『史記』巻六九蘇秦列伝に

秦の害する所は楚に如かず、楚彊となれば則ち秦弱となり、秦彊となれば則ち楚弱となり、其の勢いは両立せず。故に大王の為に計るに、従親して以て秦に孤《そむ》くに如かず。大王従親せざれば、秦必ず両軍を起こし、一軍は武関を出で、一軍は黔中に下り、則ち鄢郢動かんや。

とある。右の記述を参考にすれば、巴蜀の支配権を確立した秦は、秦―楚の鄢を侵攻する武関ルートと、秦―蜀―楚の郢を侵攻する黔中ルートの二通りの進軍路線があったことが窺える。この時点で、扞関の主な警戒対象は蜀から秦に切り替わったと言えよう。秦によって設置された関所とは異なり、扞関は楚の都郢の防衛を目的として設置されたため、「津関令」に見える他の関所とは当初より目的を異とし、時代が変遷しても咸陽城もしくは長安城の防衛に直結できないわけである。しかし、都城と関所との関係からして、扞関は決して例外的なものではなく、関所そのものとしての一般性を持つことがわかる。

秦の恵文王九（前三一六）年、秦は蜀を滅ぼした。その後暫くの間、扞関は楚が秦に対抗するための前線基地としての役割を果たしていたが、『史記』巻七三白起列伝に、

白起楚を攻め、鄢・鄧の五城を抜く。其の明くる年、楚を攻め、郢を抜き、夷陵を焼き、遂に東のかた竟陵に至る。楚王郢より亡去し、東のかた走りて陳に徙る。秦郢を以て南郡と為す。白起遷りて武安君と為る。武安君因りて楚を取り、巫・黔中郡を定む。

とあるように、秦の昭襄王期に将軍白起の引率のもとで、秦軍は楚の都郢を陥落させ、南郡の設置に導いた。同時に、

秦軍が郢を中心とする楚国中央部を占拠したため、楚の西部にある巫・黔中は孤立状態となり、白起はそれらを攻略して秦の支配範囲を拡大させた。地理的位置からして、この時点で扞関は秦の支配下に置かれるようになったと推定される。のちに、秦の支配領域は漢帝国によって継承され、扞関も漢の支配下に置かれるようになったのであろう。

そして時代が下って、『明史』巻四四地理志荊州府条に、

長陽州の西南。東南に清江有り。西に旧関堡有り、西南に蹇家園有り、南に漁洋関三巡検司有り。南に古の捍関有り。西に梅子八関有り。

とあり、『清史稿』巻六七地理志宜昌府条に、

明は夷陵州に隷し、荊州府に属す。……資丘鎮、古の扞関有り。

とあるように、近現代までその痕跡を残した。

秦の「統一」や秦末漢初の動乱はあったが、土地・交通路そのものは簡単に変化するものではない。扞関の地理上の役割は、設置当初の戦国時代から秦漢時代にかけて、時代が変遷してもなお一貫するように考えられる。蜀を対象に設置された扞関は、まず巴蜀地域との接続が見られる。『史記』巻七〇張儀列伝に、

秦は西に巴蜀有り、大船に粟を積み、汶山より起り、江に浮んで已て下る。楚に至るまで三千餘里。船を舫《なら》べ卒を載せる、一舫に五十人と三月の食を載せ、水に下りて浮ぶ。一日に行くこと三百餘里、里数多しと雖も、然れども牛馬の力を費やさず、十日に至らずして扞関に距《いた》らん。扞関驚かば、則ち境より以東は尽く城守せん。黔中・巫郡は王の有に非らざるなり。

とあるように、汶山を源流とする江水（揚子江）は西から東へと巴蜀地域と旧楚地域を貫通する。右の張儀の言葉は、秦の進軍は江水に下って扞関に到達でき、そして扞関さえ攻略すれば黔中・巫郡を容易く攻略できると豪語する。

誇張表現ではあるが、扞関を中心とする東西交通を概観できる一文である。すなわち、江水沿いにある扞関は、巴蜀地域の東の果てに位置し、巴郡から黔中郡・巫郡へ進入する時の要所であると窺える。逆の視点から見ても、『史記』巻一一六西南夷列伝に、

始め楚の威王の時、将軍の荘蹻をして兵を将ゐ江に循ひて上り、巴・蜀・黔中以西を略せしむ。荘蹻は、故の楚の荘王の苗裔なり。蹻滇池に至る。地は方三百里、旁《あまね》く平地にして、肥饒なること数千里、兵の威を以て定めて楚に属さしむ。帰りて報ぜんと欲するも、秦撃ちて楚の巴・黔中郡を奪ふに会ひ、道塞がりて通ぜず。因りて還り、其の衆を以て滇に王たり、服を変じ、其の俗に従ひ、以て之に長たり。

とあるように、楚の進軍も江水沿いの路線を使用していたことがわかる。その際、江水沿いにある扞関の通過が想定される。扞関を連絡口とする巴蜀地域と旧楚地域との接続は、水路のみではなく陸路にも通じ、一方通行のものではなく双方向のものだとわかる。その上で、楚の将軍荘蹻は秦の巴・黔中の侵攻を受け、楚国に戻る術を失って当地に留まったと記されている。このことを鑑みれば、巴郡と黔中郡は当時の東西を連絡する唯一の経路であり、その両地の境目に位置する扞関も、連絡口として重要な役割を発揮していたと考えられよう。

また、扞関を要所とする巴―楚の連絡は、前後漢移行期に至っても変わらないことは次の資料から窺える。

ア．『後漢書』列伝第三公孫述伝

（建武）六年、述戎与将軍の任滿を遣はして江関を出で、臨沮・夷陵の閒に下らしむ。……又た田戎及び大司徒の任滿・南郡太守の程汎を遣はして兵を将ゐて江関に下らしめ、威虜将軍の馮駿等を破り、巫及び夷陵・夷道を抜き、因りて荊門に拠る。

イ．『後漢書』列伝第七岑彭伝

（建武）十一年春、彭（岑彭）は呉漢及び誅虜将軍劉隆・輔威将軍臧宮・驍騎将軍劉歆と、南陽・武陵・南郡の兵を発し、又た桂陽・零陵・長沙の委輸棹卒を発すること、凡そ六万余人、騎五千匹、皆な荊門に会す。……任滿を斬り、程汎を生獲し、……自ら臧宮・劉歆を率ゐて長驅して江関に入る……彭は江州に到り、田戎の食多く、卒かに抜け難きを以て、馮駿を留めて之を守らしめ、自ら兵を引き利に乗じて直ちに墊江を指し、攻めて平曲を破り、其の米数十万石を収む。

右記の史料は、後漢初期における公孫述政権の興亡に関わる。巴蜀地域を拠点とする公孫述政権の東進において、ア．の史料が示すように公孫述の部下である田戎と任滿は扞関を通過して臨沮・夷陵の間に進出した。のちに、軍事行動へ移行した際にも扞関を経由して巫・夷陵・夷道を攻略した。一方で、イ．の史料が示すように、漢が公孫述政権を討伐するため、南陽・武陵・南郡の兵と、桂陽・零陵・長沙の戍卒を寄せ集めた岑彭の軍勢は、扞関を経由して江州に至り、墊江・平曲を攻略して西へ進行した。以上の史料から、先秦時代に開発された巴—楚の交通路は、前漢時代ないしは後漢時代にも継承され、扞関は当該時期の地域区分に即し、巴郡と南郡との連絡、ひいては益州と荊州との連絡を担う役割があったと確認できる。

江水をなぞる横の交通以外に、扞関は漢中郡と黔中郡（漢の武陵郡）からなる縦の交通を連繫させる役割があったと推定される。『漢書』巻二八地理志上巴郡条に

巴郡、秦より置く。……魚復・江関、都尉の治むるところなり。

とあり、『後漢書』志第二三郡国志巴郡条に、

巴郡、秦より置く。……魚復の扞水に扞関有り。

とあり、扞関の所在について伝世史料には巴郡魚復県にあったと明記される。木村正雄氏[12]の整理によれば、魚復県と

は古の魚国・庸国・南蛮国の地によって構成される。それと以下に引く『水経注』の記述を手掛かりにすれば、魚復県の一部は庸国または上庸国に作り、漢中郡の上庸県の前身に当たる。『水経注』沔水注に、

『春秋・文公十六年』に、楚人・秦人・巴人は庸を滅ぼす。庸は小国たり、楚に附く。楚の災有るときに救はず、群蛮を挙げて以て叛き、故に之を滅ぼして以て県と為す。漢中郡に属し、漢末又た分けて上庸郡と為す。

とある。春秋時代の魯の文公一六（前六一一）年、楚は庸国を滅ぼして県を設置した。秦漢時代に至っては漢中郡の属県となり、後漢に至っては郡として独立し上庸郡となる。秦漢時代の地域区分においてこそ、上庸と魚復は異なる県として設置されたが、古来ではその両地を跨ぐ政権が存在したとわかる。上庸県と魚復県の一部が元来一つの国のものであれば、行政支配において両地を繋ぐ交通路が存在すると見込まれる。古の庸国を背景に魚復県と上庸県の地理上の接続は肯定され、扞関を要所として漢中郡と黔中郡の縦の繋がりを特定することができる。

漢中郡は中央の直轄地である三輔地域と隣接する。藤田勝久氏[13]が紹介したように、漢中郡の郡治である南鄭（現漢中市）と長安（現西安市）との接続は四つのルートが存在する。①子午道、②褒斜道、③故道を通るルート、及び④武都郡と西漢水を通って、甘粛省礼県から天水市の方面に行くルートである。従来の指摘通り、②③④は西南への交通に使用される路線であり、三輔地域と巴蜀地域の接続が主な役割である。それと比べて、②③④よりずっと東に位置する①の子午道は、巴蜀地域との接続においては不便であり、西南の交通開発が進むにつれて衰退していくと思われ、後漢順帝期[14]には廃止されるようになった交通路である。しかし、関中と南方との縦の繋がりに注目した結果、①の子午道ルートには長安―漢中―扞関を繋ぐ重要な役割があったと指摘することができる。

もとより久村因氏[15]が指摘したように、漢代の漢中郡は、秦によって開発された西の部分（南鄭部）と、楚によって開発された東の部分（上庸部）の二部分で構成される。秦が上庸部の支配権を獲得したことで、都咸陽との直通道路

を開拓する必要性が生じた。ところが、周知の通り咸陽の南方は、太白山をはじめとする秦嶺山脈に囲まれる。したがって、関中地域と漢中郡上庸部を連結させるには、秦嶺山脈を貫通した道路を開拓しなければならないのである。子午道はこうした背景のもとで開通されたのである。そして、秦嶺山脈を横断する役割を持った道路として、子午道の使用は秦のみならず漢の時代にまで継承されていた。その経路について、『漢書』巻九九王莽伝上に

　子午道杜陵より直りて南山に絶《わた》り、漢中に徑《ゆ》く。

とあるように、子午道とは、長安の南に位置する杜陵から出発し、秦嶺山脈を越えて漢中郡に到達する交通路である(16)。子午道が開通した時期について、『史記』巻七〇張儀列伝に、

　秦張儀を遣はして子午道より蜀を伐たしむ。

とあるように、戦国秦の時代にすでに開通され、軍事利用で使用した痕跡が見られる。戦国秦・統一秦の時代を経て、関中地域を掌握した漢も子午道を使用していたと考えられる。秦が滅亡し項羽による封建体制が建立された間もない内に、楚の義帝は死去した。項羽政権が犯人だと見定めた漢王劉邦は、天下に檄文を発し項羽討伐に出兵した。その状況について、『史記』巻八高祖本紀（二年条）に「悉く関内の兵を発し、三河の士を収め、南のかた江漢に浮き以て下る」とある。具体的な移動経路について、『史記正義』はこの条文に対して次のように考証した。

　南のかた三河の士を収め、関内の兵を発し、雍州より子午道に入り、漢中に至り、漢水を歴て下り、是れより東行し、徐州に至り、楚を撃つ。

とある。唐の張守節の考証によれば、劉邦軍は子午道を経由して雍州から漢中に渡ったという。旧秦地域を統合した漢王国は、東進して南方の楚を攻撃するため、子午道を経由して漢中に至り、漢水を下って徐州に向かったのである。これを鑑みれば、子午道は楚漢戦争期にも軍事利用されていたとわかる。しかも、子午道は軍隊が通過できるほどの

規模を持つ交通路であると窺える。

このように、戦国時代より開通が確認され、楚漢戦争期にも使用されていた子午道は、当該時期の咸陽／長安—漢中の連絡を支えた。楚—秦—漢の継承関係を背景にして、秦漢帝国の都心部から扜関への縦交通の存在は肯定される。これにより、長安から杜陵へ移動し、子午道を経由して漢中郡に入り、漢中郡の属県である庸県へ移動しそこから魚復県に入り、魚復県にある扜関を通過して黔中郡に入る（長安—杜陵—子午道—漢中—庸—魚復—扜関—黔中）ルートが見えてくる。さらに、山田勝芳氏は（書き下し文は筆者による）『睡虎地秦簡』「法律答問」簡五七・簡五八の

「偽書を発き、智（知）らざれば、貲に二甲。」今咸陽に偽伝を発き、智（知）らざりて、即ち復た它県に伝を封じ、它県も亦た其の県次に伝え、関に到りて得。今独だ咸陽のみ坐として貲を以てするに当たるか、且つ它県にも尽く貲するに当たるか。咸陽及び它県発きて智（知）らざる者 皆な貲に当たる。

を引用し[17]、秦代の規定では首都の咸陽から多くの県を通過して、「関」に至るまで関所を通過した形跡が見られないと指摘する。加えて、氏は孟嘗君の故事を取り上げ、咸陽と関（函谷関）の間に内関がなかったことを秦の実情とする。氏が想定した状況が、「津関令」において函谷関と並列される扜関にも通用するのであれば、南方から来訪した旅行者は単一の通行証を用いて扜関を通過したのち、ほかの関所を経由することなく咸陽に入れる。そして秦律を継承した前漢初期においても、同じ経路で都長安に入れると推定される。この点からして、扜関は秦漢都心部と南の周縁地域を接続する連絡口として捉えられよう。漢の都長安と扜関との間に、地理的な隔たりこそあるが、首都—（内側）郡・県—関所—（外側）郡・県の接続関係からして、扜関までの範囲は漢にとっての内側として捉えられる。したがって、扜関までの範囲を漢帝国の直轄支配領域として捉え、扜関を関中地域の区切りとする意見は首肯できる。しかも、首都と扜関の間にあるのは、漢王国の受封地であった漢中郡であり、漢帝国発祥の地でもある。「関中」の

地域観念に漢中郡を包括して南へと伸ばしたのは、漢初の王国時代の「名残」であったのかもしれない。

第三節　扞関の南下交通

前節では、扞関を通過して北上するルートについて考察した。本節では、逆の視点から南下するルートについて考察したいと思う。前述したように、扞関の南方交通は黔中郡に至る。この南下ルートは、より正確に言うと、江水沿いにある扞関を通過し、江水を渡って黔中郡を経由して江水以南の領域に進出する交通路である。江水以南の地域は、中華世界にとって古来より未開の地であるとされるが、およそ秦漢時代より開発されるようになる。すなわち、『漢書』巻一高帝紀下（五年正月条）に

詔して曰く、故の衡山王の呉芮は子二人、兄の子一人と与に、百越の兵を従へ、以て諸侯を佐け、暴秦を誅し、大功有りて、諸侯立てて以て王と為す。項羽の侵奪の地、之を番君と謂ふ。其れ長沙・豫章・象郡・桂林・南海を以て番君の芮を立てて長沙王と為す。

とあるように、百越の兵を集結させた呉芮は、反秦戦争及び楚漢戦争の功績により、長沙・豫章・象郡・桂林・南海を領地とする長沙王として封建される。ここで見える長沙・象郡・桂林の地は、まさに黔中と隣接する南方の地域である。漢帝国は間接支配の形で江水以南地域の開発に取り組んだと言える。ところが、『同』巻一高帝紀下一二年一二月条の「詔して曰く、南武侯の織亦た粤の世なり、立てて以て南海王と為す」に付けられた曹魏の文穎注に、

高祖の五年、象郡・桂林・南海・長沙を以て呉芮を立てて長沙王と為すも、象郡・桂林・南海は尉佗に属し、佗未だに降らず。遙かに虚奪して以て芮を封ずるのみ。後に佗は漢に降り、十一年、更めて佗を立てて南越王と

為し、此れより三郡に王たり。芮唯だ長沙・桂林・零陵を得るのみ。

と指摘する。すなわち、漢帝国は象郡・桂林・南海・長沙を領地として呉芮を封建したが、事実上象郡・桂林を領有したのは尉佗の南越王国であった。ゆえに、黔中郡との接続は、長沙と南越の両方面から考えなければならないのである。(18)

一　長沙地域との接続

黔中郡の東は長沙地域と隣接する。その地域を支配する長沙王国の交通について、『史記』巻一〇六呉王濞列伝に、

越の長沙に直るは、王の子長沙以北を定むに因り、西のかた蜀・漢中に走《おもむ》く。

とある。もとより長沙南部は南越と境を接し、度々紛争に陥った。右によれば、長沙の王子が長沙北部の蜀・漢中に赴く道を安定させ、長沙の民の不安を解除させた。このように、長沙の北部から西へ向かうと、蜀・漢中への通路と接続する状況になっていた。およそ南郡もしくは黔中郡を経由すると想定されるが、前節の考察を踏まえれば、いずれにしても扜関を通過して長安に入るルートを利用できると推定される。ところが、長沙地域の地形を考慮すれば、長沙南部から長沙北部に向かうには、まず東進しなければならない。東から西へ向かってそこから北へと転進する当該路線は、実際のところ遠回りの道である。加えて、扜関を経由しなくても武関を経由することを選択でき、当該路線は長沙から長安に向かう唯一のルートではない。もとより、長沙の地理上の位置付けは旧楚地域に属するものである。それを示す史料として、『史記』巻一二九貨殖列伝に、

衡山・九江・江南・豫章・長沙、是れ南楚なり、其の俗大いに西楚に類す。

とある。長沙は楚の南部地域（南楚）に属し、その風俗は楚の西部地域（西楚）に近似すると記されている。更に傍

証となるのは、秦帝国が滅びたのち、項羽封建の下で楚の義帝は長沙の郴県に徙されたことである。楚を国号とする義帝の封地を、長沙地域に設置したことを考慮すれば、長沙と楚国との関連性は楚の民に広く認識されるものであったと窺える。したがって、長沙の交通を考えるに際し、まずは旧楚地域内の連絡を考慮する必要がある。とりわけ、旧楚地域の中心部を継承した秦漢時代の南郡は、長沙との繋がりが強いように思われる。南郡には、武関を通過して霸水の南から酈山の西を経由して咸陽／長安に入る交通路がある。この武関ルートは、秦漢帝国の南方交通を支える主要路線である。『史記』巻六秦始皇本紀（二八年条）に、

上南郡より武関に由りて帰す。

とあるように、秦の始皇帝の巡行にも使用されていた交通路である。のちに、漢の元封五（前一〇六）年の武帝の南郡から江陵を通って東に向かう巡行も、この交通路を使用していたとされる。皇帝の巡行に使用された交通路であれば、きちんと整備されている道路に相違ない。長沙から三輔地域に向かうには、武関ルートを主要路線としていたと考えたほうが妥当であろう。現に、『史記』巻八高祖本紀（五年条）に

番君（呉芮）の将梅鋗功有り、従ひて武関に入り、故に番君を徳とす。

とあるように、秦末において劉邦軍に協力した呉芮の軍は、将軍梅鋗の引率のもとで劉邦軍とともに武関を通過して咸陽入城を果たした。長沙から咸陽に向かうに当たって、武関ルートを使用した実例であると言える。したがって、長沙を出発した旅行者は、扞関を通過する北上ルートの使用も可能であるが、扞関にとって長沙地域との接続は、主要な目的ではないように思える。

二　南越王国との接続

黔中郡の南は、桂林・象と隣接する。中華世界に組み込まれていなかった当該地域は、外縁地域として扱われ蛮夷とされる越の民が生活する空間となっていた。そこには強力な政治共同体が現れず、まとまりがなく様々な部族が点在した。そのあり方から、虚数の百を付けられて総じて百越と呼ばれる。戦乱の中では干渉できなかった外縁地域であるが、中華世界の統合を果たした秦帝国は、次第に軍事行動を用いて百越への進出をはかった。『史記』巻六秦始皇本紀に

> 三十三年、諸々の嘗つての逋亡せる人・贅壻・賈人を発して陸梁の地を略取し、桂林・象郡・南海を為し・以て適して遣りて戍らしむ。

とある。始皇帝の三三（前二一四）年に、秦は亡人（罪あって逃亡していた者）・贅婿（入り婿）・賈人（商人）を動員して南方の地(19)を攻略し、桂林・象・南海の諸郡を設置した。秦の南方攻略について、賈誼の『過秦論』に、

> 南のかた百越の地を取り、以て桂林・象郡と為し・百越の君は首を俛せ頸を係ぎ、下吏に委命す。

とあり、『史記』の記述の補足になると考えられる。右記によれば、百越の地を征服した秦は百越の各部族の長を役人として任命し、百越の地を秦の支配体制に組み込んだ。秦の対越戦争について、史料が乏しく不明瞭な部分は多いが、秦—越の進出路線はおよそ次の史料から窺える。『史記』巻一一三南越列伝に、

> 南海尉の任囂病して且に死さんとし、龍川令の趙佗を召して語りて曰く、……秦無道と為り、天下之に苦しむ……吾兵を興し新道を絶ち、自ら備え、諸侯の変ずるを待たんと欲するも、会々病甚だし。且つ番禺山の険なるを負ひ、南海を阻み、東西すること数千里なり、頗る中国の人の相輔有り、此れ亦た一州の主なり、以て立国すべし、

と。……囂死す、佗即ちに檄を移し横浦・陽山・湟谿関に告げて曰く、盗兵且に至らん、急ぎて道を絶ち兵を聚めて自ら守れ、と。

とある。秦末の動乱に直面し、南海尉の任囂は部下の尉（趙）佗に「新道」を断ち切って割拠するよう遺言を残した。それに従い尉佗は任囂の死後に直ちに横浦・陽山・湟谿の三関の道を断ち切るよう命令した。この文脈に鑑みれば、任囂が言う「新道」とは横浦・陽山・湟谿の三関の道であったと見て差し支えなかろう。この「新道」について、当該箇所に見える『史記索隠』は曹魏の蘇林注を引き、

秦の越に通ずる所の道なり。

とあり、秦越交通に使用されていた道であるとする。それに従えば、秦から越への進軍は、この「新道」すなわち横浦・陽山・湟谿の三関のルートを経由したと考えられる。戦争状態になるまで交流がなかった秦—越の間に、軍事行動に伴って右の交通路が開発されるようになったのであろう。この三関の位置について、諸家の考証によって大まかな位置が判明されている。以下は『史記索隠』と『水経注』の考証を参考にし、譚其驤編『中国歴史地図集』（中国地図出版社、一九八二年）に従って三関の位置を特定する[20]。

①横浦関について、

『史記索隠』に「『南康記[21]』に云く、南野県大庾嶺より三十里にして横浦に至り、秦の時の関有り、其の下は謂ひて「塞上」と為す、と」とある。これに基づけば、横浦関は今の広東省南雄市の東北にある。

②陽山関について、

『史記索隠』に「姚氏[22]案ずるに、地理志に云く、掲陽に陽山県有り。今此の県の上流より百餘里にして騎田嶺有り、

当に是れ陽山関たるべし、と」とある。これに基づけば、陽山関は今の広東省陽山県の西北にある。

③湟谿関について、

または洭浦関に作る。[23]『水経注』巻三八溱水篇に「湞陽県を過ぎ、洭浦関を出で、桂水と合し、南のかた海に入る」とあり、『同』巻三九洭水篇に「南のかた洭浦関を出で、桂水と為す」とある。これに基づけば、湟谿関は溱水と洭水が交差するところにあり、今の広東省英徳市の西南にある。

右記の三関の位置からして、秦―越を繋ぐ「新道」とは長沙郡と盧江郡を経由して南下するルートに該当する。鶴間和幸氏[24]は秦の楚越支配は一本の南北ラインに支えられ、咸陽―武関―漢水―郢―湘水―灕水―番禺を下る形で進行していたと指摘する。この河川ラインを陸路で示すと、およそ咸陽―藍田―武関―南陽―南郡―長沙／盧江―越（南海・番禺）となる。後に前漢武帝の南越侵攻にも使用された当該路線は、水の力を活用し、人と物資を大量に西から東へと運べる設計となっていたのであろう。

ところが、秦が百越を支配していた時期、始皇帝の巡行に越地の巡察はなかったとの事情から、『史記』巻一一三南越列伝に見える「新道」との名称からも窺えるように、この路線は新たに開発された交通路であると思われる。秦末漢初において、百越地域との交通はまだ模索の段階であったと言える。武関を経由する右のルートは、必ずしも百越地域に進入する正規の交通路とは断言できない。

秦の滅亡に伴い、百越の地は秦の支配から解放されるようになる。秦が越地に残した「遺産」を受け継ぎ、百越の地を支配したのは、前述の尉佗である。『史記』巻一一三南越列伝に、

秦已に破滅するや、佗即ち撃ちて桂林・象郡を幷し、自ら立てて南越武王と為す。

とあるように、尉佗は南海を拠点に西へ進出し、桂林・象を併合して南越王国を建立し自ら南越武王と称した。黔中郡に隣接する桂林・象の併合により、百越から扞関を通過して北上するルートが開通されるようになったと考えられる。

以上の情報を整理すると、漢の時代において中央部である三輔地域と百越地域を結ぶ通路はおよそ以下の二通りがある。

①長安―杜陵―子午道―漢中―庸―魚復―扞関―黔中―象―桂林―南海

②長安―藍田―武関―南陽―南郡―長沙／廬江―越（南海・番禺）

この二つの路線の中で、②の武関ルートは長沙地域を通過する必要がある。南越王国と長沙王国との険悪な関係（詳細は後述する）を考慮すれば、南越王国は①の扞関ルートをより重視したと推測される。

漢初において扞関の交通は、西は巴蜀地域、東は旧楚地域、南は黔中郡を経由して長沙王国と南越王国に通じる。帝国の都心部と周縁地域ひいては外国政権を接続する役割があった扞関は、漢帝国にとって特別な意義を持つのであろう。その中で、巴蜀地域には更に西から長安に向かうルートがある。旧楚地域と長沙王国は武関ルートを正規の交通路とする。それらの環境と比べ、南越王国は扞関ルートの利用をより重視したと想定される。したがって、漢帝国が扞関を重視した理由は、それを利用した南越王国との接続にあるのであろう。

第四節　符によって結ばれる漢越の外交

南越王国は秦の崩壊に伴って建国し、中華世界から独立した政権に成長していく。一方で、中華世界は秦末の動乱や楚漢戦争を経て漢帝国は全国支配を果たした。ほぼ同時期に樹立した両政権の交流もまたいち早く開始されていた。漢越両国の外交関係は漢の高祖期からすでに始まっていた。『史記』巻一一三南越列伝に、

漢の十一年、陸賈を遣はして因りて佗を立てて南越王と為し、与に符を剖かちて使を通じ、百越を和集し、南邊の患害を為す毋からしめ、長沙と境を接す。

とある。右の記事から、漢の高祖劉邦は南越と国交を結ぶために、まずは功臣の陸賈を派遣し尉佗の南越王としての地位を確定させた。その上で南越に符を分け与えて外交を行った。その結果、漢越両国の境目には平和がもたらされたという。ここで見える符は、本書では国符と呼称し、通行証でありながら当該時期の外交に関わる重要な物品である。それによって、各国は使者を送り合い、複雑な政治環境の中で交流し続けていたと考えられる（詳細は第一章を参照）。この事象は秦漢帝国に継承され、漢越の間に見える符にも同様な役割があったと思われる。中国古代社会には様々な通行証が存在する。その中で、冨谷至氏[25]は符は諸々の「わりふ」と機能を異とし、符の使用は関所の通過に限定されたものである。しかも、それは一定の関所を通過するにあたって、特定の用務において、封印の手間などの煩雑さを省略した簡易な通行証であると指摘する。氏の意見に従えば、漢と越の間で交換された符は、特定した関所のみ通過できる通行証である。本章のいままでの考察を踏まえれば、漢と越との間で交換された符の使用箇所は、およそ①扜関ルートと②武関ルートのいずれかに絞ることは可能であろう。

この二つの路線の中で、先にも言及したように②の場合は長沙王国を通過する必要がある。長沙王国とは、異姓諸侯王国として前漢の文帝期まで存続していた。劉氏との繋がりが薄い点から、諸侯王国としての独立性が強いと言われる。その独立性の強さは、南越との関係にも影響したと考えられる。吉開将人氏[26]は南越王国と長沙王国との抗争は「覇王」的勢力同士の覇権争いという性質を備えたとする、首肯できる意見である。独立国として振る舞った長沙王

国は、漢帝国とは無関係に南越王国と独立した外交を行った。その一端を窺える一文が次の史料に見える。『史記』巻一一三南越列伝に、

高后の時、有司請ひて南越の鉄器を関市するを禁ず。佗曰く、高帝我を立て、使物を通ぜり。今高后讒臣に聴きて、蛮夷を別異し、器物を隔絶す。此れ必ず長沙王の計なり。中国に倚りて撃ちて南越を滅ぼして幷せて之に王とし、自ら功と為さんと欲するなり。是に於いて佗乃ち自ら尊びて号して南越武帝と為し、兵を発そて長沙辺邑を攻め、数県を敗りて去る。

とある。呂后期の鉄器売買の禁制を受け、尉佗は長沙王国が漢帝国と協力して南越王国を滅ぼそうとしたと疑い、兵を動員して長沙王国を攻撃した。右の史料から、国境を接する南越と長沙は互いに疑心暗鬼の状態であり、険悪な関係にあったとわかる。同時に、長沙―越の関係は独立したものであり、漢―越の関係と平行しているように見える。漢が外交のために越に符を分け与えていたと同様に、長沙も外交の伝統に則って越に符を分け与えたと推測される。それぞれの符は、言うまでもなく自国の関所を通過させるためのものである。漢帝国・長沙王国・南越王国の三者がそれぞれ独立した外交を展開したならば、漢符と長沙符の使用区域は重ならないはずである。したがって、漢と越の外交関係に用いられた符は、長沙地域の通過を想定されず、扞関ルートを利用するためのものであったと推定できる。次の史料はその傍証となろう。「津関令」簡四九三に、

□、御史に制詔す。其れ諸々の関に令し、禁じて私金器・鉄を出だすこと毋からしむ。其れ金器を以て入るるは、関　謹みて籍書し、出るとき復た以て閲し、之を出だす。器を籍するとき、飾り及び服する所は此の令を用ゐず。

とある。右記の「津関令」の条文は、本章の冒頭に取り上げた簡四九二に続く簡四九三の条文である。その内容は、関外への輸出を禁止された物品を明記し、関中に輸入される金器への対処を明記した。とりわけ、輸出を禁止された

物品に関して、金器の他に鉄器にも言及される。その対象は、「其令諸関」とのみ記され、本条からその対象を特定しかねる。しかしながら、この簡と簡四九二との接続を考えれば、簡四九二に取り上げられた五つの関所がそれに該当する可能性がある。『二年律令』に見える呂后二年における鉄器輸出の禁止と、『史記』に見える呂后期に禁止された南越との鉄器貿易、この両者は直結した関係のように見える。そして「関市」「関」などの語を媒介として『史記』と『二年律令』を併せて理解しようとすれば、その裏にある扞関の存在が浮かぶであろう。

戦国時代の国符は、史料の限界により政治外交の側面しか見えないが、漢越の貿易関係を背景にして、扞関の通過に利用された符には経済的側面が見える。まず、漢から越への物流は次の史料から見える。『漢書』巻九五南粤伝に、

高后の時、有司請ひて粤の鉄器を関市するを禁ず。……高后自ら用事に臨み、細士に近づげ、讒臣を信じ、蛮夷を別異し、令を出だして曰く、蛮夷外粤に金鉄田器を予へ毋からしめよ。馬牛羊即し予ふれば、牡を予へ、牝を与へること毋からしめよ、と。

とある。右記は『史記』巻一一三南越列伝の引用と同様の箇所に該当するが、呂后期における鉄器貿易の禁止を記されているほか、馬・牛・羊などの動物売買への制限も言及されている。それによれば、金・鉄の売買は禁止されが、馬・牛・羊などの動物の売買はオスのみが許される。越地で動物が繁殖しないように、メスの売買を禁じ貿易に規制をかけたのであろう。この事柄から、漢越の外交関係の下で、越は漢帝国から金器・鉄器・馬・牛・羊など、日常生活を支える物資を輸入していた側面が窺える。一方で、越から漢への物流は次の史料から見える。『淮南子』巻一八人間訓に、

又た越の犀角・象歯・翡翠・珠璣を利とし、乃ち尉の屠睢をして卒五十万を発し、五軍と為し、一軍は鐔城の嶺を塞ぎ、一軍は九疑の塞を守り、一軍は番禺の都に処り、一軍は南野の界を守り、一軍は餘幹の水を結ばしむ。

三年にして甲を解かざりて弩を馳めず。

とある。右記によれば、秦は越から利益を得ようとし、尉の屠睢を派遣して越を攻略した。その際に、秦が目当てとした越の「利」について、犀角・象歯・翡翠・珠璣などの珍宝の名称が取り上げられた。秦に続く漢の時代においても、中華世界では入手し難いこれらの珍宝は需要があろう。したがって、限られた史料の中で漢越貿易の全貌が見えないが、少なくとも越は漢から日用品、漢は越から贅沢品を入手し、互いに利となるものが売買されていた側面が見られる。そして、この貿易関係を結び合わせたのが、符の存在であると考えられる。外国政権との貿易において、符の必要性は次の史料から窺える。『漢書』巻五〇汲黯伝に、

匈奴の渾邪王衆を帥ゐて來降す。後に渾邪王至り、賈人与に市する者、坐《つみ》として死に当たるもの五百餘人。……黯入りて……曰く、……愚民安くんぞ市して長安中に買ひ、而して文吏縄し、以て財物を闌出すると為して辺関の如きを知らんや。陛下縦ひ能く匈奴の贏を得て以て天下に謝せざれど、又た微文を以て無知なる者五百餘人を殺せば、臣竊かに為ふに陛下の取らざる所なり、と。

とある。前漢の武帝期に匈奴の渾邪王は漢に降伏し、関外から漢の都長安に入朝した。渾邪王が長安に入城した際に、彼と商売したことで死罪を問われた者が五百人余りいた。その理由は、渾邪王の所属は関外であり、彼との商売は物品を関外に売り出すことと同義である、とのことが考えられる。したがって、漢帝国の法的手続きを経なければ、関外の者との商売は法律によって禁止される。右に見える汲黯の諫言から、当該事件で罪を問われた者は「闌出財物」[27]の規定に抵触したとわかる。この「闌出財物」について西晋の臣瓚注に、

符伝無きて出入するは闌と為るなり。

とある。これによれば、渾邪王事件で下された処罰は通行証である符・伝の規定に関連する。それを手掛かりにすれ

ば、『睡虎地秦簡』「法律答問」簡一八四に、

客の未だ布吏せずしてともに賈えば、貲に一甲。何を「布吏」と謂ふか。・符伝を吏に詣すこと是れ「布吏」と謂ふ。

とある。右記のように、符・伝などの通行証の所持者はそれを役所に提出（布吏）するまで、商売してはいけないと秦代の律令に規定されていた。そして秦律を継承した漢律も、この規定を継承した可能性が高い。すなわち、地域を越えた貿易では物品の出所を明白にする必要がある。通商ルートを確認するため、商人は通過した関所を記した通行証を役所に提出する必要があった。渾邪王の事例を鑑みれば、この律令規定は国内のみならず、国外にも適用されると推定できる。ただし、処罰対象は律令によって束縛される自国の民のみとなっているのであろう。

これらの情報を総合すると、漢越の貿易は扞関の通過を必須条件としている。漢帝国から南越王国に分け与えられた符は、越から漢への移動路線を限定した。複数の移動路線が存在する中で、扞関ルートの指定は南越王国と険悪な関係にある長沙王国との接触を避ける効果があったと言える。南越王国は鉄や馬などの日用品を中華世界から輸入する必要があるものの、漢に決められた移動路線を使用しその証明となる符を提出しなければ、商売する資格を得られない。漢越の貿易は交通上の規制を強いられていたことがわかる。したがって、漢帝国は符を通じて境界線上の紛争を減らすことができたのであり、交通から派生した権力を用いて直轄地以外の地域に干渉したと言えよう。

第五節　扞関の管轄形態——諸関所と合わせて——

ここまでの考察では、扞関と首都との交通関係を検討していく中で、南越との連絡は扞関の重要な役割の一つであ

ると推定した。その上で、漢越の外交及び貿易関係について論じた。本節では、周縁地域との接続において、扞関が如何にその機能を果たしたかを考えてみたいと思う。

まず、前記の『漢書』巻二八地理志上（巴郡条）に「江関、都尉の治むる所なり」とあるように、扞関は都尉が管轄するところであった。これと類似する記述として、『漢書』巻二八地理志下敦煌郡条に、

陽関・玉門関有り、皆な都尉の治むるところなり。

とあり、同年代の陽関と玉門関も都尉が管轄していたとわかる。加えて武関と函谷関も都尉に管轄されていたと、伝世史料の記事に散見される。したがって、全ての関所に対して一概に言えるか否かは更なる検証を必要とするが、漢代の官僚制度において都尉が関所を管轄していた側面があると見られる。関所を管轄する都尉について、『漢書』巻六〇杜欽伝に、

（杜業を）復して函谷関都尉と為す。

とあり、『漢書』巻六九辛慶忌伝に

中子の遵（辛遵）函谷関都尉たり。

とあり、『漢書』巻七六張敞伝に

（張敞を）復して出だして函谷関都尉と為す。

とあるように、「函谷関都尉」の名称は『漢書』に散見される。それらを手掛かりにすれば、『漢書』巻一九百官公卿表上に、

関都尉、秦官なり。農都尉、国都尉に属す。皆な武帝初めて置く。

とあり、「関都尉」の役職は秦の時代より設置され、名称からすれば関所を管轄する専門職のように見える。ところ

が、百官公卿表には関都尉の職掌について詳細に言及しておらず、その実態は不明である。そもそも都尉の名称が付く官職は伝世史料に多くみられ、その実態も多岐にわたる。史料の限界により、関所を管轄する都尉の実態を特定するのは困難であるが、かつて鎌田重雄氏(28)は、内郡地域・三輔地域・辺郡地域の三地域別に都尉の職掌を考察する中で、それぞれの地域の都尉は幾分かの変改が見られるも、都尉の職掌は三者を通じての一般的規制であると指摘する。氏の意見に従えば、多岐にわたる「○○都尉」の職も、都尉を原点に発展したものであり、関都尉に都尉の職掌と通じる一般的規定が存在する。この仮説の傍証として、次の史料に見える「備塞都尉」を取り上げたいと思う。「津関令」簡五二三～簡五二四に

廿三、丞相の備塞都尉の書を上まつりて、請ふ。夾谿の河の為に関を置き、諸れ漕もて河中を上下するときは、皆な伝を発せよ。及び河の北の県をして亭を為り、夾谿の関と相い直さしむ。・闌出入するもの、之を越えるもの、及び吏・卒の主者は、皆な越塞闌関令に比はんことを、と。・丞相、御史以聞す。制して曰く、可なり、と。

とあり、備塞都尉と関所との関係を記している。右記の条文によると、備塞都尉より上申された提言が朝議で採択され、夾谿河の管轄のために関所を設置することになった。関所の設置後における出入りの規定を新たに設けることなく、以前中央が制定した「越塞闌関令」に比準するように、とのことである。中央政府の指示には、新たな関所を管轄するための役職を設置することについて言及されておらず、新設される夾谿の関は備塞都尉に一任し、律令の規定に沿って管轄するように示した。ここで見える備塞都尉とは、『二年律令』秩律簡四四〇～四四一に、

御史大夫・廷尉・内史・典客・中尉・車騎尉・大(太)僕・長信詹事・少府令・備塞都尉・郡守、尉・□(衛)将軍・□(衛)尉、漢中大夫令、漢郎中・奉常、秩各おの二千石。御史【丞】・丞相・相国長史、秩各おの千石。

とあるように、郡尉と同等の二千石の高級官僚である。『後漢書』列伝第七一独行列伝（彭脩伝）の「後に郡に仕えて功曹と為し、時に西部都尉の宰鼂は太守の事を行る」に引く応劭の『漢官儀』に、

都尉、秦官なり。本名は郡尉なり。太守の其の武職を典どるを佐けるを掌り、秩は比二千石なり。孝景の時に名を都尉に更む、と。

とある。それによれば、郡尉とは都尉からの改称である。官名の改称は漢初によく見られる事象であり、多くの場合改称の前後において役職の性格上の変化は見られないように思われる。以上を踏まえれば、都尉―関都尉―備塞都尉の三者の間には、職掌上に共通するものがあるように考えられる。ちなみに、都尉と関都尉は同じく光武帝の建武年間に役目を終え、廃置するようになった。これも両者の職掌の類似性に関連する事象であろう。

以上の推論に大過がなければ、扞関の管轄を任された都尉の職掌は、郡尉のそれに比準すると見て差し支えなかろう。郡尉の職掌について、伝世史料には次のように記している。『漢書』巻一九百官公卿表上に

郡尉、秦官なり、守の武職甲卒を典どるを佐けるを掌り、秩は比二千石なり。丞有り、秩は皆な六百石なり。景帝中二年に名を都尉に更む。

とある。右記のとおり、都尉の職掌は主に軍事面から太守を補佐することである。『北堂書鈔』巻六三設官部・都尉一〇一[29]に「太守を佐けて副将と為す」とあり、その注に引く『漢官解詁』[30]に「都尉、郡各おの一人、太守の言を副佐す。太守と与に倶に銀印を受け、符を部けて任に之き、一郡の副将なり」とある。都尉は任務の遂行にあたって、符を分け与えられると記されている。そこから推論すれば、扞関を管轄する都尉も符を所持し扞関の管轄を行ったと推定できる。ここで見える符は、前記で言及したように関所の通行証であれば、扞関を管轄する都尉が所持する符は、当然扞関を通過するための符である。したがって、扞関を管轄する都尉は扞関の内外を自由に通過できる権限を持ち、

それを用いて扜関防衛の任務を完遂させた。言うなれば、軍事権の委任に伴う交通権の譲渡の一端を示しているのであろう。具体的には、『太平御覧』巻二四一・職官部三九・都尉に引く『漢官解詁』に「都尉は兵を将ゐ、太守を副佐す。盗賊に備ふるなり」とあるように、外国からの侵攻だけではなく、国内の盗賊の類を警戒する役目があった。盗賊とは、国家にとっての不安定要素であれば、蛮夷とされる巴蜀や越などの外族や、前記に見える秦から南越への遷民も含まれよう。確かに『史記』巻一二九貨殖列伝に、

秦の末世、不軌の民を南陽に遷す。南陽の西は武関・扜関に通じ、東南は漢・江・淮を受く。

とあり、秦は武関、扜関の外側に「不軌の民」を移住させた記事が見られる。関所の外側に不安定要素となる対象を置き、その逆襲を予防する役目は関所にあったと推測される。「津関令」に見える「越塞闌関」の表現とは、関所なる定点の通過と塞なる境界線の超越を含む。地域と地域との往来には、点と線の両方面から通過規定を設けられる。前記「津関令」簡五二三~簡五二四に見える夾谿関と河水（黄河）の関係には、関所と河からなる点と線の関係が見える。洛水沿いにある臨晋関、河水沿いにある函谷関、丹水沿いにある武関、沔水沿いにある扜関も、その関係に準じて機能していたように思える。したがって、江水沿いにある扜関は、定点の通過チェックのみではなく、江水を線として防衛ラインを敷き、関中地域の外側を警戒する役割を持とう。

国防などの軍事目的の他に、関所は関税徴収を目的に設けられたと言われる[31]。その税収こそ関所の運営を支える根底的なものであると言える。関所の運営と税収との関係は次の史料から窺える。『漢書』巻六武帝紀（太初四年条）に、

弘農都尉を徙して武関を治めしめ、出入する者に税し以て関の吏卒の食に給ふ。

とある。弘農都尉の管轄下にある武関は、武関を通過する税収を用いて関所に務める官吏を養ったというので、税金の収入は武関の運営を支えたとの側面が窺われる[32]。扜関の場合では、本章で考察してきたように巴蜀―南郡の物資輸

送と、漢—南越の鉄・動物の売買があった。その貿易で徴収した税金によって、扞関の運営を成り立たせたのではないかと考えられる。地域を越えた貿易形態の中には、前記の「関市」語が示したように、関所の管轄下において売買を行う市場があった。この関市に関連する律令規定、いわゆる「関市律」は簡牘史料からいくつか見られる。次にその一例を取り上げる。『二年律令』関市律簡二六〇～簡二六二に、

　市販するに匿して自ら占租せざるは、匿する所の租臧を坐《つみ》として盗と為し、其の販売する所のもの及び賈銭を県官に没入し、之を列より奪う。列長・伍長の告げざるは、罰金各々一斤。嗇夫・吏主者の得ざるは、罰金各々二両。諸れ人を詐紿して以て取る有り、及び販売・貿買して人を詐紿する有るは、皆な臧に坐して盗と同灋、罪の耐以下は……。

とある。市で販売する者が利益を隠匿した場合は、その商品や売上金を没収するように規定されている。関市における売買は、役人の管轄の下で行われていたと窺える。管理責任を追及されて罰金刑を加えられる対象に、嗇夫の名称が見られる。ここで見える嗇夫は、「関市律」の記載対象からして、いわゆる関嗇夫のことを指す。『居延漢簡』などにも名称が見られ、関都尉の所属である[33]。したがって、扞関を管轄する役人は、扞関での貿易を仲裁し、その貿易の中で得た利益から税金を徴収し、関所の運営に当たったと推論できる。もちろん、

ウ・『睡虎地秦簡』「秦律十八種」簡九七に

　作務を為するに官府の市に及べば、銭を受けて必ず輒ち其の銭を缿中に入れ、市の者をして其の入るるを見せしめ、令に従はざる者は貲に一甲　関市。

エ・『嶽麓秦簡（肆）』簡二四三に

関市律に曰く、県官売買有るや、必ず令史をして監せしめ、令に従はざる者は、貲に一甲。

などの史料が示すように、官府が介在する関市の貿易には公平性を保とうとする国家意思が見られる。ウ．の史料から、公務上の売買など官府を対象とする貿易は、官府側は売り上げで得た金銭を缿（かめ）に入れ、市場中の人々に見えるように振る舞うという、貿易の透明性を高める意図が見られる。エ．の史料から、県の役人は関市で売買を行う時に、必ず文書官である令史に随行してもらうように行動するという、権力者を抑制して貿易の公平性を尊重する意図が見られる。このように、関市の運営には関所の役人が関与し、貿易が公平に行われるように監督されている。扜関の場合は、漢越を含めた貿易による税収がその運営を支える側面があったと推定され、漢越外交の状態は扜関の存亡（満足に機能するか否か）に関わる。中国古代国家において、貿易と外交の両者は表裏一体の関係である。ちなみに、『二年律令』関市律簡二五八～簡二五九に、

繒布の幅二尺二寸に盈たざるものを販買するは、之を没入せよ。能く捕へて告げる者、以て之を畀す。絺緒、縞繙、纔縁、朱縷、罽、緡布、縠、荃蔞は、此の律を用ゐず。

とあるように、荃[34]など南方地域（今の広州・潮州）の物産で、越の支配領域に属するものが見られ、漢越の間で貿易が行われたことを強く示唆している。

おわりに

本章では『二年律令』津関令に見える扜関を対象に考察を加え、その位置する南方の地理と周辺環境を把握し、扜

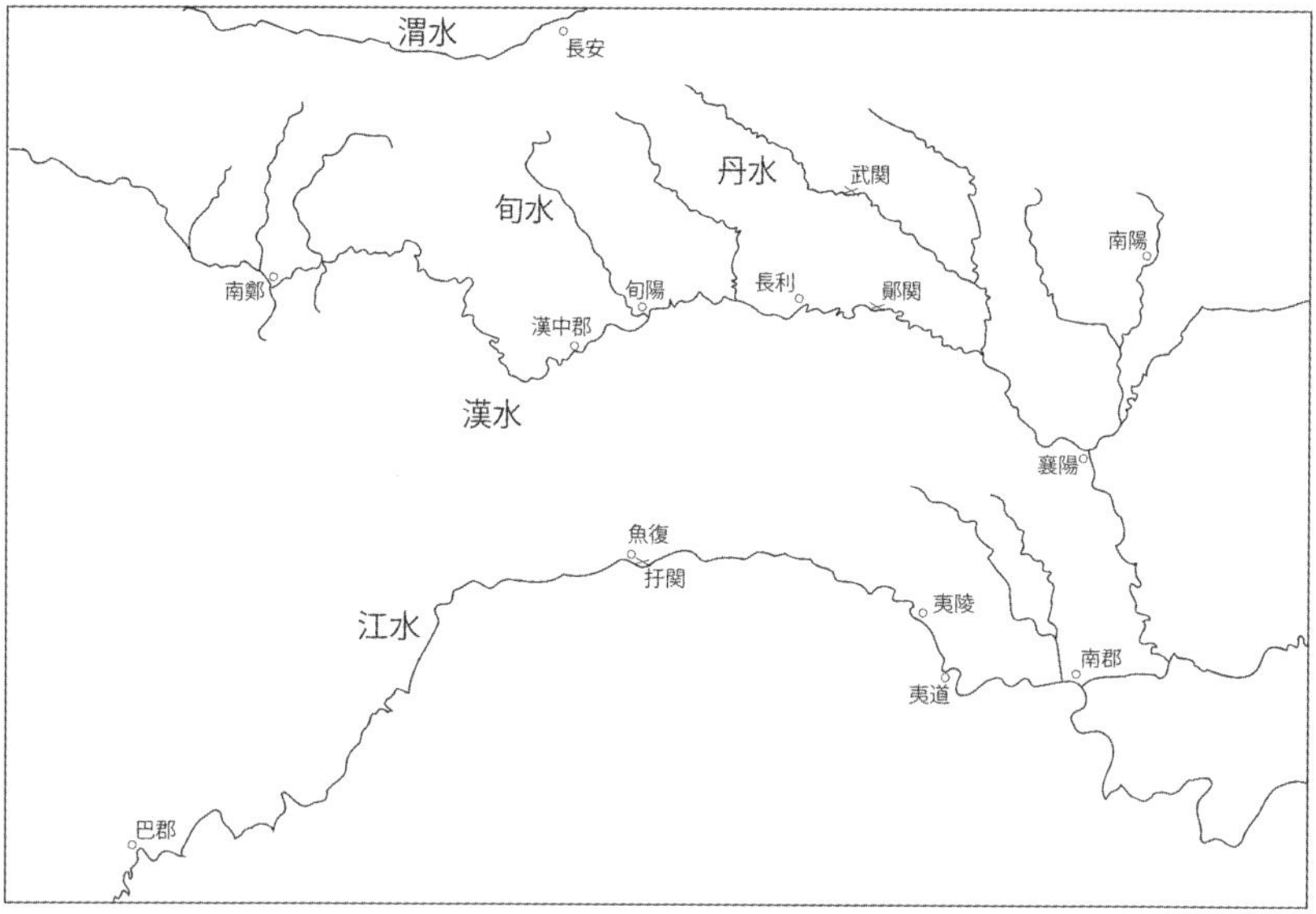

【図一五】　扞関の地理環境図

譚其驤編『中国歴史地図集』第二冊（中国地図出版社、一九八二年）を基に作成

関の秦漢帝国にとっての特殊性・重要性について検討した。扞関は戦国楚によって設置され、秦の併合を経て漢の支配下に置かれた関所であるが、交通の便によって漢帝国の国家支配に重要な役割を果たしていた。とりわけ、従来指摘されてきた東西の交通を繋ぐ役割だけではなく、南北の交通を繋ぎ漢帝国の「首都圏」と南方の周縁地域を連絡する役割があった。扞関を要所とする漢代の南方交通は、巴蜀地域・旧楚地域・長沙王国・南越王国との連絡が見られる中、南越との接続は最も重要なものであったと推定される（【図一五】を参照）。そして漢越の国交において、本書が注目した符がその間に介在したと考えられる。漢帝国は特定の関所しか通行できない限定的な通行証である符を用いて、南越との交通路線を制限し周縁地域の紛争を抑止する意図が見られた。言うなれば、漢は交通から派生した権力を用いて、符を媒介として直轄地以外の領域に干渉したのである。同時に、漢代関所の運営は地方に一任する側面があった。関所の運営に当たって符の存在を垣間見ることができる。

このように、扜関は秦漢帝国の中央部と南方の周縁地域との接続に関連する。関中地域の最南部に位置する扜関に視点を置くと、漢帝国とその国外政権との繋がりが見えてくる。とりわけ、関中地域―関外に置かれる緩衝地域―外国政権との関連性から、関中の民―中華の民―周縁地域の民（蛮夷）からなる一種の「世界システム」[35]を背景に、直轄地を中心として外へと勢力が拡大していく漢帝国の支配原理の一端が潜んでいよう。

時代が進行するにつれて、前漢の武帝期以後に漢帝国は南越を征服し、東南地域は一気に開発されるようになった。同時に、張騫の活躍をはじめとする西南夷道の開発に伴い、西南地域の交通も飛躍的な発展を迎えた。この状況の中で、扜関の漢帝国に対する重要性の低下は想像に難くない。伝世史料に散見される前漢中葉以後の各関所の位置移動から、漢の初期から中葉にかけての変遷を受け、扜関を含めた国内の多くの関所はその定位を改められた。都尉（関都尉）の官もそれに応じて、後漢の光武帝期に廃止されるようになった。本来江水北部まで引かれた関中地域の勢力範囲も、中央部と南方との連絡の必要性が低下していく中で衰退していき、やがて三輔まで収縮されるようになり、扜関は関中地域の基準から外された。そうした発展の中で、本書で幾度も取り上げた『史記索隠』に「東は函谷、南は嶢武、西は散関、北は蕭関。四関の中に在り、故に関中と曰ふ」とあるように、漢帝国の目線は途中から散関や蕭関など、西北方向へ向けられるようになった。当該時期における西北地域の交通と漢帝国の形成と発展との関係性を、今後の課題にしたいと思う。

注

（1）一九八三年、湖北省荊州市荊州区紀南鎮張家山の二四七号漢墓から大量の竹簡が出土し、その内容を整理して図版・釈文を掲載した張家山二四七号漢墓竹簡整理小組編『張家山漢墓竹簡〔二四七号墓〕』（文物出版社、二〇〇一年）が刊行された。

やがて中国内外の釈文研究の進展を受け、同整理小組編『張家山漢墓竹簡〔二四七号墓〕（釈文修訂本）』（文物出版社、二〇〇六年）が刊行された。張家山漢墓の竹簡群の中には「二年律令」と総称されるものがある。簡牘の条文から、前漢初期の呂后二年に施行された法律であると推定され、前漢初期の法律条文で、はじめて体系的な漢律が発見されたことで重宝される。「二年律令」の解読をより進展させるため、武漢大学・荊州博物館・早稲田大学の日中共同研究で、赤外線カメラによる竹簡の撮影が行われ、その成果として『二年律令与奏讞書――張家山二四七号漢墓出土法律文献釈読――』（上海古籍出版社、二〇〇七年）が刊行された。本書で引用する「二年律令」の条文は、二〇〇七年版の図版（赤外線版）の釈文を底本とする。

（2）冨谷至編『江陵張家山二四七號墓出土漢律令の研究・譯注篇』（朋友書店、二〇〇六年）に、「整理小組が「以下缺簡」と注する通り、条文は中途半端なところで終わる。これに続く簡があったはずである」とある。

（3）王子今・劉華祝「説張家山漢簡『二年律令・津関令』所見五関」（『中国歴史文物』第一期、四四頁～五二頁、二〇〇三年）

（4）『史記』巻六秦始皇本紀（三五年条）に「於是立石、東海上朐界中、以為秦東門」とある。

（5）藤田勝久「戦国秦の領域形成と交通路」『中国古代国家と郡県社会』（汲古書院、二〇〇五年）第一編第二章七四頁～一二三頁を参照。

（6）漢書巻二八地理志上左馮翊条に「臨晋、故大茘」とある。その注に「臣瓚曰、晋水在河之間、此県在河之西、不得云臨晋水也。旧説曰、秦築高壘以臨晋国、故曰臨晋也」とあり、「師古曰、瓚説是也。説者或以為魏文侯伐秦始置臨晋、非也。文侯重城之耳、豈始置乎」とあるように、臨晋関は三晋地域への進出をはかるため、秦によって設置された関所である。

（7）『史記』巻一二九貨殖列伝に「南陽西通武関・扞関、東南受漢・江・淮」とあり、『史記正義』の注釈に「蓋「郥」当為「徇」。徇水上有関、在金州洵陽県。……徇、亦作「郇」、与郥相似也。」とあるように、扞関または抒関に作る。案ずるに、『史記』巻九五酈商列伝に「別将攻旬関、定漢中」とあり、蓋し郇関もまた旬関に作る。

（8）陳直『史記新證』（中華書局、二〇〇六年）楚世家第十、九一頁を参照。

（9）呉式芬・陳介祺『封泥攷略』（中国書店、一九九〇年）巻四、五三頁・裏～五四頁・表を参照。

（10）『後漢書』列伝第七岑彭伝に「留威虜将軍馮駿軍江州」とあり、同条の考証は沈欽韓『後漢書疏證』（上海古籍出版社、一九九五年）に「江州、今重慶府巴県。疑馮駿此時未能越巴峡也。当江関之誤、即捍関也」とある。

（11）巴郡、秦置。……魚復、江関、都尉治。有橘官。

（12）木村正雄『中国古代帝国の形成――特にその成立の基礎条件』（不昧堂書店、一九六五年（→比較文化研究所、二〇〇三年））第四章第一節五六七頁～五七一頁、第四章第二節七七九頁～七八一頁を参照。

（13）藤田勝久「後漢時代の交通と情報伝達――褒斜道の石刻をめぐって」『中国古代国家と情報伝達』（汲古書院、二〇一六年）第二編第一〇章五六三頁を参照。

（14）『後漢書』本紀第六順帝紀に「乙亥、詔益州刺史罷子午道、通褒斜路」とある。

（15）久村因「秦の上庸郡について」（『東方学』第一一号、三八頁～四九頁、一九五五年）や「楚・秦の漢中郡に就いて」（『史学雑誌』第六五号、四六頁～六一頁、一九五六年）などを参照。

（16）久村因氏は咸陽／長安の南下通路を検証する中で、関中地域と子午道との接続について既に詳細な考証を加えられた。詳細は「秦漢時代の入蜀に就いて（上）」（『東洋学報』第三八号、一七八頁～二〇八頁、一九五五年）や「秦漢時代の入蜀に就いて（下）」（『東洋学報』第三九号、三二四頁～三六二頁、一九五六年）などを参照。

（17）山田勝芳昭和六三・平成元年・平成二年度科研費報告書『秦漢税役制の研究』（一九九一年）の「関税」の項で本書の概略を述べている。詳細は「関税」『秦漢財政収入の研究』（汲古書院、一九九三年）第五章第五節四四七頁～四四八頁を参照。

（18）地理上において、黔中の西には西南夷との接続はあるが、『漢書』巻二四食貨志下に「唐蒙、司馬相如始開西南夷、鑿山通道千余里、以広巴蜀、巴蜀之民罷焉。」とあるように、西南夷との交通は武帝期以後に開発されたものである。戦国時代から設置された扞関と時代が離れるため、本書は西南夷の考察を省く。

（19）陸梁とは南方の地を意味し、すなわち百越の地を指す。詳細は第四章を参照。

（20）本書は扞関を対象に考察することに力点を置き、「新道」に当たる三関の考察は先学の研究に譲り論証を省く。

（21）この条文は佚文である。鄧徳明『南康記』（陶宗儀等編『説郛三種』（上海古籍出版社、一九八八年）巻六一、二八二四頁～二八二六頁所収）に当該条文は見当たらない。或いは、これは劉嗣之『南康記』を指す。『通典』巻一八二州郡一二大庾条に「劉嗣之『南康記』云、昔漢楊僕討呂嘉、出章郡、下横浦、即今県西南、故横浦廃関見在此」とあり、当該条文との類似性が認められる。

(22) この条文は佚文である。南朝陳の姚察『漢書訓纂』(全三〇巻)にある一文だと推定されるが、当該史料は現存しない。当該史料の詳細について、脇州武志「姚察『漢書訓纂』とその受容」『東洋文化』(無窮会)復刊第一一三号、四四頁~五八頁、二〇一六年を参照。また、『漢書』巻二八地理志下南海郡条に掲陽の地名を確認できるが、陽山県を記した条文は確認できない。

(23) 詳細な論述は譚其驤「馬王堆漢墓出土地図所説明的幾個歴史地理問題」(『文物』第六期、二〇頁~二八頁、一九七五年)を参照。

(24) 鶴間和幸「秦帝国の統一と南方世界——楚越世界」『秦帝国の形成と地域』(汲古書院、二〇一三年)第一編第二章一六五頁~一八一頁を参照。

(25) 冨谷至「通行行政——過行証と関所」『文書行政の漢帝国』(名古屋大学出版会、二〇一〇年)第三編第二章二九九頁~三〇〇頁を参照。

(26) 吉開将人「印からみた南越世界——嶺南古璽印考——」(前篇・中篇・後篇)『東洋文化研究所紀要』(第一三六号、八九頁~一三五頁、一九九八年/第一三七号、一頁~四五頁、一九九九年/第一三九号、一~三八頁、二〇〇〇年)を参照。

(27) 「闌出財物」の規定は、「津関令」簡四八八~簡四九一に見える「越塞闌関」の規定と関連し、両者ともに伝符に関わるものである。

(28) 鎌田重雄「郡都尉」『秦漢政治制度の研究』(日本学術振興会、一九六二年)第二編第六章三〇四頁~三二八頁を参照。

(29) 虞世南『北堂書鈔』(中国書店、一九八九年)二二四頁を参照。

(30) 本書が参照した『北堂書鈔』(注(29)前掲)は光緒一四年南海孔氏刊本を底本とし、引用史料に「漢官解故」とある。また、四庫全書版『北堂書鈔』(巻六三・一三頁)では「漢書解詁」とある。案ずるに、『隋書』巻三三経籍志二職官篇に「漢官解詁三篇、漢新汲令王隆撰、胡廣注」とある。本書はこれに従って「漢官解詁」の名称とする。

（31）佐藤武敏「先秦時代の関と関税」（『甲骨学』一〇、一五八頁～一七三頁、一九六四年）などを参照。

（32）鄂君啓節（舟節）の銘文に「不見其金節……則政（徴）於大府、毋政（徴）於關」とあり、戦国楚の国家財政（大府）と関税は分離していると窺える。秦漢帝国の財政状況とも関連しているように思われるが、不明瞭な部分が多いため今後の課題にしたい。

（33）嗇夫の詳細について、大庭脩「漢の嗇夫」『秦漢法制史の研究』（創文社、一九八二年）第四編第四章四九七頁～五二三頁を参照。関嗇夫については同五〇四頁を参照。都尉と嗇夫の関係について、永田英正「簡牘よりみたる漢代邊郡の統治組織」『居延漢簡の研究』（同朋舎出版、一九八九年）第四章四一三頁～四一四頁などを参照。

（34）『漢書』巻五三景一三王伝（江都易王非条）に「遣人通越繇王閩侯、遺以錦帛奇珍。繇王閩侯亦遺建荃・葛・珠璣・犀甲・翠羽・蝯熊奇獸、数通使往來、約有急相助」とあり、荃・葛の解釈について顔師古注に「許慎云、荃、細布也、字本作絟。……蓋今南方筩布之属、皆為荃也。」とあり、南方の植物であると説明する。また、沈欽韓『漢書疏証』（上海古籍出版社、二〇〇六年）巻二八（五〇頁裏～五一頁表）は『寰宇記』と『広東新語』を引用し、荃は広州や潮州の芭蕉布・竹布などであると解釈する。

（35）イマニュエル・ウォーラステイン著（川北稔訳）『近代世界システムI　農業資本主義と「ヨーロッパ世界経済」の成立』（名古屋大学出版会、二〇一三年）第二章七五頁～一五〇頁、第七章四〇八頁～四一一頁を参照。

終　章　総括と今後の展望

第一節　総括

本書では中国古代帝国の権力構造に焦点を当て、戦国・秦・漢初といった帝国形成期における社会の変化に沿い、符を媒介としてその「統一」の実態に迫った。各章考察の概略は次の通りである。

序章では、中国古代社会の特殊性を確認し、戦後中国古代史研究の成果と課題を整理した上で、符による権力構造論を展開する可能性を提示した。東アジアの諸国家の中で、中華世界はいち早く国家を形成し、文明を構築してそれを周辺地域へ伝播した。秦漢帝国の成立は、東アジアという中華文明によって繋がる多文化地域の基盤と言える。戦後の中国古代史研究は、秦漢帝国を古代国家の完成形とみて、その権力構造の解明に積極的に取り組み、多くの成果を上げてきた。西嶋定生・増淵龍夫・木村正雄の三氏を中心とする秦漢帝国史論は、権力構造論から出発し国家構造論まで提示され、今日の中国古代史研究に大きな影響を与えている。とりわけ、西嶋氏による皇帝の賜与物を媒介とする研究手法は、「爵制的秩序」の構築においてその有効性が証明された。本書では、先行研究が解明してきた社会構造に立脚しつつ皇帝の賜与物である符に注目する。近年に発見された出土文字資料を活用し、従来とは異なる角度から新たな権力構造論に挑戦する。これを可能とするのは、中国の西北地域で発見された通行証とその運用に関する記録、および律令の規定を記した法律条文である。本書はこれらの出土文字資料から符の記載を抽出し、伝世文献に垣間見える符と関連させ、皇帝が臣下に賜与した符の意義を追究することを目的とする。本章では、基礎的な史料を確認しながら、符による権力構造を展開する意義を示した。

第一章では、符をめぐる諸研究を整理し、通行証としての符と皇帝権力に関わる符との関係性を明白にした上で、符による権力構造論の時代的有効性を確認した。伝世史料に散見される符の記述に対して、従来では「わりふ」という形態に着目し、信用のシルシとの理解に基づき多様に符を解釈してきた。ところが、同年代に「わりふ」という形態の媒体は数多く知られており、それぞれの媒体はそれぞれの特性を持つ。筆者は多数の「わりふ」の中で符を選択した政治的意図を理解するためには、符の実用性の中でそれを求めなければならないと考えている。中国の西北地域における発掘調査の進行に伴い、「符」の文言が付く媒体が複数発見されている。これらの符は細部の規定に基づいて幾つかの類型に分類できるが、全てに関所通過という共通の使用目的がある。とりわけ出土史料に見える六寸符は通行証であると広く認識されている。符という媒体はその長さによって用途が定まる側面があることを踏まえれば、秦の始皇帝が規定し漢の高祖が継承した皇帝権力に関わる符とは、通行証の性格を持つ媒体であると特定できる。そして中国古代における通行証の使用は、秦漢時代の法律規定や地域観念からして連続性を持つ。したがって符を通行証とする理解は、戦国・秦・漢初といった帝国形成期において有効であると認められる。

第二章では、秦漢帝国が成立する以前の時代、いわゆる帝国形成前史の符を対象に考察した。戦国時代には「置質剖符」といった外交関係を維持する慣行があった。置質すなわち質子の派遣は、殷周時代の史料で既に言及され春秋時代に多くの事例が見られるようになった。しかしながら、春秋時代の質は戦争行為に付随するものである性格が強く、その機能は人質の範疇を越えるものではなかった。戦国秦の事例を基にすれば、戦国時代の質には外交官の側面が見られ、強弱関係を度外視して国家同士が質を交換していたと思われる。したがって春秋時代と戦国時代では質が発揮した機能が異なる、といった先行研究の指摘は大いに首肯できる。一方で、符を通行証とする理解に基づけば、これは外交官や使者として多地域を往来する際、境界線上にある関所を通過するための通行証であった。国家の総体を符に表記していたであろうこれらの符は、国符と呼ぶべき媒体であり、漢初の符と共通している部分がある。戦国時代における国符の使用は、関所という定点の通過のみに限定されず、点と点を結ぶ線すなわち関所と関所の間にある道路の使用権にも関連していた。この関係を踏まえると、剖符と春秋戦国時代の借道との関係が浮び上がる。つまり国符交換の措置は、長城の設置によって深まった地域間の隔たりに由来すると推測できる。本章の考察において、戦国燕の楽毅の事例を通じて、外交官としての質子が符を使用した痕跡が確認できる。質子が符を使用する事例から協力し合う関係が見られ、剖符に対して置質で対抗した事例から牽制し合う関係が見られる。置質と剖符はこの二面性を持ち、相互に影響しながら戦国時代の外交ひいては「国際」秩序を支えていたと考えられる。

第三章では、虎符を考察対象とした。出土文物のなかで、虎符と虎節という酷似する媒体が発見されており、また伝世文献には「符」「節」「符節」の語が混在する。本章ではこれらの関係を整理しつつ、虎符の権力構造に関わる一側面を考察する。「符節」という語は符と節を基礎としているが、時代の変遷とともにその実態が見失われがちである。そこで本章では、媒体の特徴を確定させるため、近年発見された出土文物を用いて節を考察した。加えて伝世文献から「節の法則性」を整理した上で、節の一類型である虎節と、符の一類型である虎符を比較した結果、両者とも符節に該当する媒体であると結論づけた。君主（王／皇帝）を命令の主体とした媒体のうち、伝世文献で一様に符の一文字で表記されたものの実態は、全て符節の略称であり、通行証の機能を付与した節であることが明らかになった。

これにより、同様に通行規制を解除する機能を持つものの、皇帝権力と関連する符と一般民が所持する通行証そのものの符とは、性質が異なると言える。これを踏まえ、虎符の使用は軍隊による集団的な関所通過に関わると特定できる。すなわち虎符を与えられた将軍は、片方を残して出陣し、帰還時にもう片方を関所に送ることで、敵味方の識別と帰国の保証を得た上で国外へ出陣する。したがって、関所通過を必要としない場合には、虎符を使用しない例外的な発兵事例が見られる。さらに、虎符銘文の変遷を考察することで、符に刻された発行の主体に変化があったことが明らかになった。秦代は君主号を符に刻し、これらは君主符とも呼ぶべき造形であった。それに対して、魯王虎符を手掛かりにすると、漢代は国家の総体を表す「漢」の文字を符に刻し、漢を共有する「漢家天下」の体制の一端を体現させた。これにより、符は権力構造の形成と展開において、時代性の変化が見られることが指摘できる。

第四章では、竹使符を考察対象とした。前漢の文帝は地方から人材を中央へ招聘するため、竹使符の制度を整えたとされる。この制度は唐の高祖によって廃止されるまで存続したが、伝世史料の記載は乏しく、その実態は不明瞭であった。本書では断片的な記載から「徵」という文言に着目しつつ、通行証としての性格を念頭に置き、竹使符の実態に迫った。出土文物の中で、鄂君啓節はその特殊な造形によって注目される。とりわけ貴金属を用いて竹を表現したその造形は、竹使符との関連性を連想させる。しかし、「符（節）の法則性」に基づく分析の結果、竹使符と鄂君啓節は無関係の別媒体であると結論付けた。一方で、「徵」という文言を手掛かりとして伝世文献から史料を蒐集した結果、竹使符は皇帝が招聘したい対象を地方から中央へ召喚するために用いられたことが明らかになった。漢代の郷挙里選と関連して地方の人材を中央に招聘する目的があると同時に、地方の宗室を皇帝の後嗣として中央に招き入れる事例も見られる。このことから、文帝期における竹使符制度の確立は、諸呂の乱後の政治的不安定さを克服し、皇帝権力を強化するための戦略的措置であったと解釈できる。地方から中央への移動を制限することで、潜在的な皇位継承者の動きを管理し、政治的安定性を確保する効果があったと考えられる。さらに、曹魏時代の旌節の刻銘に関わる議論から、漢代の竹使符は国家の総体を表す「漢」の文字を刻していたことがわかる。虎符の造形と同様に、竹使符からも漢を共有する「漢家天下」の体制の一端が体現されていた。異例な皇帝継承を果たし権力の基盤が弱かった文帝は、「漢家天下」の思想を利用して自身の権力基盤の不足を補強したと捉えられる。

第五章では、漢初における諸侯王・列侯との剖符事例を整理し、漢皇帝が符を下賜する意図を検討する中で、漢帝国内部における符による権力構造の展開を考察した。漢の高祖劉邦が秦王子嬰より符を継承した途端に、関中地域を拠点として符を漢王国の支配体制に組み込んだ。楚漢戦争期において、劉邦は漢王として連合軍を組織する中で、函谷関の通過を掌る符を趙耳・韓信に分け与えた痕跡が見られる。それは連合軍の本拠地である関中地域への進出の可否を決定し、王同士の中で漢王の格上げにも繋がる措置であった。漢帝国が樹立したのち、剖符の措置を継続した漢は、諸侯王である韓王信・彭越・黥布と剖符したと見られる。漢帝国の支配体制のもとで、諸侯王は一定の間隔で都長安を訪れ、漢皇帝劉邦と会見を行った。その際の通行証としての符は関中地域に進出する機能を持ち、漢帝国と諸侯王国を繋ぐ重要な役割があった。一方で、漢帝国の支配領域の拡大及び支配体制を維持するため、漢の高祖劉邦は諸侯王のみではなく、一部の列侯にも剖符の措置を施した。その中には「符を剖かち、世々絶ゆる勿し」の条文が示すように、自由に関中地域を出入りできる特権を永続的に所持する特殊な剖符事例が見られる。漢皇帝が功臣に移動の特権を分与して地方への浸透を図ったと同時に、関中地域への帰還の保証として符を賜与した。皇帝と功臣との親密な関係を維持させる意図が見られるなか、符は両者の間に精神的結び付きとしての役割を果たしたと言える。そして移動状況が変化していく中で、功臣の爵称は「徹侯」から「列侯」へと改変する。中国古代社会は漢初と漢代中葉の間に、流動的形態から固定的形態への情勢変化が読み取れ、漢帝国内における政治体制変革の一端が窺える。

第六章では、扞関と周縁地域との接続関係を整理し、外国政権を対象とする剖符の意図を検討する中で、漢帝国外部における符による権力構造の展開を考察した。戦国から秦漢にかけての扞関に関連する史料を整理した結果、扞関は当該地域の東西交通を繋ぐ役割のみではなく、南北交通を繋ぐ役割も見られ、漢帝国の都心部と南方の周縁地域とを連絡する役割があったと窺える。したがって漢の都長安と扞関との間に、地理的な隔たりこそあるが、扞関までの範囲は漢帝国の直轄領域となり、扞関を関中地域の区切りとする意見は首肯できる。一方で扞関を要所とする漢代交通の実態において、巴蜀地域・旧楚地域・長沙王国・南越王国との連繋が見られるなか、巴蜀地域は西垂の交通路線を利用する傾向があり、旧楚地域と長沙王国は武関の通過を正規な交通路線とする傾向がある。したがって南越との接続は扞関の最も重要な役割であったと想定される。こうした南方交通の中で、符が漢・南越・長沙の三者の関係に介在したと考えられる。限られた史料の中で漢越貿易の全貌が見えないが、少なくとも越は漢から日用品、漢は越から贅沢品を購入していたことがわかる。複数の移動路線が存在する中で、漢は特定の関所しか通行できない限定的な通行証である符を用い、扞関ルートの使用を南越に強要して険悪な関係にある長沙との接触を避けさせた。そこには交通路線を制限して辺境地域の紛争を抑止する意図があったと言える。このように「二年律令・津関令」に見える扞関を媒介とし、漢帝国・長沙王国・南越王国三者の関係に介在する符の役割を分析し、交通から派生した権力を用いた、漢の遠隔支配のあり方を検討した。

以上が各章の考察の概略である。本書では、漢代、特に漢初における皇帝の符賜与の慣行に焦点を当て、その歴史的経緯と帝国形成期における役割を考察してきた。符が象徴する皇帝権力の本質と、それを通じて形成された権力構造の解明を目指し、秦漢時代のみならず、それ以前の時代にまで遡って総合的な検討を行った。本書の考察により、符の賜与が単なる儀礼的行為ではなく、皇帝権力の分与を意味する重要な政治的手段であったことが明らかになった。

異姓諸侯王、高祖功臣、周縁地域の勢力といった特定の対象に限定されていたこの慣行は、初期帝国における権力の均衡と統制のメカニズムとして機能していたのである。

さらに、符の歴史的変遷を辿ることで、中国古代における権力構造の成立過程をより深く理解することができた。爵制的秩序が爵制の伝統に根ざしているように、符もまた長い歴史的文脈の中で発展し、その意味と機能を変化させてきたことが判明した。本書を通じて、中国古代帝国形成期における符の役割が、従来考えられていた以上に複雑かつ重要であったことが示された。符は単なる物理的な証拠物件ではなく、皇帝と臣下、中央と地方、帝国と周縁部との間の複雑な権力関係を体現する象徴的存在であった。

ところが、ひたすら符の通行証としての側面を強調したあまり、事実の一面に偏り全体を見失うような過ちを犯さなかったとも限らない。また、符による権力構造論を展開させたつもりではあるが、国家構造論を構築する道程は未だに遠く、踏み込んだ実証は大幅に不足していると実感する。交通と権力という大きなテーマの下で、中国古代帝国の実態を解明するための着実な研究を続ける必要があると反省する。

第二節　今後の展望

一　中国古代帝国が持つ二面性——在地社会への考察——

本書では爵制的秩序の存在を肯定した上で、その前提となる戸籍による管理の欠陥に着目し、異姓諸侯王・高祖功臣・周縁地域の外国政権などいわゆる社会の上層部を対象に考察した。ところが直接的に皇帝支配の及ぶ領域内に、社会の下層部にも戸籍による束縛が弱い者が存在する。

まず、旅行者（遊説家・商人を含む）が考えられる。秦漢の律令規定から窺えるように、中国古代社会において地域を越えた移動には様々な規制をかけられていた。爵制的秩序の観点からみれば、人間の移動は戸籍の乱れを招く。一元的支配を実現させるため、一般民の移動は原則的に禁じるべきであった。それにも関わらず、戦国時代の游説家や商人など地域を越えて活躍していた存在は伝世史料に散見され、前漢の一般民が通行証を申請して居延都尉府・肩水金関を行き来する痕跡が出土史料に見える。これらの者は戸籍による束縛だけでは把握しきれないように思われる。

次に、下級官吏が考えられる。民爵と官爵（または吏爵）との区別から誤解を招きがちであるが、公乗（八等爵）以下の有爵者が官位につけないというわけではない。福井重雅氏は二〇等爵制と官位秩祿の対比を明らかにし、公乗以下の有爵者が官秩五〇〇石までの官吏に任官できると示した(1)。郷里社会の管理を一任されるこれらの下級官吏は、すなわち戸籍を管理する中央管理職的な存在である。加えて、官秩と爵位が対応しない前漢の官僚組織の中で、爵制的秩序による支配力の有効性が疑われる。さらに、『張家山漢簡』『嶽麓秦簡』の奏讞書に見えるように、秦・漢の下級役人は地域を越えた捜査活動を行う。戸籍に登録してある場所に常駐することなく、特定の地域に限定されない活動実態を持っていたとわかる。

本書で検討した「符」という媒体は、厳密に言うと「符節」という媒体に該当し、原則的に秩序の上層部にのみ使用されるものである。一方で、中国古代には様々な通行証が存在し、当然一般民が使用する媒体も存在する。その中で、一般民は特性を持たない一般の符を申請し、律令規定に則り皇帝より通行許可を得ていた。この下層部に使用される符には、戸籍による束縛が弱い者を繋ぎ止めた側面が見られる。最初に、出土文字資料に見える秦漢律令における符の規定を次のように整理しよう。『睡虎地秦簡』秦律雑抄に簡四～簡五に、游士在りて符を亡くせば、居る県に貲に一甲。卒歳となれば、之を責む。●《ママ》故の秦人為りて出づること有らば、籍を削ず。上造以上を鬼薪と為し、公士以下を刑して城旦と為す。●《ママ》游士律

とあるように、関所を通過したのち符は使い捨てられるのではなく、符の使用者はそれを所持し続ける義務が生じる。それと関連した規定は『同』法律答問簡一八四に、

客未だ布吏せずしてともに賈えば、貲に一甲。何を「布吏」と謂ふか。●《ママ》符伝を吏に詣すこと是れ「布吏」と謂ふ。

とあり、符・伝などの通行証の所持者がそれを役所に提出する（布吏）まで、商売してはいけないと規定される。つまり符の使用者は符を役所に提出する義務があると窺える。秦律雑抄の条文に符を亡くした場合は一甲の罰金刑に処されるのと同様に、おそらく法律答問の条文にある規定違反も一甲の罰金刑に処される。この罰金の金額は『二年律令』賊律簡五二

書、符、券、門衛に入るの木久、塞門・城門の鑰を亡くせば、罰金に各二両。

との記載と共通している。陶安あんど氏[2]によると、秦漢時代の罰金刑には三等級があり、秦は一盾・一甲・二甲であり、漢は一両・二両・四両である。したがって、秦の「貲一甲」は漢の「罰金二両」と同等である。符を亡くした罰は比較的重い第二級の罰金刑に処されることになり、その処置は秦漢時代を一貫して連続性を持つ。

また、符はあくまでも個人が所持するものであり、他人への譲渡は認められない。『二年律令』津関令簡四八八～簡四九一に、

一、御史に言へらく、塞を越え関を闌するもの、論ずるに未だ令有らず、と。●請ふ。闌して塞の津関を出入するものは、黥して城旦舂と為す。塞を越えれば、左趾を斬りて城旦と為す。吏・卒の主なるものは得ざれば、贖

耐とす。令・丞・令史は罰金四両とす。其の情を知りて之を出入せしめ、及び人に符・伝を假予し、以て出入を闌せしむる者は、与同罪とす。其の□する所に非ずにして□と為して擅まに伝を為りて津関を出入せしむるものは、□伝令・闌令を以て論じ、伝を為る所の者に及ぶ。県邑は塞に伝ふ。及び備塞都尉、関吏、官属、軍吏・卒の乗塞者は、其の□弩・馬・牛の出づるを禁ずるも、田・陂・苑・牧するもの、塞を繕治するもの、郵・門亭の書を行《や》るものは、符を以て出入するを得んことを、と。●制して曰く、可なり、と。

とあり、同簡四九六～簡四九七に、

□、相国内史の書を上りて言へらく。請ふ、諸そ詐して人の符・伝を襲ひて塞の津関を出入し、未だ出入せずにして得れば、皆な贖城旦舂とす。将吏其情を知らば、与同罪とす、と。●《ママ》御史以聞す。●《ママ》制して曰く、可なり。闌を以て之を論ぜよ、と。

とある。符や伝などの通行証は他人への移譲が認められない。法律の規定を破った場合、符の移譲者と被移譲者の両方が刑罰の対象となり、贖城旦舂の刑罰で論断される。符の個々人が所持する側面から、林巳奈夫氏[3]や永田英正氏[4]などの先行研究が、符に身分証明の機能を備えていると指摘したのであろう。

右に見える秦漢の律令規定を総合すると、符の使用者は、①符を亡くさないように保管し続ける義務がある、②あくまでも個人が所持することに徹する、③役所に提出する義務がある、とのことがわかる。更に大庭脩氏[5]などの先行研究に指摘されるように、④符の使用者は出発地に戻る必要がある。このような条件が揃えば、たとえ戸籍が登録してある本貫から離れたとしても、符の使用者は、①で旅行中は符を所持し続け、②で他人と交換したりしない状態で、③で官府（役所）に提出すれば、官府は移動者の移動情報を得られ管理し得る。そして④で符の使用者は本貫に帰還して再び戸籍による束縛を受けるようになる。右記の「秦律雑抄」にみえる游子律後半の条文に「籍を削ず」る云々の規定からも、符の規定は戸籍と関連することを示唆する。したがって、行政機関は符という個々人が所持する媒体を通して、個別人身的支配までは行かないとしても、移動する人々をきちんと把握し管理する意図があったと言えよう。

このように、符の考察は在地社会への解明にも通用する。二面性を持つ秦漢帝国であるが、その上層部と下層部では異なった支配論理が働く。社会秩序の上層部において使用される符と、その下層部において使用される符は、両者の支配と被支配の相対する関係の中で必ずしも同様な性格を持たない。また、皇帝より直接符を賜る対象と、律令の規定を介在して間接的に皇帝より符の使用許可を得る一般民とは、関与の仕方からして差異が生じる。しかしながら上層部にしても下層部にしても、符を使用する時にその意識の所在は同様に国家の元に集約する。通行証という共通的な理解を媒介とすれば、階級を貫通した社会構造が必ず存在する。それを解明する第一歩として、地方官吏と一般民が所持する符、ひいてはかれらの地域を越えた移動への考察を今後の課題にしたい。

二　交通規制を解除する諸媒体

秦漢の律令に符は単独で規定されるのではなく、ほかの通行証とともに法律条文で規制されていた。伝をはじめとするこれらの媒体は、符と同様に「わりふ」の形態の通行証である。察するに、これらの媒体は符と異なった特質を持ち、時と場合に応じて使い分けられていたのである。したがって符以外の通行証を考察することによって、より全面的に通行制度から社会構造を見出すことが可能となろう。とりわけ、本書の考察では符を通じて「人」の移動に重きを置き、「物」の移動に対して一切触れることができなかった。そのため、関所通過の全貌を捉えきれなかった。今後は自説を補強すべく、次の通行証としての機能を有する幾つかの媒体を考察する必要があろう。

① 伝

伝世史料や出土史料に「伝」の一文字で記載されながら、その意義は多岐にわたる。出張する役人が宿泊する施設に「伝」（伝舎）と呼ばれるものがあり、また官設の公用旅行者のための乗馬や乗用車にも「伝」（伝馬・伝車）と呼ばれるものがある。その中で、伝（または過所）[6]と呼ばれる通行証の存在が知られている。符と同様に通行証の伝であるが、複数の関所を通過する機能が備わっており、より広範囲の移動に用いられる。冨谷至氏[7]が指摘したように、伝に関する措置は旅行者の管理・監視を目的とし、そのことで吏民の行動を掌握する意図がある。

② 致

『二年律令』津関令の規定に「伝致」という用語が見られ、致という媒体は伝と並列される。その事柄からして、律令の規定を作成するに当たって、伝を必要とする場面と致を必要とする場面が異なると想定される。致は現代日本語でも「いたす」と読むことから窺えるように、伝の「伝送する」という字義と類似性を持つ。公用の証明文書の致であるが、通行証としての機能を有する。とりわけ、致の「物」の移動との関連に注目したい。「二年律令・津関令」簡五〇九によれば、関中の郡が上計・献上に使用する馬を購入する場合、役人が馬の標識・年齢・馬体の高さを記録し致を作成するように規定されていた。このような車馬・物品を記した文書の作成規定から、漢帝国の物資輸送への規制が窺える。

③ 棨

伝と近似するものに、棨という媒体がある。『説文解字』六上に「棨、伝信なり」とある一方、『漢書』文帝紀に引く後漢の李奇注に「伝、棨なり」とある。今まで見てきた通行証と異なり、棨とは「わりふ」ではない媒体であり、旅行者の身分や旅行目的などを書いた文書である。『釈名』巻六釈書契に「棨[8]、詣なり。棨を以て官司に至詣する所を語るなり」とあるように、津関の役人に提出する文書である。大庭脩氏によれば[9]、通行証としての棨は公用旅行者用と私用旅行者用の二種類がある。両者には書式が異なり、発給の手続きも異なる。とりわけ、公用旅行者の棨は身分によって宿泊飲食の待遇や、交通機関の等差を示す条文があり、そして「如律令」と書かれた文書的な性格からして棨の所持者は身分相応の待遇をせよとの命令として読み取れる。

④　繻

中国の古代社会は、木簡や竹簡を主な記録媒体とする秦漢時代から、後漢時代には紙が発明され、全く異なる書記の仕方をする時代へと移行する。符をはじめとする「わりふ」は、その二分割する性質からして、木や竹のような丈夫な材料を必要としよう。木簡の時代から紙の時代に変化していくなかで、繻という媒体が現れる。繻（または繒帛）とは、帛を素材とした「わりふ」である。一枚の繒帛に同文を二行に書き、二分割して一半を旅行者に、他半を関所におく。符と同様に合せて同じものであることが確認されたら通過を許す。木・竹のような素材から脱却した繻は、「わりふ」の進化形として定義でき、時代的な変遷を経て伝・符は簡略されて繻となったと考えられる。

以上が移動規制を解除する諸媒体である。中国古代帝国は最初の広域な領土を支配する権力機構として、社会秩序の上層部のみならず、その下層部においても人間の移動を厳正に管理していた。右に取り上げた諸媒体は、同様に関所の通過規制を解除する役割を持ちながら、その細部の規定に微妙な差異が見られる。秦漢帝国は時と場合に応じて異なる媒体を利用し、交通から派生した権力を活かして国家支配を展開したのであろう。

従来の国家構造論に対する最大の批判は、郷里社会の独立性にある。広域な領土を支配する中で、皇帝の支配力には限界があり、地方の隅々まで届くはずがないと指摘されてきた。二〇等爵制論も、中央の賜爵が郷里社会に徹底しておらず、皇帝が在地の人々を個別人身的に支配することは不可能である、と批判を浴びている。確かに官僚制度の観点からみれば、中央に郡・県の官吏を任免する権力はあるが、『里耶秦簡』の遷陵吏志や『尹湾漢簡』の吏民簿などに里の役人（里典・里老）を記していないことから窺えるように、郷里社会まで中央の権力は届いていなかったかもしれない。

『嶽麓秦簡』や『張家山漢簡』などから「亡律」が数多く見られるように、秦漢時代において逃亡という事象は頻発していた。多地域を併合した秦漢帝国の中で、地方で発生した犯罪は特定の地域内で完結するとは限らない。奏讞書の案例から窺えるように、犯罪者が他の地域へ逃亡したことは多々あった。ゆえに、地域を越えた捜査活動は「統一」帝国の出現とともに強く求められた。そうした状況の中で、郷里社会の役人は中央に他地域への通行許可を申請する必要が生じた。したがって、地方の治安を維持するため、地方の役人は自ら国家の支配秩序に入る必要がある。郷里社会の独立性が次第に失われるなか、中国の古代国家が如何に形成したかは解明すべき課題であると言える。そこで、符をはじめとする通行証を媒介として、在地の役人が国家の支配秩序に自ら（ある意味で）「帰化」する過程を考察することが、本研究の今後の課題であると言える。

三　日本への伝播

さらに、簡牘時代から紙時代へ変化していく中で、「符」がどのように変化していくかは大変興味深い。中村圭爾[10]氏によれば、時代が下って東晋以降になると、符は下達文書へと変化していく。次第にそれは律令制に組み込まれていき、日本・朝鮮半島へと伝播する。平川南[11]氏によれば、日本における符の書式は、唐代の公式令を継承したものであるという。律令制の中の符は、公文書の様式の一つで、上級官司から直属の下級官司に下す文書、いわゆる下達文書として用いられた。太政官から八省・諸国・大宰府に下された符が太政官符と呼称され、律令時代のもっとも重要な政治文書であるとされる。

律令制度に見える「符」は、本書の関心である通行証の符と関連する可能性がある。序章で述べたように「剖符」という語は、符による権力構造論の鍵と言える。漢帝国の「都心部」である関中地域への進入許可を意味する「剖符」は、時代と環境に応じて大きく変化する。竹使符の使用において、中央は地方の人材を招き入れるため、都長安への異動とともに符を分け与え、本書で論じてきた「剖符」である。次第に、全国の人材を掌握した中央政府が、人材を地方に均等に配置し、地方から地方への移動のために符を発行した、これを移符という。このような変化は、中原地域から周縁地域への移動にいち早く現れる。中国西南方面の四川地域で発見された墓誌に、剖符と移符の語が散見される[12]。中国古代はある段階で剖符の時代から移符の時代に変遷していったかもしれない。そして移符は律令の規定となってゆき、律令制の伝来とともに日本に伝播した可能性がある。日本の律令制は、中国の律令制度、特に唐の制度に基づいて導入されたため、日本の「符」は中国の「符」の影響を強く受けている。時代が下っていくなかで、移動の事象が完全に形骸化してしまったが、「移符」という文言だけは律令の形式とともに伝わっていった。「移符」は単なる文書形式の借用にとどまらず、中国の行政システムを日本の実情に適合させ発展させた典型例として、その歴史的意義を再評価できる。中国の「移符」との比較を通じて、日本の律令制下における文書行政の独自性と、中国からの制度的影響の受容・展開過程をより鮮明に把握することができる。このように、符の研究射程は中国古代に止まらず、律令制度の影響を受けた東アジア世界全体に及ぶ可能性を示し、本書の結びにしたい。

注

（1）福井重雅『漢代官吏登用制度の研究』創文社、一九八八年。

（2）陶安あんど『秦漢刑罰体系の研究』創文社、二〇〇九年。
（3）林巳奈夫編『漢代の文物』朋友書店、一九九六年。
（4）永田英正『居延漢簡の研究』同朋舎出版、一九八九年。
（5）大庭脩『漢簡研究』創文社、一九九二年。
（6）『釈名』巻六釈書契に「伝、転也。転移所在、執以為信也。亦曰過所、過所至関津以示也。」とある。
（7）冨谷至「通行行政――通行証と関所」『文書行政の漢帝国』（名古屋大学出版会、二〇一〇年）第三編第二章二六〇頁～三一一頁。
（8）原文は「啓」に作るが、ここは大庭脩氏の指摘（注九）に従い「棨」に改める。
（9）大庭脩「漢代の関所とパスポート」『秦漢法制史の研究』（創文社、一九八二年）第五篇第一章五九四頁～六二五頁を参照。
（10）中村圭爾「晋南北朝における符」『人文研究』（大阪市立大）四九―六、一九九七年。
（11）平川南『古代地方木簡の研究』吉川弘文館、二〇〇三年。
（12）たとえば二〇一一年に発見された成都東御街後漢碑に、李君碑には「移符於蜀」とあるのに対して、裴君碑には「剖符於蜀」とある。同時期の石碑であると推定されるにもかかわらず、「移符」と「剖符」の用語の差異が見られる。

附　章　始皇帝の二六年巡行をめぐって

はじめに

司馬遷の記述によると、秦の始皇帝は天下を「統一」したのち、二七（前二二〇）年から三七（前二一〇）年までの間に五回に亙って天下世界を巡行した。具体的には一回の西方巡行と四回の東方巡行がおこなわれたとされる。巡行がおこなわれた年代順に基づき、この西から東への構図は様々な解釈をされてきた。とりわけ、西方をめぐった二七年巡行は、この構図に当てはまる最初の巡行として、その意義が過大に解釈されるきらいがあった。すなわち秦王国は西方で樹立し、度重なる遷都を経て咸陽に都を設置するようになったが、咸陽より以西の渭水流域は秦の発祥の地であるため神聖視されていた。五回に亙る天下巡行の最初に西方をめぐったのは、天下を「統一」し帝国を樹立した功績を祖先に報告する意図があった。そして祖先の承認を得たからこそ、始皇帝は東方巡行に踏み出した、といった論述である。(1)

ところが、『史記』に依拠して二七年巡行を最初の巡行とする定説に対し、近年発表された新出土文字史料は異なった巡行の実像を描く。『嶽麓書院蔵秦簡』（以下『嶽麓秦簡』と呼称）には「律」「令」といった法律文書が数多く見られるなか、始皇帝が二六年に湘山の畔で制詔を下した経緯を記した条文が発見される。始皇帝一行が長江中流域まで訪れたことを強く示唆する当該条文は、東方世界をめぐった痕跡として捉えられる。これにより最初の巡行とされる二七年巡行に先立ち、『史記』には記載されていない二六年巡行の存在が浮かび上がった。

『史記』巻六秦始皇本紀において、「統一」後の二六年から三七年までの歴史記述は専ら始皇帝の巡行を中心に進行する。この事象からしても、天下世界の巡行が始皇帝の執政の中で如何に重要な位置付けであったか、古代の交通と皇帝支配との密接な関係の一端が示されよう。始皇帝が天下を巡行した意図について、従来様々な推測が立てられてきた。有力な仮説は以下の二通りがある。第一に皇帝の権威を天下に知らしめるためである。天下世界をはじめて併合した始皇帝は、それまでの王号による統治を改め、皇帝号を創出するとともに中夏（華）の概念を導入し、天下世界に新しい政治をもたらそうとした。その手始めに天下をめぐり皇帝の威信を旧六国の民に見せつけようとする意図があった。第二に神山仙境への探求が目的である。始皇帝は巡行中、各地で様々な祭祀をおこなっていた。とりわけ東の沿岸地域への巡行を繰り返し、漸次に始皇帝の行動は神仙思想に基づくものであると言われ、その下で徐市《じょふつ》を派遣して東海の神山を探索させた伝説が生まれたと考えられる。

近年の東洋史研究では、始皇帝の巡行に支配者の権威もしくは神仙の探求など抽象的な目的ではなく、より明白な政治目的があったと視ている。稲葉一郎氏は始皇帝が残した刻石を分析し、巡行が秦の統一政策を地方に定着させるための政治行動であったとする(2)。また、鶴間和幸氏は巡行の途中におこなった祭祀に着目し、始皇帝は秦の祭祀方法を用いて旧六国の祭祀を踏襲することで、旧六国の民に尊重の姿勢を見せ、柔軟な統治を実現させたとする(3)。これらの先行研究は、巡行の意図を国家支配という現実問題に帰結させた的確な指摘である。本稿では『嶽麓秦簡』の条文を分析し、『史記』所載の巡行と比較して二六年巡行の真偽を検証する。その上で、当該時期に秦帝国が直面する現実問題に視点を据え、始皇帝の天下巡行の意図を探究する。

第一節　『嶽麓秦簡』に見える始皇帝二六年巡行

最初に『嶽麓秦簡（伍）』(4)（または『秦律令（弐）』）に見える、二六年巡行の存在を示唆する当該条文（簡五六（1001-1+1020）、簡五七（1001-2）、簡五八（1104）、以下整理番号を省略。）を次のように掲げよう。

●廿《ママ》六年四月己卯、丞相臣状・臣綰 制《みことのり》を湘山の上に受く、吾以て天下已に并せしより、親ら海内を撫し、南のかた蒼梧に至る。淩ぎて洞庭の水を渉り、湘山・屏山を登る。其の樹木は野美たり、駱翠山より以南の樹木を望み、顧えり見ても亦た美たり(5)。其れ皆な禁じて伐たしむ勿れ、と。臣状・臣綰請ふ、其れ樹木を禁じて尽く禁苑の樹木の如くし、而して蒼梧をして謹みて明るく駱翠山より以南の所に封刊を為さしむ。臣敢へて請ふ、と。制して曰く、可なり、と。

（●廿六年四月己卯、丞相臣状・臣綰受制相（湘）山上。自吾以天下已幷、親撫晦（海）内、南至蒼梧。淩渉洞庭之水、登相（湘）山、屏山。其樹木野美、望駱翠山以南樹木□（顧）見亦美。其皆禁勿伐。臣状、臣綰請、其禁樹木尽如禁苑樹木、而令蒼梧謹明為駱翠山以南所封刊。臣敢請。制曰、可。）

戦国斉を滅ぼして天下を併合した二六年の四月己卯の日に、始皇帝は秦の都咸陽から遠く離れた湘山の畔を訪れた。その経緯として、始皇帝一行が「洞庭の水」を跨いで南方の蒼梧を巡察し、その後に湘山や屏山を登って周りの景色を眺めた。始皇帝は湘山や屏山を登った際、周辺の樹木には自然のままの美しさがあり、そこから駱翠山より南の樹木を眺めてもまた甚だ美しいとの感想を抱いた。目にした美しい景色を保護すべく、始皇帝は一般民衆がその辺りの

【表一三】　出土文字史料に見える「六」と「九」の字例

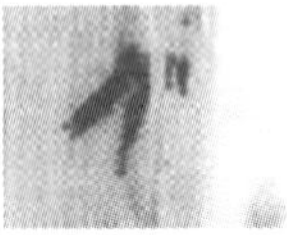	六の字例	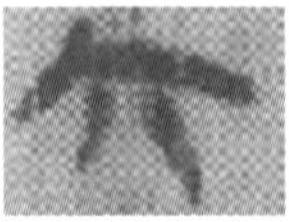	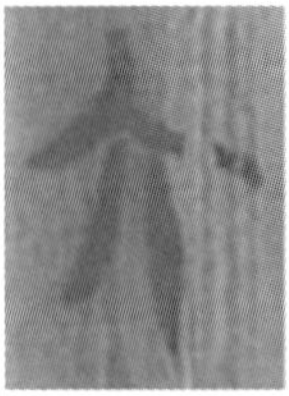	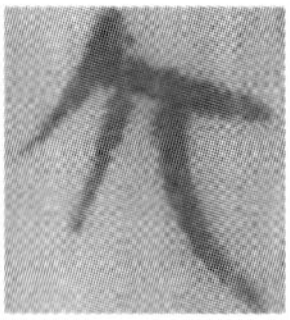	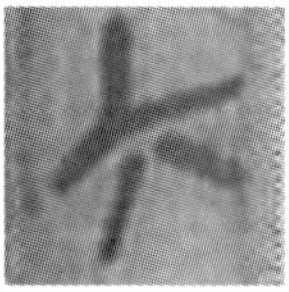
		嶽麓伍005	嶽麓陸112	嶽麓伍061	嶽麓陸181
	九の字例		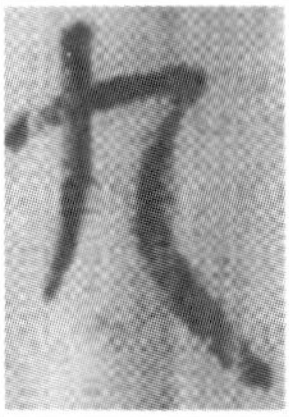		
嶽麓伍056		嶽麓肆385	嶽麓伍034	嶽麓伍262	嶽麓陸255

樹木を伐採することを禁じる法令を制定せよと、丞相の臣状と臣綰に制詔を下した。二人の丞相は当地の樹木に伐採の禁制をかけ、全ては禁苑（王の庭園）の樹木への禁制になぞらえ、そして蒼梧郡の長官は駱翠山より南に土盛りをして境界線を明らかにし、それを多くの人に知られるようにせよ、と法令を制定した。そして皇帝の裁定を経てこの法令は効力を持つようになった。果たしてこの条文をどのように理解すべきか、次のように検討していきたいと思う。

一　制詔年代の特定

本条の簡五六は断簡となっており、「六」字の判読は明断とは言い難い。「六」字のほかに整理小組は「九」字に釈読する可能性を提示した。制詔年代の特定にあたって、ここでは同じ『秦律令』[6]に見える「六」と「九」の字例を取り上げて比較したい（【表一三】）。

両文字の例を蒐集してみると、「六」の字例は『嶽麓秦簡（肆）』から二五例、『同（伍）』から二六例、『同（陸）』から一二例で合計六三例を発見できる。また、「九」の字例は『嶽麓秦簡（肆）』から五例、『同（伍）』から七例、『同（陸）』から四例で合計一六例を発見できる。同史料から「六」と「九」の字例を抽出してみると、まず全体の印象として九字は細長いのに対して、六字は線が太く横長い形が多いと言える。そして両文字の横の画において文字の特徴が大きく異なると気付く。すなわち、六字の「人」構えが傾くのに対して、九字の「乙」の最初の一画は真っ直ぐなのである。これに注目すると、本簡の文字は傾く墨跡を残しており、六字との近似性が認められる。

更に詳細に分析すると、同史料には異なる筆跡が見られ、複数の書き手の存在を垣間見る。『秦律令』に見える六字は筆跡によって四種類に大別できる。①『嶽麓秦簡（伍）』簡五を代表例に横にのびる形。②『同（陸）』簡一一二を代表例に縦にのびる形。③『同（伍）』簡六一を代表例に字が大きく最後の一画がのびる形。④『同（陸）』簡一一八を代表例に隷書の「六」字に近い形。四種類のうち、①の形は『秦律令』に見える「六」の字例の最多数を占めており、本簡の文字も元来ではこのような形をした六字であろうと推測される。

以上の考察により、本簡の文字は九字より六字に釈読したほうが妥当であると判断する。したがって本条が発令された日付は始皇帝の二六年四月己卯の日（西暦の四月二八日）[7]に特定できる。本条の「天下已に幷せり」の文言に拠れば、従来不明であった戦国斉の滅亡は、この日付より以前となることがわかる。

補足として、本簡の文字を「八」字に釈読する可能性も提示されている。しかしながら、八とする釈読は文字の形とは無関係で、『史記』の記述に依拠して六は八の誤写とする主張である[8]。本書では原文に書かれた文字の正確性を尊重し、八字説を採用しない。二八年説の妥当性について、更なる検討は後述にまわす。

二　本条の構成員について

本条の制詔を受ける対象として、丞相臣状・臣綰の名称が見られる。この二名は字面のとおり丞相を任官した人物

であり、名は状と綰である。『史記』巻六秦始皇本紀二八年条の琅邪刻石の銘文に、

列侯武城侯王離、列侯通武侯王賁、倫侯建成侯趙亥、倫侯昌武侯成、倫侯武信侯馮毋択、丞相隗林、丞相王綰、卿李斯、卿王戊、五大夫趙嬰、五大夫楊樛従ひ、与に海上に議せり。

との署名があり、当時の丞相であった隗林と王綰の名が記されている。本条に見える「丞相綰」が王綰のことを指すとは誰もが認めよう。一方で隗林については、『史記索隠』に引く『顔氏家訓』(9)に、

顔之推云く、隋開皇の初め、京師地を穿ち鑄せらる秤権を得、銘有り、云ふこころは始皇の時の量器なり、丞相の隗状・王綰の二人名を列ぬ。其れ状貌の字に作るは、時に校写をせしめられ、親ら按じて験ずる所なり、と。

とある。北斉の顔之推によると、隋の開皇年間（五八一～六〇〇年）に秦の始皇帝期の秤が出土された。秤の上に銘文があり、丞相の隗状・王綰の名称が刻されている。このことは道聴塗説ではなく、顔之推本人が銘文の模写を命じられたゆえ、自ら確認したのである。それを踏まれば、『史記』所載琅邪刻石の銘文にある隗林とは隗状の誤写であり、本条に見える丞相状はまさしく隗状である。この考証に関連して、近年では秦の始皇帝期の秤が幾つか出土しており、例えば上海博物館が収藏する「始皇詔銅方升」の銘文に

廿六年、皇帝尽く天下の諸侯を並兼し、黔首大に安ず。号を立てて皇帝と為し、乃ち丞相の状・綰に詔し、灋度量則ち壱にならず、歉疑する者は皆な明るく之を壱にせよ、と。

とあり、『顔氏家訓』とほぼ同文が見られる。

右の検証を経て、本条に見える丞相臣状・綰とは、伝世史料に見える隗状（林）と王綰であるとわかる。丞相とは、言うまでもなく執政の大臣である。そして始皇帝二六年の時点で、戦国斉を滅ぼし天下を「統一」したことにより、丞相は政務に追われていたことが容易に想像が付く。それにも拘わらず、政治トップの二人が揃って都咸陽から離れ

て二六年の隊列に参加していた。当時の構成員が琅邪刻石に見える二八年巡行の構成員と同様であるか否かは不明であるが、それに準じた一定規模の隊列であったと予想されよう。

三　始皇帝一行の目的地について

本条の簡五六に「蒼梧」という地名が見られる。蒼梧とは、古の聖王である帝舜が埋葬された所として知られる。『史記』巻六九蘇秦列伝の「南に洞庭・蒼梧有り」に引く『史記正義』に、

> 蒼梧山は道州の南に有り。

とあり、唐の道州に位置することがわかり、およそ今の湖南省寧遠県にある。蒼梧への支配は、『漢書』巻二八地理志下蒼梧郡条に「蒼梧郡、武帝の元鼎六年に開く」とあるように、前漢武帝期に郡を設置をして支配下に置くようになったと考えられてきた。ところが『里耶秦簡』[10]簡八―七五五[11]～簡八―七五九に、

> 卅四年六月甲午朔乙卯、洞庭守の礼遷陵丞に謂ふ。丞言へらく徒隷が田せず、と。奏じて曰く、司空の厭等当に坐とし、皆な它罪有り、耐して司寇と為すべし、と。書有り、書は壬の手による。令して曰く、吏の僕・養・走・工・組織・守府門・匠及び它の急事にて田せ令むべからずんば、六人ごとに田徒四人を予ふ。徒少し及び徒毋きは、簿治虜御史に移し、御史均を以て予ふ。今遷陵廿五年に県と為し、廿九年の田は廿六年より廿八年に盡きて当に田すべくも、司空の厭等の失により田せ令むる弗し。田せ令むる弗きとは、即ち徒有りて田せ令むる弗く、且つ徒少きも奏に傅せず。及び蒼梧郡と為すこと九歳にして乃ち往歳に田す。厭の失は当に坐と論ずべし。即ち前書の律令の如くせよ。／《ママ》七月甲子朔癸酉、洞庭假守の繹遷陵に追す。／《ママ》歇の手。●《ママ》沅陽印を以て事を行ふ。

（卅四年六月甲午朔乙卯、洞庭守礼謂遷陵丞、丞言徒隷不田、奏曰、司空厭等当坐、皆有它罪、耐為司寇。有書、書壬手。令曰、吏僕・養・走・工・組織、守府門、匠及它急事不可令田、六人予田徒四人。徒少及毋徒、薄（簿）移治虜御史、御史以均予。今遷陵廿五年為県、廿九年田廿六年尽廿八年当田、司空厭等失弗令田。弗令田即有徒而弗令田且徒少不傅於奏。及蒼梧為郡九歳乃往歳田。厭失、当坐論、即如前書律令。／七月甲子朔癸酉、洞庭叚（假）守繹追遷陵。／歇手。●以沅陽印行事。）

とあるように、蒼梧郡の設置は秦の始皇帝期まで遡る。右によると、南方の周縁地域の開発を担当した司空の厭という人物が、始皇帝三四年に職務怠慢の罪を追及される。三四年の記録を検閲すると、その九年前に蒼梧は既に郡として設置されていたとある。それに基づいて逆算すれば、蒼梧郡の設置は秦の「統一」前の二五年に相当し、二六年巡行の時点で既に秦の支配下にあったとわかる。

秦の始皇帝期と前漢の武帝期とは、南方の政治状況が大きく異なる。蒼梧郡が今の寧遠県にあるとする理解は、必ずしも秦代に通用しない。『張家山漢簡』『奏讞書』案例一八には、始皇帝二七年に蒼梧郡の利郷で民衆反乱が起こり、反乱の鎮圧に関連して逃亡事件が発生したと見られる[12]。この事件の後始末は南郡が代行していたと記録されているため、蒼梧郡と南郡の位置は遠く離れていたとは考えにくい。秦代の南郡はおよそ今の荊州市江陵県にあれば、秦代の蒼梧郡も漢代の蒼梧郡より北に位置し、おそらく湘水流域にあったと考えた方が妥当である。ともかく百越と隣接する周縁地域が、いわば秦帝国の最南端である。始皇帝一行の目的地は、この国境線の最果てにある蒼梧であると想定される。

四　始皇帝一行の経路について

本条は湘山の畔で下された制詔の内容を中心に記述されているが、湘山に至るまでの経緯にも多少触れている。すなわち条文の中で、蒼梧・洞庭の水・湘山・屛山・駱翠山などの地名を言及したことである。これらの地名を検証することによって、ある程度その経路を復元できると思われるが、屛山と駱翠山については整理小組が述べたように、これらの地名を明示する史料は存在せず、現段階では場所を特定することが困難である。本稿では前述した蒼梧郡の位置を踏まえて、「洞庭の水」と湘山を次のように確認したい。

「洞庭の水」はその名称からして、すぐさまかの洞庭湖を連想させられよう。これを現在の洞庭湖周辺にあった水面と考えて差し支えないように思われる。しかしながら、ここで注意を払わないとならないのは、先秦・秦漢期において、「洞庭湖」は現在のような広大な湖水ではなく、平原に川や沼沢が散在する藪沢地帯であったとする、張修桂氏の説が有力視されていることである。[13]氏の見解を踏まえれば、始皇帝一行は「洞庭」の藪沢地帯を渡り、目的地の蒼梧を目指していたと考えられる。

一方で、湘山はまたの名を君山・青草山といい、洞庭湖の中にある標高五〇m強の小山である。洞庭湖の形成期において それと連なる青草湖があり、その中にある山は青草湖の名称にちなんで青草山と呼ばれた。のちに青草湖は洞庭湖と一体化し、湘山は洞庭湖の中にあると位置付けられた。『括地志』巻四岳州条湘陰県項に、

黄陵廟は岳州湘陰県北五十七里に在り、舜の二妃の神なり。二妃冢は湘陰北一百六十里青草山上に在り。盛弘の『荊州記』に云く、青草湖の南に青草山有り、湖は山に因りて名づく、と。『列女伝』に云く、舜陟方し、蒼梧に死す。二妃江湘の間に死し、葬に因るなり、と。

とあり、湘山は帝舜の妃が埋葬された所とされる。その位置は今の洞庭湖の東北部にあり、江水と湘水が交差する所の近くにある。

『里耶秦簡』には「洞庭」の名称が散見され、秦帝国が設置していた洞庭郡の存在が窺われる。洞庭郡と洞庭湖と

は、同様に「洞庭」の名称を冠するゆえ、両者を関連付けられることが多々ある。ところが、晏昌貴氏が指摘したように、本条の制詔の命令対象は「蒼梧」であり、「洞庭の水」・湘山ともに蒼梧郡の管轄に属すると想定される。(14) 先秦・秦の時期において「洞庭の水」と洞庭郡とは切り離して考えたほうが妥当である、という氏の指摘に首肯できる。

五　始皇帝の二六年「巡行」

前述したように、本条は始皇帝一行が蒼梧を目的地とするように描いている。この記述の仕方は『史記』の記載と共通する部分がある。すなわち巻六秦始皇本紀に記載される諸巡行において、二七年条に「隴西を巡る」とあり、二八年条に「東のかた郡県を行る」とあり、二九年条に「東游す」とあり、三二年条に「碣石に之く」とあり、三七年に「始皇出游す」とある。明確な目的地を設定してそこに向かったとする記述の仕方は、二七年巡行と三二年巡行に見える。この二回の巡行の特徴と言えば、他の巡行と比べて『史記』の文章量が極端に短いことが挙げられる。言い換えれば、当該箇所は司馬遷による修飾が少なく、一次史料に基づいた表現の可能性が高いのである。「隴西を巡る」「碣石に之く」に続く「南のかた蒼梧に至る」という本条の表現も、巡行を指す文言として対比でき、本稿ではこの出遊を「二六年巡行」と呼称する。新出土文字史料の発見により、従来欠如していた南方巡行の存在が浮上した。二六年巡行の存在を肯定すれば、今まで定説であった、西から東への始皇帝巡行の構図は再考を促されよう。

第二節　湘山での行いの矛盾――二八年巡行との比較――

本条は始皇帝が湘山とその近隣の小山である駱翠山の樹木を保護したのに対し、『史記』では異なった事実を描く。

すなわち『史記』巻六秦始皇本紀二八年条に、

始皇還り……乃ち西南のかた淮水を渡り、衡山・南郡に之く。江に浮び、湘山祠に至る。大風に逢ひ、渡るを得ざるに幾し。上博士に問ひて曰く、湘君は何の神か、と。博士対して曰く、之を聞けば、堯の女にして舜の妻なり、而して此に葬れり、と。是に於いて始皇大ひに怒り、刑徒三千人をして皆な湘山の樹を伐たしめ、其の山を赭さしむ。

とある。二八年巡行の帰りに、始皇帝は衡山郡から江水の流れに乗って湘山の南にある祠[15]に至った。始皇帝一行は南郡に向かおうとしたが、強風に見舞われ江水を渡ることが叶わなかった。『史記』の記載によれば、始皇帝は大風の原因が神霊のしわざと疑い、随行していた博士に当地の神である湘君の正体について調査させた。その結果、湘君を風雨波浪を起こす邪神だと見定めた始皇帝は、刑徒三〇〇〇人を動員して湘君が鎮座する湘山の樹木を尽く伐採し、湘山をはげ山にした。二六年巡行で湘山の樹木を保護した行為とは真逆に、二八年巡行では始皇帝の命令によって湘山の自然環境が破壊された。于振波氏[16]はこの『史記』と秦簡との矛盾において、正史の記載に従い、保護の措置は破壊の命令より遅い時期に行われたとし、本条の制詔を二九年巡行の一環として捉える。このように湘山での行いの矛盾は、二六年巡行の存在に対して疑義を招く。

この『史記』の記述は、おそらく事実の一面であろう。もとより湘山が位置する湖南省北部は標高が低いため、周囲との気圧の差が強く度々強風に見舞われる地域であった。この地理的要因は秦漢時代のみならず、後世の時代にも強く影響し、今日に至っても変わらないのである。秦の湘山を包括した今の洞庭湖の東部、すなわち岳陽・華容・湘陰・汨羅諸県（市）の統計資料[17]によれば、この三〇年間に当該地域が強風に見舞われる日数は二八六日までに上った。とりわけ長江と接続する岳陽市は、強風に見舞われた日数が一二五日に及び、洞庭湖の東部地域において最も被害が著しかった。強風の影響により始皇帝一行が江水を渡れなかった記述は、事実の一面として認められよう。

一方で、二六年巡行に見える湘山等の樹木の保護は、『史記』に描く始皇帝像に合致する側面がある。『史記』巻六秦始皇本紀二八年条に、

乃ち遂に泰山を上り、……下るに、風雨暴かに至り、樹の下に休み、因りて其の樹を封じて五大夫と為す。

とあり、始皇帝による樹木の保護が見られる。二八年巡行において、泰山より降りた始皇帝一行は急な風雨に見舞われた。そこで始皇帝は泰山麓の樹木で雨宿りをして休憩を取った。風雨から始皇帝をかばった功績により、その周辺の樹木は五大夫の爵位を賜与された。五大夫の爵位とは、二〇等爵制の第九等に該当するものである。秦漢帝国の二〇等爵位制度は官爵と民爵に分けており、第八等の公乗までは一般民衆と下級官吏に賜与できる上限である民爵に該当し、第九等の五大夫よりは上級官吏にのみ賜与される官爵に該当する。[18] 泰山麓の樹木に五大夫の爵位を賜与することは、爵位の保証により在地の一般民衆と下級官吏が犯してはならないように、その格を引き上げたことを意味する。見方を変えれば、五大夫の賜爵は伐採の禁制と同義である。この点からして泰山麓の樹木と湘山の樹木に対する措置に近似性を見出せる。

したがって、二六年巡行と二八年巡行も事実に沿った合理的な描写と言える。二つの異なった事実が存在するなか、司馬遷の取捨選択により片方の事実のみが正史に記述されるようになったと考えられる。もとより司馬遷が『史記』を著したのは前漢の武帝期であり、秦の滅亡より前漢武帝の即位までは六七年の隔たりがあった。秦末漢初の動乱を経過して、前漢の武帝期に始皇帝の所業を直接示す史料は限られていたと思われる。その状況の中で司馬遷がおこなった作業と言えば、当時残存された史料を蒐集し、断片的な記録から始皇帝の巡行を復元したことに他ならなかった。すでに藤田勝久氏が『趙正書』[19]の研究で指摘したように、『史記』の成書には複数別の系統の史料が存在していた。[20]

また、趙振輝氏が指摘したように、司馬遷の記述は楚で流伝していた説話に取材していたため、他地域で発見した簡牘史料の記載とは異なる内容となっている(21)。二六年巡行を記載した当史料は、『史記』の執筆において司馬遷が採録しなかったものに該当する。ゆえに、湘山での行いの矛盾のみでは、二六年巡行の存在を否定する決定的な根拠とはならないと思う。

第三節　周縁地域への巡察——二七年巡行との比較——

二六年巡行の目的地は簡五六に記しているとおり、南方の蒼梧である。前節で取り上げた『里耶秦簡』の条文からわかるように、蒼梧郡の設置は秦王政二五年である。それから蒼梧郡は秦の最南端の周縁地域となり、言うなれば秦の対百越地域の最前線に該当する。『史記』記載の中で、周縁地域を訪れた巡行は他にも確認できる。巻六秦始皇本紀二七年条に、

始皇隴西・北地を巡り、鶏頭山より出で、回中を過る。

とあり、二七（前二二〇）年巡行には隴西と北地の地名が見られる。その具体的な位置について、本条に引く『史記会注考証』に「今の甘粛・臨洮・鞏昌諸地は、即ち秦の隴西郡なり。慶陽諸地は、即ち北地郡なり」とあり、およそ秦の都咸陽の西北方面に位置し、秦帝国西北の周縁地域となる。馬彪氏(22)によれば、二七年巡行の目的の一つとして、辺境の長城と関塞を視察し、東方巡行を行う前に「後顧の憂い」を絶つためでもあった。その意見を踏まえれば、二七年巡行はそれ以後の長城の建設との関わりはもちろん、更に追及すればのちにおこなわれた対匈奴戦争の準備の一環とも捉え得る。

東方六国を統合してもなお、秦帝国の軍事行動は継続していた。中華世界の西北・北方は遊牧民が生活しているのに対し、それに接するいわゆる中華の民は農耕の生活形態を有する。両者は度々紛争に陥り、とりわけ遊牧民の最大勢力である匈奴による農耕民生産への略奪は後を絶たなかった。それに対抗すべく、戦国時代の秦・趙・燕の諸国は長城を築き、やがて秦帝国はそれらを繋いで長城を拡張・補強し、後世が言う万里の長城を築いた。戦国時代より脅威となっていた匈奴を対象に、始皇帝は対匈奴戦争を断行した。『史記』巻六秦始皇本紀三二年条に、

始皇乃ち将軍の蒙恬をして三〇万人を発兵し北のかた胡を撃たしめ、略して河南の地を取る。

とある。秦は蒙恬将軍の引率のもとで対匈奴戦争に三〇万の兵を動員した。その結果、秦は北方周縁地域の争奪戦において優位に立ち、河水（黄河）より以南の土地を手中に収めた。ここでいう河水より以南の土地とは、本条に引く『史記正義』に「今の霊・夏・勝等の州なり。秦之を略取す。」とあるように、およそ黄河のオルドス・ループ（黄河屈曲部）に挟まれた地域を指し、秦の北地郡・九原郡・上郡に該当する。蒙恬の経歴を踏まえれば、かれはこの対匈奴戦争に参与するまで、内史として中央官僚を務め都咸陽に滞在していた[23]。蒙恬が対匈奴戦争の司令官として都咸陽から出発したのであれば、地理的観点からして近隣の北地郡を起点とした可能性は高い。そうであれば、始皇帝の二七年巡行における隴西郡・北地郡への視察は、三二年の対匈奴戦争への布石だった可能性がある。

二七年巡行の中で、始皇帝は鶏頭山を経路に組み込んだ。のちにおこなわれた諸巡行との比較からわかるように、始皇帝の行動には山に登る傾向が強い。すなわち二八年巡行・二九年巡行・三七年巡行において鄒嶧山・成山・之罘山・琅邪山・会稽山に登ったことである。その傾向に従えば、二七年巡行の際にも鶏頭山に登ったと推測される。この鶏頭山の位置については、主に二説ある。一つは大隴山の異名として捉える説である。『括地志』巻四成州条上祿県項に、

鶏頭山は成州上祿県の東北より二〇里に在り、京の西南より九六〇里に在る。『後漢書』隗囂伝に云ふ「王孟(24)鶏頭を塞ぐ」とは、即ち此れなり。

とあり、唐の都長安より西南方向九六〇里にある。もう一つは笄頭山の異名として捉える説である。『史記』巻六秦始皇本紀二七年条に引く『史記正義』に、

原州平高県の西より一〇〇里に亦た笄頭山有り、京の西北より八〇〇里に在り、黄帝鶏山の所なり。

とあり、唐の都長安より西北方向八〇〇里にある。今は後者の説が主流と言える。後者の説に従う場合、鶏頭山は蕭関の南に位置する。鶏頭山に登って北へ眺めれば、蕭関より以北の周縁地域を一望できるのであろう。鶏頭山近隣の蕭関に注目すると、『漢書』巻九四匈奴伝上に、

孝文一四年、匈奴単于の一四万騎は朝那蕭関に入り、北地都尉の卬を殺し、人民の畜産を虜すること甚だ多く、遂に彭陽に至る。騎兵をして入りて回中宮を焼かしめ、騎を候ちて雍・甘泉に至る。

とある。前漢の文帝一四（前一六六）年に匈奴は漢帝国を攻撃し、蕭関を突破して北地郡の軍事長官（北地都尉）である（孫）卬を殺害した。右の史料により、蕭関の中華世界に進入するための入口としての側面が見える。そのうえで、蒙恬将軍の対匈奴戦争の起点であろう北地郡と蕭関との関係性も窺える。更に、匈奴単于の軍隊が通過した回中宮とは、二七年巡行の経路にも組み込まれており、始皇帝の帰り道に宿泊したとされる。『漢書』巻六武帝紀元封四年条に引く後漢の応劭注に、

回中は安定高平に在り、険阻有り、蕭関は其の北に在り、治を通じて長安に至るなり。

とあり、回中と漢の都長安との間に直通の道路がある。したがって、匈奴単于の軍隊は回中から長安へ攻める選択肢もあったとわかる。そして秦の咸陽城と漢の長安城の位置関係からして、おそらく同様にこの経路を使用することは

可能であろう。

いったん話を整理すると、前漢文帝期に受けた匈奴の侵攻により、蕭関—北地郡—回中—都長安の移動経路が見える。逆の視点からすれば、秦の始皇帝期もこの移動経路を使用して対匈奴戦争に臨むことが可能であった。そして、この移動経路は二七年巡行の際に、始皇帝自ら通過した痕跡と重なる。これらの話を総合すると、二七年巡行を三二年におこなわれた対匈奴戦争の準備の一環として位置付けてもある程度合理性を見出せる。

第四節　二六年巡行と南方攻略

巡行と軍事行動との関連性に着目し、そして二七年巡行と三二年の対匈奴戦争との間にあった時間幅を考慮すると、二六年巡行と三三年の対百越戦争との関係性が見えてくる。秦の対百越戦争は東方六国への侵攻と同時に進められていた。『史記』巻六秦始皇本紀二五年条に、

王翦遂に荊江より南の地を定む。越君を降し、会稽郡を置く。

とあり、天下「統一」の前夜である二五（前二二二）年に王翦将軍が率いる秦軍は長江流域の支配権を確立し、百越の一部を降伏させ会稽郡を設置した。ところが、それ以上に戦果をあげられなかったのは、東方世界の征服に専念していたとも考えられる一方で、そもそも山林叢沢に囲まれた百越地域に自然の障害が多く、秦の進軍は難航していた。一部が秦に帰属したものの、百越の勢力は依然として秦の脅威であった。前述した『奏讞書』案例一八に見えるように、「統一」して間もないうちに、蒼梧郡の管轄に属する利郷で反乱が起きた。このとき反乱鎮圧のために徴発された新黔首が逃亡して山中に隠れるなど、秦の帝国支配を揺るがす事態が発生した。この反乱及びそれに伴う逃亡の

発生が越人勢力と如何に関連していたかは史料の限界により知るよしもないが、秦にとって周縁地域に存在する不安定要素が、帝国支配における大きな懸念材料であったに相違ない。しばらく時間が経過したのち、始皇帝は再び大規模な対百越戦争を起こした。『史記』巻六秦始皇本紀三三年条に、

諸々の嘗つての逋亡せる人・贅壻・賈人を発して陸梁の地を略取し、桂林・象郡・南海を為し、以て適して遣りて戍らしむ。

とある。始皇帝の三三（前二一四）年に、秦は亡人（罪あって逃亡していた者）・贅婿（入り婿）・賈人（商人）を動員して「陸梁」の地を攻略し、桂林・象・南海の諸郡を設置した。ここでいう「陸梁」の地について、明の顔文選の考証に、(25)

魚の大なる者は跋扈にして亦た跳梁と曰ふ。陸梁とは即ち跳梁なり。梁を以て陸と為し、越へて之を過ぎ、故に陸梁と曰ふ。

とあり、飛び越えた先の大陸として陸梁という語を解釈する。もとより秦は河水を北の境界線とし、江水を南の境界線として、中夏（華）世界と蛮夷との間に境目を設けていた。顔文選の解釈を秦と百越との地理的関係に当てはめて考えれば、陸梁とは江水を飛び越えた先の南方地域を指す総称である。また、近現代の黄永年の考証に、(26)

蓋し南越の地に、北のかた五嶺有り、乃ち秦南越に軍を進むるに必ず経る所なり。越人且く此の山の険なるに憑りて以て秦に抗ふ。竊かに陸梁の名と謂ふは五嶺に由りて來たるに殆し。所謂陸梁の地とは即ち大陸上の山嶺地区の謂はれなり。

とあり、陸梁の呼称は五嶺山脈という連続した梁のような山脈に由来するとの解釈である。五嶺山脈とは、今の湖南省・江西省・広西省チュアン自治区・広東省を分断し、南北を貫く五本の嶺である。陸梁とは、この五嶺山脈より以南の地域を指し、いわゆる嶺南の地である。このように、顔文選や黄永年の考証は『史記』に見える「陸梁」という

語に具体性を持たせた。とりわけ黄永年説に従えば、始皇帝三三年における対百越戦争に侵攻した地域は、蒼梧郡と隣接する地域に該当する。蒼梧郡を目的とした二六年巡行と、対百越戦争との関連性が想起させられよう。とりわけ秦越戦争後に設置された桂林・象・南海の諸郡は、およそ蒼梧郡を屈折点としてループする形となっている。秦の対百越戦争は蒼梧郡を起点とし、その準備として始皇帝は二六年巡行をおこなった可能性がある。

秦の対百越戦争の実態について、『史記』巻一一二主父偃列伝に付された郎中厳安の上書に、

又た尉の屠睢をして楼船の士を将い、南のかた百越を攻めしめ、監の禄をして渠を鑿ち糧を運び、深く越に入らせるも、越人遁逃す。

とある。右の厳安の前漢武帝への上書は秦の侵略戦争を言及しており、秦が南北の対外戦争のために国を滅ぼしたことを批判し、それを漢帝国の教訓として語っていた。その内容を見ると、秦の百越侵攻は水路の交通と深く関わっていることがわかる。すなわち、秦の進軍において尉の屠睢は「楼船の士」を率いて水路から百越を攻撃した。そして対百越戦線を維持すべく、秦は監の（史）禄に渠を開通させ軍糧の運搬に供した。この渠はのちに「霊渠」と呼ばれ、四川省の「都江堰」・陝西省の「鄭国渠」と並んで古代中国の三大水利工程として名を挙げられる。湘水と離水を連結する霊渠は、運河として五嶺山脈を超えて軍糧を輸送する役割を果たした。霊渠の位置が二六年巡行の路線と重複することは、決して偶然ではなかろう。察するに、始皇帝が二六年巡行で湘水流域を視察した結果、運河の必要性を察知した。その後の二八年に霊渠の建設をはじめ、それを三三年の対百越戦争に物資の運搬に実用させた。水路からの攻撃と霊渠の開通、これらの事象は二六年巡行と対百越戦争との関連性を示唆する。対百越戦争及び前節で検討した対匈奴戦争を起こす前に、始皇帝は現地を巡察し、進軍ルートや改良の余地のある施設等を確認した。霊渠の建設は、まさに百越への進軍の不足を補うための措置であった。こうして見ると、始皇帝の天下巡行と秦帝国の軍事行動

とは密接な関係であると指摘できよう。

始皇帝の天下巡行と秦帝国が展開した南北戦争と照らし合わせると、両者の密接な関係が浮かび上がる。対百越・対匈奴戦争への準備が二六年と二七年に既に計画されていたのであれば、秦の始皇帝にとって斉を滅ぼした二六年の時点では天下を「統一」したという認識には至らなかっただろう。栗原朋信氏[27]に指摘されたように、元号改正の有無からして「統一」の年である二六年は始皇帝にとって大きな画期ではなかった。古代中国において元号は君主の政治支配の正統性を象徴するものである。かつて戦国秦の時代において、恵文君は即位した一三年に王号を採用し秦王（恵文王）に改称した。『史記』巻五秦本紀に「一四年、更めて元年と為す」とあるように、王と称した翌年の一四（前三二五）年に、恵文王は踰年称元法に則って改元した。それは周王の臣下である秦「公」から、独立した封建君主である秦「王」への昇格を意識した行為であった。ところが、「王」から「皇帝」へと改称し、東方世界を征服して天下を「統一」したにも拘わらず、始皇帝は改元をしないまま、秦記（『史記』巻六秦始皇本紀の底本となるもの）の紀年は二六年から二七年へと続き、始皇帝が崩御する三七年まで至る。この事象を南北戦争への準備である二六年と二七年の巡行と合わせて考えれば、始皇帝が改元しなかった理由は匈奴と百越の存在に意識を向けていたからではなかろうか。臣民には「天下已に并せり」や「尽く天下を并兼す」と宣言しながらも、始皇帝の思惑と秦という国家の体面とは、必ずしも一致しない側面が窺われる。

おわりに

中国古代を記載した史料の中で、『史記』は成立年代からして最も秦漢時代の様相を反映したものとして重宝されてきたが、むろん『史記』の記載だけが秦漢史の全てではあるまい。『史記』における秦代史の記述は、著者である司馬遷が当時残存された史料に基づき、取捨選択の結果を経て体系的にまとめ上げたものに過ぎない。始皇帝の治世において、秦の急激な領土拡大に適した支配の仕方を模索するなかで、始皇帝はしばしば関中地域より出て天下世界を巡行した。『史記』では二七年から三七年にかけて五回の巡行があったと記載するが、新たに発見された出土文字史料の発見により、そのような認識が必ずしも全貌ではないとわかった。

『嶽麓秦簡（伍）』の条文により、始皇帝は「統一」の年である二六年に既に東方世界を巡り、南方の蒼梧まで訪れた痕跡が見られる。この巡行を『史記』所載の巡行と比較すれば、始皇帝が蒼梧を訪れた動機はかの皇帝の対外戦略と合致しており、のちに実行された秦の百越地域への侵攻と関連付けられる。二六年巡行の存在を肯定すれば、『史記』には始皇帝の巡行を全て記載していないことが判明する。『史記』所載の五回の巡行は、あくまで始皇帝の巡行の一例に過ぎなく、巡行の全貌を伝えるものではなかった。そうであれば、二六年巡行が存在すると同様に、二六年から三七年までの間にまだ知られていない巡行が存在するかもしれない。

二六年巡行のほかに、碣石を目的地とした三二年巡行も秦の周縁地域をめぐった。『史記』巻六秦始皇本紀三二年条に、

始皇碣石に之き、燕人の盧生をして羨門高誓を求めしむ。碣石門に刻む。……始皇北辺を巡り、上郡より入る。

とある。始皇帝は三二年に北方・東北の旧燕地域を目的地とし、海岸線沿いにある碣石を訪れた。碣石に到着し次第、始皇帝は方士の盧生を派遣して仙人の羨門高誓を捜査させ、のちに海岸の岩礁に文字を刻み込み、天下を「統一」した武の功績を褒め称えた。ここで言及した羨門高誓について、清の梁玉縄(28)の考証に、

封禅書の羨門子高と郊祀志の羨門高とは、是れ一人名なり。張揖は司馬相如伝に注して云く、碣石山の上の仙人

なり、と。分けて羨門・高誓の二人と為すは、大ひに誤れり。

とあり、碣石山に伝承される仙人の名称であるとわかる。諸巡行に見える傾向を踏まえれば、盧生を先行させたのち、始皇帝も碣石山を登った可能性が高い。それまで西北方面から展開していた対匈奴戦争であるが、三二年巡行は逆の東北方面を視察した。始皇帝が取ったこの行動は、新たな戦線を開拓するための布石だったかもしれない(29)。それまでに既に匈奴を北に追い、大打撃を与えたにも拘わらず、秦の対匈奴戦争はまだ完結していなかったようである。しかしながら、始皇帝は三七年巡行の途中で崩御し、秦の対匈奴戦争もそれに伴い終結を余儀なくされた。三二年巡行の意図は遂に分からずじまいとなった。

注

（1）馬彪「始皇帝西巡の線路及び沿線禁苑について」『山口大学文学会志』六六、二〇一六年。

（2）稲葉一郎「秦始皇の巡狩と刻石」『書論』二五、一九八九年。

（3）鶴間和幸「秦帝国の形成と東方世界——始皇帝の東宝巡狩経路の調査をふまえて——」『秦帝国の形成と地域』（汲古書院、二〇一三年）第三章七七頁～一一四頁。

（4）陳松長主編『嶽麓書院蔵秦簡（伍）』上海辞書出版社、二〇一七年。

（5）斉継偉氏は『嶽麓秦簡（壱）』「為吏治官及黔首」に見える顧の字例を引用し、「顧」字に釈読できると提言する。今はこれに従う。詳細は斉継偉「読『岳麓書院藏秦簡（伍）』札記（一）」簡帛網、二〇一八年 http://bsm.org.cn/show_article.php?id=2998（検索日：二〇二〇年五月二七日）を参照。

（6）前掲注四のほか、同氏主編『嶽麓書院蔵秦簡（肆）』（上海辞書出版社、二〇一五年）及び『嶽麓書院蔵秦簡（陸）』（上海辞書出版社、二〇二〇年）を参照。

（7）徐錫祺『西周（共和）至西漢暦譜（修訂本）』（北京科学技術出版社、一九九七年）は四月己卯を西暦の四月二九日にするが（一二四二頁）、出土文字史料の発見を受けた暦研究の進展により、徐氏の計算にずれがあると判明したので今はこれに従わない。

（8）秦樺林「『嶽麓書院藏秦簡（伍）』第56—58簡札記」簡帛網、二〇一八年 http://www.bsm.org.cn/show_article.php?id=3008 や、周拓「岳麓秦簡（五）札記一則」簡帛網、二〇一九年 http://www.bsm.org.cn/show_article.php?id=3352（検索日：二〇二〇年九月一〇日）等を参照。

（9）本文には『史記索隠』の引用文を掲載しているが、原文は次の通りである。すなわち『顔氏家訓』巻下書証篇第一七（一部の文字は四庫全書版を参考に補った）に「史記始皇本紀二十八年、丞相隗林・丞相王綰等議於海上、諸本皆作山林之林。開皇二年五月、長安民掘得秦時鉄称権、旁有銅塗鐫銘二所。其一所曰、廿六年皇帝尽幷兼天下諸侯、黔首大安。立号為皇帝、乃詔丞相狀・綰、灋度量鼎不壱、歉（嫌）疑者皆壱明之。凡四十字。其一所曰、元年制詔丞相斯・去疾、法度量尽始皇帝為之、皆刻辞焉。今襲号而刻辞不称始皇帝其於久遠也、如後嗣為之者、不称成功盛徳。刻此詔於左使毋（毋）疑。凡五十八字。一字磨滅、見有五十七字。了了分明、其書兼為古隸、余被勅写読之、与内史令李徳林対見此称権、今在官庫。其丞相状（筆者按：状）字乃為状貌之状、爿旁作犬、則知俗作隗林、非也。」とある。

（10）湖南省文物考古研究所編『里耶秦簡（壱）』文物出版社、二〇一二年。

（11）簡八—七五五の裏に「歇手」とあるが、ここでは省略する。

（12）彭浩・陳偉・工藤元男主編『二年律令与奏讞書』上海古籍出版社、二〇〇七年。

（13）張修桂「洞庭湖演変的歴史過程」『歴史地理』創刊号、上海人民出版社、一九八一年（『中国歴史地貌与古地図研究』社会科学文献出版社、二〇〇六年、一三八頁〜一四四頁所収）。

（14）晏昌貴「禁山与赭山秦始皇的多重面相」『華中師範大学学報（人文社会科学版）』二〇一八年第四期。

（15）本条に引く『史記正義』に「按、湘山者、乃青草山。山近湘水、廟在山南、故言湘山祠。」とある。

（16）于振波「岳麓書院蔵秦簡始皇禁伐樹木詔考異」『湖南大学学報（社会科学版）』二〇一八年第三期。

(17) 朱浩・陳嬌栄・王威「東洞庭湖区大風災害及其対水上交通安全的影響」『科技与創新』二四、二〇一四年。
(18) 栗原朋信「両漢時代の官民爵に就いて」(『史潮』二二・二三合併号、二六・二七合併号、一九四〇～一九四一年)などを参照。
(19) 北京大学出土文献研究所編『北京大学蔵西漢竹書(参)』(上海古籍出版社、二〇一五年)所収。
(20) 藤田勝久「『史記』秦代史と北大漢簡「趙正書」」『資料学の方法を探る』一八、二〇一九年。
(21) 趙振輝「秦始皇赭湘山再探」(梁安和・徐衛民主編『秦漢研究』第一三輯)西北大学出版社、二〇一九年。
(22) 前掲注一。
(23) 『史記』巻八八蒙恬列伝に「始皇二十六年、蒙恬因家世得為秦将、攻斉、大破之、拝為内史。秦已幷天下、乃使蒙恬将三十万北逐戎狄、収河南。」とある。
(24) 原文は「王莽塞鶏頭」に作るが、原文が依拠した『後漢書』巻一三隗囂伝に「(建武)八年春、來歙従山道襲得略陽城。囂出不意、懼更有大兵、乃使王元拒隴坻、行巡守番須口、王孟塞鶏頭道、牛邯軍瓦亭、囂自悉其大衆圍來歙。」とあり、今はこれに拠り「莽」を「孟」に改める。
(25) 顔文選『駱丞集』(台湾商務印書館、一九八六年)巻三、四六九頁を参照。
(26) 『顧頡剛読書筆記』(中華書局、二〇一一年)巻一二、一三頁～一四頁を参照。
(27) 栗原朋信「秦と漢初の「皇帝」号について」(『東方学論集』東方学会創立二五周年記念、一九七二年→『上代日本対外関係の研究』吉川弘文館、一九七八年)を参照。
(28) 梁玉縄『史記志疑』(中華書局、一九八一)巻五、一七八頁～一七九頁を参照。
(29) 林剣鳴氏も二二年巡行の主な目的は「北辺を巡る」にあり、匈奴を討伐するための準備であると指摘する。詳細は『秦漢史』(上海人民出版社、二〇〇三年)一六〇頁を参照。

【附録一】 伝世史料に見える符の記載

書名	篇名	記載の内容
『史記』	巻６秦始皇本紀	数以六為紀、符・法冠皆六寸、而輿六尺、六尺為歩、乗六馬。
		中車府令趙高行符璽事。
		子嬰即係頸以組、白馬素車、奉天子璽符、降軹道旁。
		素車嬰組、奉其符璽、以帰帝者。
	巻８高祖本紀	秦王子嬰素車白馬、係頸以組、封皇帝璽符節、降軹道旁。
		乃論功、与諸列侯剖符行封。
		襄平侯通尚符節。
	巻10孝文本紀	太尉乃跪上天子璽符。
		臣謹奉天子璽符再拝上。
		九月、初与郡国守相為銅虎符・竹使符。
	巻15六国年表	矯称蠭出、誓盟不信、雖置質剖符猶不能約束也。
	巻40楚世家	斉王大怒、折楚符而合於秦。
		王欲発兵、非有漢虎符験也。
	巻54曹相国世家	以高祖六年賜爵列侯、与諸侯剖符、世世勿絶。
	巻56陳丞相世家	還至雒陽、赦信以為淮陰侯、而与功臣剖符定封。
		於是与平剖符。
	巻57絳侯周勃世家	賜爵列侯、剖符世世勿絶。
	巻69蘇秦列伝	焚秦符。
	巻70張儀列伝	乃使勇士至宋、借宋之符、北罵斉王。
	巻77魏公子列伝	嬴聞晋鄙之兵符常在王臥内、而如姫最幸、出入王臥内、力能竊之。
		則得虎符奪晋鄙軍、北救趙而西却秦、此五霸之伐也。
		如姫果盗晋鄙兵符与公子。
		公子即合符、而晋鄙不授公子兵而復請之、事必危矣。
		晋鄙合符、疑之。
		魏王怒公子之盗其兵符、矯殺晋鄙、公子亦自知也。
	巻79范雎蔡澤列伝	穰侯使者操王之重、決制於諸侯、剖符於天下、政適伐国、莫敢不聴。
	巻80楽毅列伝	先王以為然、具符節南使臣於趙。
	巻87李斯列伝	中車府令趙高兼行符璽令事。
		所賜長子書及符璽皆在胡亥所、定太子在君侯与高之口耳。
	巻91黥布列伝	布遂剖符為淮南王、都六、九江・廬江・衡山・豫章郡皆属布。

『史記』	巻92淮陰侯列伝	張耳・韓信未起、即其臥内上奪其印符、以麾召諸将、易置之。
	巻93韓信列伝	五年春、遂与剖符為韓王、王潁川。
	巻95樊噲列伝	更賜爵列侯、与諸侯剖符、世世勿絶。
	巻95酈商列伝	賜爵列侯、与諸侯剖符、世世勿絶。
	巻95夏侯嬰列伝	更食汝陰、剖符世世勿絶。
	巻95灌嬰列伝	還、剖符、世世勿絶。
	巻96張丞相列伝	趙堯年少、為符璽御史。
	巻97陸賈列伝	遣臣授君王印、剖符通使。
	巻98傅寛列伝	因定斉地、剖符世世勿絶。
	巻98靳歙列伝	従至陳、取楚王信、剖符世世勿絶。
	巻100欒布列伝	天下已定、彭王剖符受封、亦欲伝之万世。
	巻102馮唐列伝	夫士卒尽家人子、起田中従軍、安知尺籍伍符。
	巻106呉王濞列伝	乃未有詔虎符、擅発兵撃義国。
	巻113南越列伝	漢十一年、遣陸賈因立佗為南越王、与剖符通使、和集百越、毋為南辺患害、与長沙接境。
	巻114東越列伝	吾初即位、不欲出虎符発兵郡国。
	巻117司馬相如列伝	故有剖符之封、析珪而爵、位為通侯。
	巻118淮南衡山列伝	天子使宗正以符節治王。
	巻122酷吏列伝	乃使光禄大夫范昆・諸輔都尉及故九卿張徳等衣繡衣、持節虎符発兵以興撃。
	巻130太史公自序	維高祖元功、輔臣股肱、剖符而爵、澤流苗裔、忘其昭穆、或殺身隕国。
『漢書』	巻１高帝紀	秦王子嬰素車白馬、係頸以組、封皇帝璽符節、降枳道旁。
		甲申、始剖符封功臣曹参等為通侯。
		又与功臣剖符、作誓丹書鐵契、金匱石室、蔵之宗廟。
	巻３高后紀	襄平侯紀通尚符節
	巻４文帝紀	臣謹奉天子璽符再拝上。
		九月、初与郡守為銅虎符・竹使符。
	巻16高恵高后文功臣表	迹漢功臣、亦皆割符世爵、受山河之誓。
	巻19百官公卿表	（少府属官有尚）符節。
		其僕射・御史治書尚符璽者、有印綬。
		符璽御史趙堯為御史大夫、十年免。
	巻33韓王信伝	五年春、与信剖符、王潁川。
	巻34韓信伝	張耳・韓信未起、即其臥、奪其印符、麾召諸将易置之。

『漢書』	巻34英布伝	布遂剖符為淮南王、都六、九江・廬江・衡山・豫章郡皆属焉。
	巻35呉王濞伝	及未有詔虎符、擅発兵撃義国。
	巻37欒布伝	天下已定、彭王剖符受封、亦欲伝之万世。
	巻38高五王伝	王欲発兵、非有漢虎符驗也。
	巻39曹参伝	高祖六年、与諸侯剖符、賜参爵列侯、食邑平陽万六百三十戸、世世勿絶。
	巻40陳平伝	還至雒陽、与功臣剖符定封、封平為戸牖侯、世世勿絶。
	巻40周勃伝	賜爵列侯、剖符世世不絶。
	巻41樊噲伝	更賜爵列侯、与剖符世世勿絶。
	巻41酈商伝	遷為右丞相、賜爵列侯、与剖符世世勿絶。
	巻41夏候嬰伝	更食汝陰、剖符世世勿絶。
	巻41灌嬰伝	還、剖符世世勿絶。
	巻41傅寛伝	因定斉地、剖符世世勿絶。
	巻41靳歙伝	従至陳、取楚王信、剖符世世勿絶。
	巻42趙堯伝	趙堯為符璽御史。
	巻43陸賈伝	遣臣授君王印、剖符通使。
	巻44淮南王伝	上使宗正以符節治王。
	巻57司馬相如伝	故有剖符之封、析圭而爵、位為通侯。
	巻62司馬遷伝	僕之先人非有剖符丹書之功。
	巻63武五子伝	臣旦願帰符璽、入宿衞、察姦臣之変。
		旦得書、以符璽属医工長。
	巻64厳安伝	吾新即位、不欲出虎符発兵郡国。
		至今国空虚、遣使者上符節、請所立、不敢自立、以待天子之明詔。
	巻64終軍伝	為復伝、還當以合符。
	巻64王襃伝	剖符錫壌而光祖考、伝之子孫、以資説士。
	巻64賈捐之伝	淮南王盗写虎符、陰聘名士。
	巻68霍光伝	光召尚符璽郎、郎不肯授光。
		臣旦願帰符璽、入宿衞、察姦臣之変。
		自之符璽取節十六、朝暮臨、令従官更持節従。
	巻75眭弘伝	以明経為議郎、至符節令。
	巻76王尊伝	今将輔送獄、直符史詣閤下、従太守受其事。
	巻79馮奉世伝	持虎符出界帰家、奉詔不敬。
	巻87儒林伝	孟為符節令。
	巻88揚雄伝	析人之圭、儋人之爵、懐人之符、分人之祿。

『漢書』	巻90酷吏伝	乃使光祿大夫范昆・諸部都尉及故九卿張徳等衣繡衣、持節虎符発兵以興撃。
		後左馮翊缺、上欲徴延年、符已発、為其名酷復止。
	巻92游俠伝	信陵無忌竊符矯命、戮将専師、以赴平原之急。
	巻95西南夷両粤朝鮮伝	十一年、遣陸賈立佗為南粵王、与剖符通使、使和輯百粵、毋為南辺害、与長沙接境。
	巻99王莽伝	詔尚書、諸発兵符節、百官奏事、中黄門・期門兵皆属莽。
		吏民出入、持布銭以副符伝。
		大司空士夜過奉常亭、亭長苛之。告以官名、亭長醉曰、寧有符伝邪。
		未賜虎符而擅発兵、此弄兵也、厥辠乏興。
		遣将不与兵符、必先請而後動、是猶紲韓盧而責之獲也。
		丹使吏持其印韍符節付匡。
	巻100叙伝	受命之初、賛功剖符。
		漢興柔遠、与爾剖符。
『戦国策』	秦策	穰侯使者操王之重、決裂諸侯、剖符於天下、征敵伐国、莫敢不聴。
		今太后使者分裂諸侯、而符布天下、操大国之勢、強徴兵、伐諸侯。
	魏策	請焚天下之秦符。
		次傳焚符之約。
	燕策	使使盟於周室、盡焚天下之秦符。
		臣乃口受令、具符節、南使臣於趙。
『塩鉄論』	除狹篇	今守、相親剖符賛拝、莅一郡之衆、古方伯之位也。
	世務篇	符契内合、誠有以相信也。
『列女伝』	貞順篇	王与宮人約令、召宮人必以符。
		楚昭出遊、留姜漸台、江水大至、無符不来、夫人守節、流死不疑。
『商君書』	定分篇	各為尺六寸之符、明書年月日時、所問法令之名、以告吏民。
『六韜』	王翼篇	伏鼓旗三人、主伏鼓旗、明耳目、詭符節、謬号令、闇忽往來、出入若神。
	陰符篇	主与将、有陰符、凡八等。
		有大勝克敵之符、長一尺。
		破軍擒将之符、長九寸。
		降城得邑之符、長八寸。
		卻敵報遠之符、長七寸。

	陰符篇	警衆堅守之符、長六寸。
		請糧益兵之符、長五寸。
		敗軍亡将之符、長四寸。
		失利亡士之符、長三寸。
		諸奉使行符稽留、若符事聞泄、告者皆誅之。
		八符者、主将秘聞、所以陰通言語、不泄中外相知之術。
	陰書篇	其事煩多、符不能明。
	農器篇	田里相伍、其約束符信也。
『周礼』	地官司徒篇	門関用符節。
	秋官司寇篇	門関用符節。

【附録二】　符の熟語

	熟語	意味
頭につく場合	符緯	符纖の書。
	符印	符契と刻印。
	符運	天運、または運命。
	符要	時節を約束して待つこと。
	符応	符命が来たって降って人 事と相応すること。
	符架	まじないの術。
	符劾	魔除けふだ。
	符効	符応に同じ。
	符号	記号。
	符甲	種の皮。
	符合	わりふが合う。
	符貺	瑞祥をいう。
	符金	おふだを受ける金
	符契	わりふ。
	符券	わりふ。
	符験	符を以て験とすること。
	符言	『鬼谷子』の篇名。
	符虎	金虎符をいう。
	符鉤	音符の符尾につける鉤状 の記号。
	符采	①玉にある美しい模様。 ②美しい詩文の喩。
	符彩	符采に同じ。
	符策	詔勅をいう。
	符子	札または手形。
	符師	まじない師。
	符璽	①符と璽。②璽符に同じ。
	符璽郎	官名。
	符璽令	官名。
	符呪	まじない。
	符祥	めでたいしるし。
	符賞	軍書と賞賜。
	符守	符を受けて太守となるこ と。
	符繻	しるしに用いる帛。
	符書	符信の書または符瑞の書。
	符証	しるし。
	符信	しるし。
	符纖	符命と図纖。
	符水	神の符と神に供えた水。
	符瑞	めでたいしるし。
	符籍	旅行券と戸籍。
	符節	わりふ。
	符節令	後漢の官名。
	符竹	①符節をいう。 ②官途に就く。
	符徴	しるし。
	符椿	呪文を記した書きつけ。
	符牒	しるしの書きつけ。
	符篆	篆書で記した呪文。
	符伝	符と伝。
	符頭	音の高さを示す記号。
	符同	符合する。
	符牌	わりふ。
	符宝卿	官名。
	符宝郎	官名。
	符抜	獣の名。
	符板	割印。
	符尾	音の長さを示す記号。
	符表	しるし。あらわれ。
	符簿	帳簿。
	符命	天が瑞祥を以て人君に下 す命令。
	符約	わりふを作って約束する こと。
	符籙	道家の秘文。
後ろにつく場合	兵符	将軍に出兵させるときに 与えるわりふ。
	剖符	わりふを二つにさく。
	割符	剖符に同じ。
	勘合符	勘合船に対して交付され たわりふ。
	合符	①わりふが一致する。 ②わりふをあわせる。

後ろにつく場合	同符	ぴったりと一致する。
	契符	わりふ。
	官符	朝廷が発行する命令書。
	桃符	ももの木で作ったふだ。
	璽符	わりふ。
	神符	①お守りのふだ。 ②神の預言。
	禎符	めでたいしるし。
	虎符	トラの形をしたわりふ。
	銅虎符	虎符に同じ。
	陰符	魔除けふだ。
	霊符	天の下すめでたいしるし。
	音符	音楽の記号。

後ろにつく場合	魚符	サカナの形をしたわりふ。
	奉符	符を奉上する。
	上符	奉符に同じ。
	封符	符を封印する。
	尚符(節)	①漢代の官名。 ②符（節）をつかさどる。
	為符	符をつくる。
	折符	符をおる（破壊する)。
	焚符	符をやく（破壊する)。
	借符	符をかりる。
	具符	符をそなえる。
	竊符	符をぬすむ。

引用・参考文献一覧

【著書】

〈日文〉

浅野　裕一　『黄老道の成立と展開』創文社、一九九二年
阿部　幸信　『漢代の天下秩序と国家構造』研文出版、二〇二二年
阿部　幸信　『印綬が創った天下秩序　漢王朝の統治と世界観』山川出版社、二〇二四年
池田　雄一　『中国古代の律令と社会』汲古書院、二〇〇八年
池田　雄一　『漢代を遡る奏讞――中国古代の裁判記録』汲古書院、二〇一五年
板垣明・山元貴尚 編『二年律令・奏讞書――文字異同と一字索引――』汲古書院、二〇一五年
イマニュエル・ウォーラステイン著（川北稔訳）『近代世界システムⅠ　農業資本主義と「ヨーロッパ世界経済」の成立』名古屋大学出版会、二〇一三年
小倉　芳彦　『中国古代政治思想研究』青木書店、一九七〇年
大庭　脩　『木簡』学生社、一九七九年
大庭　脩　『秦漢法制史の研究』創文社、一九八二年
大庭　脩　『漢簡研究』同朋舎出版、一九九二年
大庭　脩　『木簡――古代からのメッセージ――』大修館書店、一九九八年
大庭脩監修、漢書百官公卿表研究会　『『漢書』百官公卿表訳注』朋友書店、二〇一四年
尾形　勇　『中国古代の「家」と国家――皇帝支配下の秩序構造』岩波書店、一九七九年
片岡　一忠　『中国官印制度研究』東方書店、二〇〇八年

鎌田　重雄　『漢代史研究』川田書房、一九四九年
鎌田　重雄　『秦漢政治制度の研究』日本学術振興会、一九六二年
紙屋　正和　『漢時代における郡県制の展開』朋友書店、二〇〇九年
木村　正雄　『中国古代帝国の形成――特にその成立の基礎条件』不昧堂書店、一九六五年（→比較文化研究所、二〇〇三年）
京都大学人文科学研究所簡牘研究班編　『漢簡語彙　中国古代木簡辞典』岩波書店、二〇一五年
工藤　元男　『睡虎地秦簡訳注――秦律十八種・效律・秦律雑抄――』汲古書院、二〇一八年
栗原　朋信　『秦漢史の研究』吉川弘文館、一九六〇年
栗原　朋信　『上代日本対外関係の研究』吉川弘文館、一九七八年
五井　直弘　『漢代の豪族社会と国家』名著刊行会、二〇〇一年
五井　直弘　『中国古代の城郭都市と地域支配』名著刊行会、二〇〇二年
佐竹　靖彦　『項羽』中央公論新社、二〇一〇年
柴田　昇　『漢帝国成立前史』白帝社、二〇一八年
鷹取　祐司　『秦漢官文書の基礎的研究』汲古書院、二〇一五年
鷹取　祐司編　『古代中世東アジアの関所と交通制度』汲古書院、二〇一七年
楯身　智志　『漢代二十等爵制の研究』早稲田大学出版部、二〇一四年
楯身　智志　『前漢国家構造の研究』早稲田大学出版部、二〇一六年
鶴間　和幸　『秦帝国の形成と地域』汲古書院、二〇一三年
冨谷　至　『文書行政の漢帝国』名古屋大学出版会、二〇一〇年
冨谷　至編　『江陵張家山二四七號墓出土漢律令の研究・譯注篇』朋友書店、二〇〇六年
東洋文庫中国古代地域史研究編　『張家山漢簡『二年律令』の研究』東洋文庫、二〇一四年
内藤　湖南　『支那上古史』弘文堂、一九四四年（→『内藤湖南全集』（全一四巻）筑摩書房、一九七六年）

永田　英正『居延漢簡の研究』同朋舎出版、一九八九年
永田　英正『漢代史研究』汲古書院、二〇一八年
仁井田　陞『唐宋法律文書の研究』東方文化学院東京研究所、一九三七年（→東京大学出版会、一九八三年）
西嶋　定生『中国古代帝国の形成と構造――二十等爵制の研究』東京大学出版会、一九六一年
西嶋　定生『中国古代国家と東アジア世界』東京大学出版会、一九八三年
西嶋　定生『西嶋定生東アジア史論集〈第三巻〉東アジア世界と冊封体制』岩波書店、二〇〇二年
布目　潮渢『布目潮渢中国史論集』（上巻）汲古書院、二〇〇三年
浜口　重国『秦漢隋唐史の研究』東京大学出版会、一九六六年
浜口　重国『唐王朝の賤人制度』東洋史研究会、一九六六年
林　巳奈夫『中国古代車馬研究』臨川書店、二〇一八年
林　巳奈夫編『漢代の文物』朋友書店、一九九六年
平川　南『古代地方木簡の研究』吉川弘文館、二〇〇三年
平勢　隆郎編著『新編　史記東周年表』東京大学出版会、一九九五年
平勢　隆郎『中国の歴史02　都市国家から中華へ』講談社、二〇〇五年
福井　重雅『漢代官吏登用制度の研究』創文社、一九八八年
福島　大我『秦漢時代における皇帝と社会』専修大学出版局、二〇一六年
藤田　勝久『中国古代国家と郡県社会』汲古書院、二〇〇五年
藤田　勝久『中国古代国家と情報伝達』汲古書院、二〇一六年
前田　直典『元朝史の研究』東京大学出版会、一九七三年
増淵　龍夫『中国古代の社会と国家――秦漢帝国成立過程の社会史的研究』弘文堂、一九六〇年（→岩波書店、二〇一四年）
松島　隆真『漢帝国の成立』京都大学出版会、二〇一八年

宮宅　潔『中国古代刑制史の研究』京都大学学術出版会、二〇一一年
籾山　明『秦漢出土文字史料の研究』創文社、二〇一五年
守屋美都雄『中国古代の国家と家族』東洋史研究会、一九六八年
山田勝芳『秦漢財政収入の研究』汲古書院、一九九三年
好並隆司『秦漢帝国史研究』未来社、一九七八年
李　開元『漢帝国の成立と劉邦集団――軍功受益階層の研究――』汲古書院、二〇〇〇年
渡辺信一郎『中国古代社会論』青木書店、一九八六年

〈中文〉
安作璋・熊鉄基『秦漢官制史稿』（上・下）斉魯書社、一九八四年
呉式芬・陳介祺『封泥攷略』中国書店、一九九〇年
周　振鶴『西漢政区地理』人民出版社、一九八七年
徐　錫祺『西周（共和）至西漢暦譜（修訂本）』北京科学技術出版社、一九九七年
薛　英群『居延漢簡通論』甘粛教育出版社、一九九一年
譚　其驤編『中国歴史地図集』中国地図出版社、一九九六年
陳　直『史記新證』中華書局、二〇〇六年
陶希聖・沈巨塵『秦漢政治制度の研究』上海商務印書局、一九三六年
卜　憲群『秦漢官僚制度』社会科学文献出版社、二〇〇二年
羅　振玉編『歴代符牌図録』中国書店、一九九八年
羅　振玉編『増訂歴代符牌図録』東方学会、一九二五年
羅　福頤『商周秦漢青銅器辨偽録』（香港）中文大学中国文化研究所呉多泰中国語文中心、一九八一年

労　　幹『居延漢簡考釋』國立中央研究院歴史語言研究所、一九四三年

【論文】

〈日文〉

阿部　幸信「前漢における内外観の変遷――印刷の視点から――」『中国史学』一八、二〇〇八年
阿部　幸信「漢初「郡国制」再考」『日本秦漢史学会会報』九、二〇〇九年
阿部　幸信「漢初における諸侯王と礼・法」『中央大学アジア史研究』三六、二〇一二年
飯尾　秀幸「中国古代における人の移動とその規制に関する基礎的研究」『専修大学人文科学年報』三七、二〇〇七年
飯尾　秀幸「戦後日本における中国古代国家史研究をめぐって」『専修史学』六〇、二〇一六年
井口　大介「虎符の變遷と唐代の符節制度について」『城西人文研究』三、一九七五年
石川　仁「樹木の流体力学特性の実験的解明」『ながれ』二四、二〇〇五年
伊藤　瞳「漢代における符の形態と機能」『史泉』一一六、二〇一二年
稲葉　一郎「秦始皇の巡狩と刻石」『書論』二五、一九八九年
太田麻衣子「鄂君啓節からみた楚の東漸」『東洋史研究』六八、二〇〇九年
太田　幸男「中国古代の共同体と奴隷制――その学説史の検討――」『中国古代史と歴史認識』名著刊行会、二〇〇六年
大庭　脩「漢王朝の支配機構」『岩波講座世界歴史』〔旧〕四、岩波書店、一九七〇年
加藤　繁「漢代に於ける国家財政と帝室財政との区別並に帝室財政の一斑」『東洋学報』八・九、一九一八年～一九一九年（↓『支那経済史考証』東洋文庫、一九五二年所収）
鎌田　重雄「両漢爵制」『史潮』八の一、一九三八年（↓『漢代史研究』川田書房、一九四九年所収
工藤　元男「戦国の会盟と符：馬王堆漢墓帛書『戦国縦横家書』二〇章をめぐって」『東洋史研究』五三、一九九四年
熊谷　滋三「前漢の典客・大行令・大鴻臚」『東洋史研究』五九、二〇〇一年

栗原　朋信「両漢時代の官民爵に就いて」『史潮』、二二・二三合併号、二六・二七合併号、一九四〇年～一九四一年

佐々木研太「戦国期の「質」の機能――『戦国策』所見の「空質」の解釈を媒介として――」『史潮』四三、一九九八年

佐々木研太「『戦国策』韓策所見の「質子」の解釈をめぐって」『史潮』七三、二〇一三年

佐藤　武敏「先秦時代の関と関税」『甲骨学』一〇、一九六四年

柴田　昇「項羽政権の成立」『静岡大学人文論集』六三、二〇一三年

白川　静「神聖王朝の構造」『白川静著作集1漢字Ⅰ』平凡社、一九九九年

秦代出土文字資料の研究班「嶽麓書院蔵簡〈秦律令（壱）〉訳注稿　その一」『東方学報』九二、二〇一七年

秦代出土文字資料の研究班「嶽麓書院蔵簡〈秦律令（壱）〉訳注稿　その二」『東方学報』九三、二〇一八年

杉村　伸二「郡国制の再検討」日本秦漢史学会会報第七号、二〇〇五年

杉村　伸二「二年律令より見た漢初における漢朝と諸侯王国」〔富谷至編〕『江陵張家山二四七号墓出土漢律令の研究』論考篇、朋友書店、二〇〇六年

杉村　伸二「漢初の郡国廟と入朝制度について――漢初郡国制と血縁的紐帯――」『九州大学東洋史論集』三七、二〇〇九年

杉村　伸二「秦漢初における「皇帝」と「天子」――戦国後期～漢初の国制展開と君主号――」福岡教育大学紀要第二分冊社会科編、二〇一一年

州脇　武志「姚察『漢書訓纂』とその受容」『東洋文化』（無窮会）復刊一一三、二〇一六年

専修大学二年律令研究会「張家山漢簡『二年律令』訳注（一）～（一四）」『専修史学』三五～四六、二〇〇三年～二〇〇九年

荘　卓燐「符の政治的意義――専制権力と交通との関係に就いての考察――」『学習院史学』五六号、二〇一八年

荘　卓燐「漢初における符の下賜」『史学雑誌』一二八編二号、二〇一九年

荘　卓燐「打関によって連結された帝国の南方交通――漢越外交に介在する符の役割」『人文』〈学習院大〉一七号、二〇一九年

荘　卓燐「出土文物から見る符節の実態――通関機能を持つ虎符と竹使符――」『東洋文化研究』二一号、二〇一九年

荘　卓燐「始皇帝二六年巡行をめぐって」『日本秦漢史研究』二一号、二〇二〇年

谷川道雄・川勝義雄　「中国中世史研究における立場と方法」『中国中世史研究』東海大学出　版会、一九七〇年
鶴間　和幸　「中華の形成と東方世界」『岩波講座　世界歴史3』岩波書店、一九九八年
冨谷　至　「王杖十簡」（『東方学』六四、一九九二年
中村　圭爾　「晋南北朝における符」『人文研究』四九―六、大阪市立大学文学部紀要、大阪市立大学文学会、一九九七年
那波　利貞　「支那都邑の城郭とその起源」史林一〇―二、一九二五年
西嶋　定生　「古代国家の権力構造」『国家権力の諸段階』岩波書店、一九五〇年
西嶋　定生　「皇帝支配の成立」『岩波講座世界歴史　第四巻古代四』岩波書店、一九七〇年
布目　潮渢　「前漢の諸侯王に関する二三の考察」、『京都府立西京大学人文学報』三、一九五三（→『布目潮渢中国史論集』（上巻）
汲古書院、二〇〇三年所収）
馬　彪　「始皇帝西巡の線路及び沿線禁苑について」『山口大学文学会志』六六、二〇一六年。
浜口　重国　「中国史上の古代社会問題に関する覚書」『山梨大学学芸学部研究報告』第四号、一九五三年（→『唐王朝の賤人制度』
東洋史研究会、一九六六年所収）
久村　因　「秦漢時代の入蜀に就いて（上・下）」『東洋学報』三八～三九、一九五五年～一九五六年
藤田　勝久　「張家山漢簡「秩律」と漢王朝の領域」『愛媛大学法文学部論集・人文学科編』二八、二〇一〇年
藤田　勝久　「肩水金関と漢代の交通――伝と符の用途」『愛媛大学法文学部論集人文科学編』三六、二〇一四年（→『中国古代国
家と情報伝達』汲古書院、二〇一六年所収）
船越　昭生　「鄂君啓節について」『東方学報』（京都）四三、一九七二年
邉見　統　「高祖系列侯位次の政治的意義――位次の制定と改定を中心に」『史学雑誌』一二三―七、二〇一四年
邉見　統　「漢初列侯封建の政治的背景――恵帝期・高后期の列侯封建についての基礎的考察――」『学習院大学文学部研究年報』
六二、二〇一六年
前田　直典　「東アジアにおける古代の終末」（『歴史』一―四、一九四八年（→『元朝史の研究』東京大学出版会、一九七三年所収）

増淵　龍夫「漢代における民間秩序の構造と任侠的習俗」『一橋論叢』二六、一九五一年（↓『中国古代の社会と国家――秦漢帝国成立過程の社会史的研究』東京大学出版会、一九六一年所収）

松島　隆真「陳渉から劉邦へ――秦末楚漢の国際秩序――」『史林』九七、二〇一四年（↓『漢帝国の成立』京都大学出版会、二〇一八年所収）

籾山　明「爵制論の再検討」『新しい歴史学のために』一七八、一九八五年

籾山　明「刻歯簡牘初探――漢簡形態論のために――」『木簡研究』一七、一九九五年

籾山　明「王杖木簡再考」（『東洋史研究』六五、二〇〇六年

守屋美都雄「漢の高祖集団の性格について」『歴史学研究会』一五八・一五九、一九五二年

守屋美都雄「漢代爵制の源流として見たる商鞅爵制の研究」東方学報、二七、一九五七年

矢澤　悦子「戦国秦の異民族支配と「属邦」」『明大アジア史論集』創刊号、一九九七年

吉開　将人「印からみた南越世界――嶺南古璽印考――」（前篇・中篇・後篇）『東洋文化研究所紀要』一三六、一九九八年／一三七、一九九九年／一三九、二〇〇〇年

渡辺信一郎「古代中国における小農民経営の形成――古代国家形成論の前進のために」『歴史評論』三四四、一九七八年（↓『中国古代社会論』青木書店、一九八六年所収）

渡邊知子・大塚尚寛・齊藤貢「地形および樹木が開発地域周辺の風の流れに及ぼす影響予測」『資源と素材』一一八、二〇〇二年

渡辺　英幸「里耶秦簡「更名扁書」試釈――統一秦の国制変革と避諱規定――」『古代文化』六六、二〇一五年

〈中文〉

殷滌非・羅長銘「寿県出土的鄂君啓金節」『文物参考資料』四、一九五八年

王　輝「周秦器銘考釈（五篇）」『考古與文物』六、一九九一年

王子今・劉華祝「説張家山漢簡『二年律令・津関令』所見五関」『中国歴史文物』一、二〇〇三年

郭　沫　若「関於鄂君啓節的研究」『文物参考資料』四、一九五八年
朱浩・陳嬌栄・王威「東洞庭湖区大風災害及其対水上交通安全的影響」『科技與創新』二一四、二〇一四年
周　振　鶴「『二年律令・秩律』的歴史地理意義」学術月刊巻一期、二〇〇三年（→『張家山漢簡『二年律令』研究文集』広西師範大学出版社、二〇〇七年
譚　其　驤「馬王堆漢墓出土地図所説明的幾個歴史地理問題」『文物』第六期、一九七五年
陳　昭　容「戰國至秦的符節——以實物資料為主」『歴史語言研究所集刊』六六—一、一九九五年
楊　桂　梅「漢代虎符考略」『中国国家博物館館刊』五、二〇一三年
羅　運　環「古文字資料所見楚國官制研究」『楚文化研究論集』湖北人民出版社、一九九一年
李　家　浩「貴将軍虎節與辟大夫虎節——戦国符節銘文研究之二」『中国歴史博物館館刊』二、一九九三年
劉曉華・李晶寰「魯王虎符與斉郡太守虎符小考」『文物』四、二〇〇二年

【基本史料】

〈簡牘史料〉

『張家山漢簡』文物出版社、二〇〇一年（→二〇〇六年）
『張家山漢墓竹簡〔三三六号墓〕』文物出版社、二〇二三年
『二年律令と奏讞書』上海古籍出版社、二〇〇七年
『居延漢簡（壹）～（肆）』中央研究院歴史語言研究所、二〇一四年～二〇一七年
『居延漢簡甲乙編』中華書局、一九八〇年
『睡虎地秦墓竹簡』文物出版社、一九九〇年（→二〇〇一年）
『睡虎地西漢簡牘（壱）質日』中西書局、二〇二三年
『馬王堆漢墓帛書：戰國縦横家書』文物出版社、一九七六年

『銀雀山漢簡』文物出版社、一九八五年（→二〇〇一年）
『雲夢龍崗秦簡』科学出版社、一九九七年
『肩水金関漢簡（壱）～（伍）』中西書局、二〇一一年～二〇一六年
『里耶秦簡（壱）』文物出版社、二〇一二年
『里耶秦簡（弐）』文物出版社、二〇一七年
『嶽麓書院蔵秦簡（壱）～（柒）』上海辞書出版社、二〇一〇年～二〇二二年
『秦簡牘合集（壱）～（肆）』武漢大学出版社、二〇一四年

〈伝世文献〉

『史記』中華書局、二〇一三年
『漢書』中華書局、二〇一三年
『六韜』中華書局、一九九一年
『周礼注疏』新文豊出版公司、二〇〇一年
『説文解字詁林』臺灣商務印書館、一九七六年
『観堂集林』中華書局、一九五九年
『孟子彙校集釈』上海古籍出版社、二〇〇八年
『荀子校釈』上海古籍出版社、二〇〇五年
『新書校注』中華書局、二〇〇〇年
『墨子集詁』上海古籍出版社、二〇〇五年
『墨子閒詁』中華書局、二〇〇九年
『鶡冠子彙校集注』中華書局、二〇〇四年

『管子校注』中華書局、二〇〇四年
『淮南鴻烈集解』中華書局、一九八九年
『漢書補注』上海古籍出版社、二〇〇八年
『三輔黄図』中華書局、二〇〇五年
『顔氏家訓』上海古籍出版社、一九八〇年
『括地志』中華書局、一九八〇年
『駱丞集』臺灣商務印書館、一九八六年
『顧頡剛讀書筆記』中華書局、二〇一一年
『日知録集釈』(上・下) 中華書局、二〇〇六年
『説郛三種』上海古籍出版社、一九八八年
『北堂書鈔』中国書店、一九八九年

あとがき

本書は、二〇一九年に学習院大学に提出した博士学位請求論文をもとに、加筆・修正を施したものである。

筆者が大学院に在籍している間、課程博士取得の資格に大きな変更があった。日本の博士号取得形式には、周知の通り、課程博士と論文博士の二種類がある。特に秀でた研究実績を持たない筆者にとっては、課程博士の取得が現実的な目標であった。従来、一九五七（昭和三二）年の文部省通達によって、大学院在学の最高年限は、最低在学年限の二倍の範囲内において大学が定めるものとされていた。これを基に、多くの大学は課程博士としての学位論文の提出期限を、大学院の最低在学年限（五年）の二倍、すなわち一〇年を目途としていた。

ところが、日本の大学院教育の在り方に関する議論の中で、博士課程の在籍期間内に学位を取得することの重要性が強調されるようになった。この流れを受け、文部科学省の規則改正に従い、筆者の母校である学習院大学は二〇一六（平成二八）年度から課程博士取得の資格を変更した。それまでの「博士後期課程に三年以上在学し、修了に必要な所定の単位を修得後に退学し、退学後三年以内の者」から、「大学院に在学中の者」と変更された。この新制度のもと、二〇一七年四月から博士後期課程に進学した筆者は、在籍三年目の二〇一九年九月に博士学位請求論文を提出した。

それを底本にまとめた本書は、未熟さを指摘される部分もあるだろう。博士号取得からしばらく時間が経過したが、新型コロナウィルスの感染拡大による混乱もあり、結果として抜本的な改稿を施すことができなかった。全体構成を見直したものの、内容そのものは博士学位請求論文提出時の水準にとどまった。審査をご担当くださった鶴間和幸先生、武内房司先生、阿部幸信先生の指摘・批判に十分に応えられず、先生方の求める水準に達していないことは慚愧に堪えない。それでも本書の出版に踏み切ったのは、この未熟さが新制度下における筆者個人の到達点を示すものだと考えたからである。今後は自身の現在の力量を率直に受け止めつつ、継続的な研究活動を通じて成長し、本研究をさらに発展させていく所存である。

一見すると、僅か二年半で完成させた未熟な論文に思われるかもしれない。しかし、制度の理念上は博士前期課程に在籍した二年も加算されるべきことを忘れてはいけない。さらに筆者の場合は、歴史学の研究に憧れて来日した二〇〇九年から、学問上の新たな発見を強く意識し続けてきた。その意識に支えられた博士学位請求論文は、むしろ一〇年間の日本留学の集大成であると位置づけたい。筆者は香港で General Certificate of Education Advanced level、通称 A-Level 試験（イギリスとその連邦諸国において、中等教育卒業もしくは大学入学レベルにあることを示す学業修了認定であり、香港教育制度に用いられたことはイギリス領時代の名残である。強いて譬えるなら日本の大学入学共通テスト［旧大学入試センター試験］に類似するもの）を終え、一年半の日本語学習を経て、学習院大学に入学した。

大学同期生のほとんどは高校卒業と同時に大学へ進学したが、筆者にはややタイムラグがあった。この「当たり前」の進路から外れたことで、大学進学の必要性を熟考する機会を得ることができた。そして二〇一一年の入学時、東日本大震災の影響で入学式が中止となり、当時学長だった福井憲彦先生の新入生へのメッセージはプリントの形で配布された（ちなみに、二〇二〇年三月の博士後期課程修了時は、新型コロナウィルスの感染拡大により卒業式は中止となった。筆者の世代は学習院への「入院」と「退院」の両方で式典を経験することができなかった）。それが大学教育、ひいては歴史学を学ぶ意義を見出すきっかけとなった。

今日、私たちは情報化社会に生きている。情報技術（IT）や通信技術の普及は生活に多くの利便性をもたらす一方で、個人が処理できる能力を遙かに超える量の情報に直面する「情報過多」の状態を生んでいる。この環境下で、大学教育は過剰な情報から真実を見極め、必要な情報を抽出する能力を養う場としての役割を担っている。特に歴史学の学びを通じて、複数の情報源から適切なものを抜き出し、多種多様な資料から情報の信頼度や有用性を見極める力を鍛えられる。これは情報過多の時代を生き抜くために必要不可欠なスキルであり、歴史学が今日的意義を持つ学問であることを確信するに至った。

しかしながら、大学入学当初の筆者には研究者になる明確な意志はなかった。留学の目的は日本史を勉強して香港で高校教員になることだった。根本的に言えば、研究者という存在に対して具体的なイメージを持てずにいた。ちょうどその頃、高埜利彦先生から研究者と高校教員の違いについて教わる機会があった。高埜先生は両者の違いを、商品を売る人と造る人の違いに譬えて説明された。すなわち、大学（の史学科）は歴史像を生産する工場である。高校教員が販売する商品としての歴史像や、教科書・参考書・概説書などで伝えられる歴史像を、研究者は大学という工場で自ら生産するのである。具体的には、論文を書くことが新たな歴史像の生産につながる。学会や学術雑誌に発表された論文は、歴史研究者の共有財産となり、新しい歴史像が共有の財産として認識されると、次第に中学や高校の教科書が書き直される。研究者の形作る歴史像（商品）が人々に購入されることになる。このように、「生産」から「販売」の過程を経て、論文を書くことが世の中の人々の歴史認識を形成する役割を果たすのである。この話は筆者に大きな影響を与え、初めて研究者という存在を意識し、歴史像を生産する側になりたいと思うようになった。

恩師の鶴間先生との出会いが、筆者を中国古代史研究者の道へと導いた。今振り返ると、鶴間先生を間近に見ていたにもかかわらず、大学教員の多忙さに気付かなかった自分はとても鈍感だった。先生は常に複数の研究プロジェクトを取り仕切っていた。筆者の入学時には既に中華文明や兵馬俑に関わる展覧会の監修、および黄土高原における都城の研究プロジェクトが一段落していたが、黄河下流域の歴史と環境、東アジア海洋文明の歴史と環境、リモートセンシングによる始皇帝陵の自然環境といった研究プロジェクトの代表として活動されていた。先生はそれらで得た最新の研究成果を惜しみなく学生たちに伝えていた。筆者にとっては、中高でそれなりに中国史を勉強してきたつもりだったが、これらの最新研究は全て目から鱗だった。自分の知らなかった中国古代史の世界に魅了されたのだと思う。その魅力に引き寄せられ、二年生の時に先生のゼミナールに入り、それ以降も継続して先生からご指導をいただいている。

「万巻の書を読み、万里の道を行く」という中国の諺のように、鶴間先生のご指導は書物から得る知識だけではなかった。先生は中国で数多くの実地調査を行っており、筆者もわずかながら同行する機会を得た。二〇〇〇～二〇一〇年代の鶴間先生は東海大学情報技術センターの恵多谷雅弘先生と共同研究を行い、衛星データを用いた秦帝国の空間的考察のプロジェクトを進めていた。秦の都咸陽（現陝西省咸陽市）を中心に、渭水沿いの西安市周辺はもちろん、驪山（渭水）と烏拉山（黄河）を南北、朐県（東海）と隴西（汧水）を東西の基準地点とした現地調査を実施された。筆者はプロジェクトの終盤に加わり、連雲港市で行われた「秦東門」に関する調査に参加した。また、映画『孔子の教え』［原題：『孔子』、周潤發《チョウ・ユンファ》主演］の字幕監修を契機に、先生はしばらく『論語』の歴史的考察を課題とされていた。孔子が魯の国を出て、弟子たちとともに一四年間（前四九七～前四八四年）にわたる放浪の旅に出たときに、衛、曹、宋、鄭、陳、蔡など淮北平原に点在する小国を訪れた。二〇一八年には先生とともに安徽省を中心に、河南省、江蘇省、山東省の四省を跨ぐ、一〇〇〇㎞以上の距離を移動した出張調査を実施した。これらの経験を通じて、現地調査の重要性および具体的な着眼点を学ぶことができた。

さらに、鶴間先生だけでなく、プロジェクトに参加された先輩方からも多くのご指導をいただいた。筆者の在学時、複数の先輩が学内の役職に就いていた。国際研究教育機構〔当時〕の村松弘一氏、福島恵氏、青木俊介氏、河野剛彦氏、そして文学部史学科の邉見統氏には研究上の相談に乗っていただいた。学外に活躍の場を移された先輩方のうち、東京学芸大学の下田誠氏とは『呂氏春秋』研究会で交流する機会を得、関東学院大学の菅野恵美氏には大学院ゼミにご参加され、貴重な知見を学ばせていただいた。

大学院進学後、学習院大学との単位互換制度を通じて、中央大学の阿部先生のご指導を受ける機会を得た。筆者の時として飛躍しがちな資料解釈を、先生はいつも真摯に受け止めてくださった。的確なものと的外れなものを見分け、適切にご指導くださったおかげで、そこから生まれた議論は筆者に大きな刺激を与えた。本書で繰り返し論じた、符の分析から導き出した「漢」を共有する国家構造（「漢家天下」）は、阿部先生が提唱する「共天下」の秩序構造から着想を得たものに間違いない。ただし、阿部先生が論じられている、「共天下」から刷新された「グローバル型」の国家システムには、現段階での筆者の論考が遠く及ばないことは明白である。しかし、いつかはその到達点を目指したいと密かに思っている。

所定のカリキュラムを履修する傍ら、先生方や先輩方のネットワークを通じて学外の研究会に参加する機会を得た。これらの研究会では、多くの研究者から学問的な薫陶を受けることができた。【ご厚意をいただいた全ての方のお名前を挙げられないことをお詫びしたい。以下では、筆者の参加頻度の高い会合について、各研究会の最年長者から二名までを記させていただく。】池田雄一先生、太田幸男先生を中心とした東洋文庫の簡牘研究会、多田狷介先生、土屋紀義先生を中心とした『呂氏春秋』研究会、窪添慶文先生、佐川英治先生を中心とした石刻研究会などから、学術的議論の方法を学んだ。さらに、これらの研究会から派生した会合で、飯尾秀幸先生のもと、山元貴尚氏、椎名一雄氏、福島大我氏、多田麻希子氏、佐々木満実氏とともに『嶽麓秦簡』奏讞書の訳注を作成する研究会に参加し、多くの知見を得ることができた。

研究者としての成長は、研究会だけでなく、学際的討論の場でも培われた。筆者の学会活動との関わりは博士前期課程の時代にはじまる。当時、学習院大学史学会の会長を務めていた島田誠先生が、大会の開会挨拶で研究と学会活動の両立の重要性に言及された。その言葉が不思議と記憶に残っているものの、具体的な行動指針としては漠然としていた。同年、家永遵嗣先生のもとで「歴史のなかの儀礼と権力―支配者権力の象徴機能と秩序形成」というシンポジウムが開催された。修士一年生だった筆者は、その開催に協力した経験を通じて学会活動の具体的なイメージを摑むことができた。二〇一七年に学習院大学史学会の運営に携わる機会を得た。かつて抱いていたイメージを具現化し、「世界史における天皇と皇帝――その権威の源泉」というテーマで、日本史・東洋史・西洋史の三分野を跨ぐシンポジウムを企画・開催した。さらに、鶴間先生のご協力を得て、兵馬俑の来日に合わせて「特別展　始皇帝と大兵馬俑」の講演と見学会も実施した。これらの経験を通じて、例会運営のノウハウを学ぶことができた。

このように、研究プロジェクトや研究会への参加、学会運営などを経験しながら、大学院の五年間を過ごした。これらの活動が研究者としての成長に不可欠であることを、身をもって実感した。大学院生時代に蒔かれた種は、やがて博士学位請求論文という形で実を結んだ。博士号の取得は、間違いなく若手研究者の一つの到達点である。しかし、かつては終点とされた博士号が、今やスタートラインに立つための資格に過ぎない。学位を得ても、一人前の研究者になったとは限らない。常に自己研鑽を続け、研究者としての質を高めていく必要がある。特に、「何のために古代史を研究するのか」という根本的な問いに対し、自分なりの確固たる回答を用意することが重要だと実感している。古代史研究の意義を社会に伝えることは、これからの研究者に課せられた重要な使命の一つと言えるだろう。

人文系の研究は、私たちが生活する社会をより深く理解するためにある。一見日常生活に直接的な影響は少ないように思えるが、実は人類社会の進歩にとって欠かせない役割を果たしている。この点を理解するために、カメラを例に考えてみよう。スマートフォンの普及により、今や誰もがカメラを所持している。しかし、多くの使用者はカメラの構造や原理を深く理解していない。ボタン一つで目の前の景色が電子データに記録される仕組みを、きちんと把握している使用者は少ないだろう。確かに、カメラの仕組みを理解していなくても日常生活に支障はない。多くの人はそれに満足かもしれない。しかし、その原理を理解しなければ、カメラの改良や新しい技術の開発は不可能である。ひいては、カメラ技術から派生する様々な革新や、それによってもたらされる人類の幸福の実現が阻害されてしまう。人文系の研究も同様である。私たちが生活している社会を理解しなくても、目下の生活に支障はないかもしれない。しかし、社会を深く理解しない限り、その進歩を望むことはできない。理解なくしては、社会は停滞し、ときに退化の道を辿ることさえある。

私たちが生活している社会において、「国家」という枠組みの存在は非常に大きな特徴の一つである。この「国家」という概念は、私たちの日常生活や社会構造に深く根付いており、多くの人々にとっては当然のものとして受け入れられている。しかし、一九世紀の思想家フリードリヒ・エンゲルスが述べたように、「歴史的産物である国家は、人類史の展開においてやがては歴史的に死滅する」という考え方もある。これは、国家という制度が永遠のものではなく、人類の発展とともに変化し、最終的には別の形態に取って代わられる可能性を示唆している。この観点から見ると、国家は人類の発展過程における一つの段階であり、いつかは克服されるべきものである。次の発展段階へ進むこと、すなわち人類社会の進歩のためには、国家の本質を深く理解する必要がある。しかし、現代の国家は非常に複雑な構造を持っており、多層的な官僚制、複雑な法体系、国際関係など、その仕組みを完全に把握することは容易ではない。

複雑化された国家を本質的に理解するには、形成期の純粋な形の国家に立ち返らなければならない。カメラへの理解を例にとると、現代のデジタルカメラを理解するためには、その原点であるネガフィルムの時代、そして印画紙への焼き付けの時代を経て、どのようにデジタルデータへと進化してきたかを追跡する必要がある。それと同様に、国家の基本的な要素（権力の集中、法の制定、徴税システムなど）がどのように発生し、発展してきたかを理解するには、古代の都市国家、初期の王国、最初の統一帝国の形成を追跡し、その存在理由から国家の仕組みを明確に把握する必要がある。

筆者はこのような問題意識を抱き、中国古代国家の形成期である秦漢時代に注目し、その研究成果を本書にまとめた。本書を構成するうえで、いくつかの既発表の論文をベースにした。本書収録にあたり一部タイトルの変更と必要な修正を加えた。その初出は以下の通りである。また、本書の論点と密接に関係する一つの文章を、附章として収録した。

序　章　書き下ろし
第一章　書き下ろし
第二章　書き下ろし
第三章　「出土文物から見る符節の実態――通関機能を持つ虎符と竹使符」（『東洋文化研究』第二一号、二〇一九年三月）
第四章　書き下ろし

第五章　「漢初における符の下賜」（『史学雑誌』第一二八編第二号、二〇一九年二月）
第六章　「扞関によって連結された秦漢帝国の南方交通――漢越外交に介在する符の役割」（『人文』〈学習院大〉第一七号、二〇一九年三月）
終　章　書き下ろし
※序章と終章の一部は「符の政治的意義――専制権力と交通との関係に就いての考察」（『学習院史学』第五六号、二〇一八年三月）に基づいて改稿
附　章　「始皇帝の二六年巡行をめぐって」（『日本秦漢史研究』第二一号、二〇二〇年一〇月）

本書の出版にあたっては、汲古書院代表取締役の三井久人氏のご尽力いただいた。また本書の校正には同編集部の柴田聡子氏にご協力いただいた。厚く御礼申し上げる。

本書は、二〇二四年度学習院大学研究成果刊行助成金および学習院大学大学院人文科学研究科博士論文刊行助成金をいただいた。ここにあわせて感謝を申し上げたい。

二〇二四年一二月

荘　卓　燐

研究者名索引

Transportation and Power in Ancient Chinese Empires

By CHONG Cheuk Lun, Alan

This book focuses on the power structure of ancient Chinese empires and examines the reality of "unification" through the medium of fu 符, following the social changes during the empire-forming periods of the Warring States, Qin, and early Han dynasties. The following is an overview of each chapter:

In the introduction, we confirm the unique characteristics of ancient Chinese society, organize the achievements and challenges of post-war Japanese research on ancient Chinese history, and propose the possibility of developing a theory of power structure through the study of fu. Among East Asian nations, the Chinese world was the first to form a state, build civilization, and spread it to surrounding regions. The formation of the Qin and Han empires can be considered the source of East Asia's multicultural region connected by Chinese civilization. Post-war research on ancient Chinese history views the Qin and Han empires as the completed form of the ancient state and has actively worked to clarify its power structure, achieving numerous results. The historical theory of the Qin and Han empires, centered around three scholars - Nishijima Sadao, Masubuchi Tatsuo, and Kimura Masao - has had a significant impact on today's research of ancient Chinese history, developing from power structure theory to state structure theory. In particular, Nishijima Sadao's research method using the emperor's bestowed "ranks" (jue 爵) as a medium proved effective in constructing the "rank system order," achieving significant results based on the social structure revealed by previous resear ch. Following this research methodology, this book focuses on "fu" as items bestowed by the emperor, utilizing recently discovered excavated textual materials to challenge new theories of power structure from a different perspective than before. Recently, numerous records about passes and their usage, as well as legal texts concerning their

implementation, have been discovered in northwestern China. This book aims to extract information about fu from these excavated textual materials, connect them with scattered references to fu in transmitted historical documents, and explore the political significance of "fu" as items bestowed by the emperor. While confirming basic historical materials, this text demonstrates the significance of developing power structure research through the study of fu.

In Chapter 1, this text organizes various studies about fu, clarifies the relationship between fu as passes and fu related to imperial power, and confirms the effectiveness of discussing power structure through fu. In transmitted historical documents where references to fu appear sporadically, previous research mainly focused on the "split tally" (割符) form, offering various interpretations of fu based on understanding them as "tokens of trust." However, there were numerous media forms with "split tally" characteristics during the same period, each with its own features. To understand the political intentions behind the Qin and Han emperors' choice of fu among many "split tally" forms, we must seek answers in fu's practicality.With the advancement of archaeological excavations in northwestern China, multiple media bearing the character "fu" have been discovered. Although these fu can be classified into different types according to specific regulations, their purpose was uniformly for passing through checkpoints. In particular, the six-inch fu found in excavated materials has been widely recognized as a passport-like travel pass. Considering that the usage of fu as a medium was determined by its length, we can determine that the fu (related to imperial power) established by the First Emperor of Qin and inherited by the Han Emperor Gaozu was a medium with the nature of a travel pass.After confirming the continuity of territorial concepts and legal regulations regarding fu during the Qin and Han periods, this text points out that understanding fu as travel passes was valid during the empire-forming periods of the Warring States, Qin, and early Han dynasties, laying the foundation for the discussions in subsequent chapters.

In Chapter 2, this text examines fu in the pre-imperial period, before the establishment of the Qin and Han empires. The Warring States period had the practice of "exchanging hostages and splitting tallies" (zhi zhi poi fu 置質剖符) to maintain diplomatic relations. The practice of sending hostages (zhi zi 置質) was mentioned in historical materials from the Yin-Zhou period and became widespread during the Spring and Autumn period. However, hostages in the Spring and Autumn period were closely tied to warfare, and their function did not extend beyond that of mere hostages. In contrast, examples from the Warring States period Qin show that hostages had a diplomatic aspect, with states exchanging hostages regardless of their relative strength. Therefore, previous research convincingly argues that hostages served different functions in the Spring and Autumn period versus the Warring States period.Based on understanding fu as travel passes, this text defines split tallies as passes used by diplomats or envoys to cross border checkpoints when traveling between regions. These fu, likely bearing state names, can be called "state tallies" (guo fu国符) and appear to share commonalities with early Han's fu. The use of state tallies in the Warring States period was not limited to passing fixed checkpoint locations but also related to the right to use roads connecting these points, that is, the routes between checkpoints. Upon confirming this relationship, we can see the connection between split tallies and the practice of borrowing passage rights during the Spring and Autumn and Warring States periods. Ultimately, the practice of exchanging state tallies seems to have originated from the increased regional isolation caused by the construction of the Great Wall.Through the example of Yue Yi 楽毅 from the state of Yan during the Warring States period, this study confirms evidence of diplomatic hostages using fu. From examples of hostages using fu, we can see a cooperative relationship between hostages and fu, while examples of using hostages to counter split tallies show their mutual restraining relationship. The exchange of hostages and split tallies, with this dual nature of mutual influence, supported both diplomacy and the "international" order during the Warring States period.

In Chapter 3, this study examines the tiger tally (hu fu 虎符). Among unearthed

artifacts, two very similar media - the tiger tally (hu fu) and tiger credential (hu jie 虎節) - have been discovered, while in transmitted texts, terms such as "fu," "jie," and "fu jie符節" are used interchangeably. To clarify the relationships between these media, this study examines fu and jie using recently discovered artifacts to determine the characteristics of each medium. Additionally, by organizing the "rules of fu jie" from transmitted texts and comparing tiger credentials with tiger tallies, the study conclud es that both belong to the fu jie category of media.Therefore, among media issued under the authority of rulers (kings/emperors), although transmitted texts uniformly use the character "fu," these are actually abbreviations for fu jie and represent credentials endowed with pass functionality. This indicates that fu associated with imperial power differ in nature from fu held by common people as passes. Based on this understanding, it can be determined that the use of tiger tallies was related to collective passage of armies through checkpoints. Specifically, generals who received tiger tallies would leave one half behind when departing and send the other half to the checkpoint upon return, allowing them to campaign abroad only after confirming their identity and guaranteeing their return. Consequently, there are exceptional cases of troop deployment without using tiger tallies when passage through checkpoints was unnecessary.Furthermore, examination of tiger tally inscriptions reveals changes in the issuing authority engraved on them. During the Qin dynasty, the ruler's title was engraved on the tallies, which could be called "ruler tallies 君主符". In contrast, evidence from the Lu Wang tiger tally 魯王虎符 shows that during the Han dynasty, the character "Han" representing the state as a whole was engraved, which could be called "state tallies 国符," reflecting an aspect of the "All-under-Heaven of the Han 漢家天下" system that shared the Han identity. This indicates that tallies exhibited temporal changes in the formation and development of power structures. State tallies, which had been used during the Warring States period, were revived in the Han dynasty after being discontinued during the Qin period. This aligns with early Han policy directives such as the commandery-state system 郡国制, similarly representing a return to Warring States period measures in light of the Qin empire's rapid collapse.

In Chapter 4, this study examines the bamboo summons tally (zhu shi fu 竹使符). According to records, Emperor Wen of the Western Han established the bamboo summons tally system to recruit talented individuals from local regions to the central government. This system continued until its abolition by Emperor Gaozu of Tang, but due to limited records in transmitted texts, its specific nature remained unclear. This study attempts to reconstruct the actual nature of the bamboo summons tally by focusing on the character "zheng徴" (summon) in transmitted texts and considering the tally's nature as a pass.Among unearthed artifacts, the Duke of E's Credential (E jun qi jie 鄂君啓節) has attracted attention due to its unique design. In particular, its use of precious metals to represent bamboo suggests a possible connection to the bamboo summons tally. However, analysis based on the "rules of fu jie" compiled from transmitted texts indicates that the bamboo summons tally and E Jun Qi Badge were entirely unrelated media.On the other hand, collecting and organizing historical materials from transmitted texts using "zheng" as a keyword reveals that the bamboo summons tally was a tool used by emperors to summon desired individuals from local regions to the central government. It was not only related to the Han dynasty's local nomination system for recruiting local talent to court but was also used in cases of summoning local royal family members to serve as imperial heirs.This suggests that the establishment of the bamboo summons tally system during Emperor Wen's reign was a strategic measure to overcome political instability following the Lu Clan Disturbance and strengthen imperial power. By restricting movement from local regions to the center, it helped manage the movements of potential imperial successors and ensure political stability. Furthermore, discussions about banner badge (Jing jie 旌節) inscriptions from the Cao Wei period indicate that Han dynasty bamboo summons tallies were engrave d with the character "Han" representing the state as a whole. Like the tiger tally design, the bamboo summons tally also reflected an aspect of the "All-under-Heaven of the Han" system that shared the Han identity. As Emperor Wen himself had inherited the throne through irregular means and had a weak power base, this can be understood as an attempt to compensate for his lack of authority by utilizing the concept of "All-under-

Heaven of the Han."

In Chapter 5, this study examines the development of internal power structures in the Han empire under the tally system by analyzing cases of tally division (pou fu 剖符) among kings and marquises in the early Han period and investigating the emperor's intentions in bestowing tallies. After inheriting the tallies from the King of Qin, Liu Bang 劉邦 (Emperor Gaozu of Han) immediately incorporated them into the Han kingdom's governing system based in the Guanzhong region. During the Chu-Han War 楚漢戦争, records show that Liu Bang, as King of Han, distributed tallies for passage through Hangu 函谷 Pass to Zhao Er 張耳 and Han Xin 韓信 while organizing allied forces. This measure not only controlled whether allied forces could enter the Guanzhong region at will but also elevated the King of Han's status among other kings. After the establishment of the Han empire, Emperor Gaozu continued the tally division system, implementing it with vassal kings such as King Han Xin 韓王信, Peng Yue 彭越, and 英布 Ying Bu. Under the Han imperial system, vassal kings were required to make regular visits to the capital Chang'an to pay homage to the Han emperor. The tallies, serving as passes, functioned to authorize entry into the Guanzhong region and played a crucial role in connecting the Han empire with the vassal kingdoms.Furthermore, to expand and maintain imperial rule, Emperor Gaozu Liu Bang implemented tally division not only with vassal kings but also with certain marquises. Some special cases included provisions stating "divide the tally, let it not be discontinued for generations 剖符世々勿絶," granting permanent guaranteed access to the Guanzhong region. The Han emperor expanded his influence over local regions by enfeoffing meritorious officials while using tallies as guarantees for their return to the Guanzhong area. With the intention of maintaining close relationships between the emperor and meritorious officials, tallies served as spiritual bonds between the two parties.As patterns of personnel movement changed, the title for meritorious officials shifted from che hou 徹侯 to lie hou 列侯. From the early Han to the mid-Han period, ancient Chinese society showed a trend of transformation from fluid to fixed forms, reflecting one aspect of the political system

reforms within the Han empire.

In Chapter 6, this study examines the relationship between Wu 抒 Pass and its surrounding regions, investigating the development of external power structures under the Han empire's tally system through cases of tally division with foreign polities. Analysis of historical materials from the Warring States to Qin-Han periods reveals that Wu Pass not only connected east-west transportation but also served north-south routes, playing a crucial role in linking the Han imperial capital with southern peripheral regions. Therefore, although Chang'an and Wu Pass were considerably distant, the area within Wu Pass was still considered part of the Han empire's directly administered territory, making it reasonable to accept Wu Pass as the boundary of the Guanzhong region.In examining the actual transportation patterns centered on Wu Pass, connections with the Ba-Shu 巴蜀 region, former Chu 楚 territory, Kingdom of Changsha 長沙, and Kingdom of Nanyue 南越 are evident. The Ba-Shu region tended to use the Xichui 西垂 transportation route, while the former Chu territory and Kingdom of Changsha preferred Wu Pass as their regular transportation route. Thus, it can be inferred that connection with Nanyue was Wu Pass's most important function. Within this context, the study suggests that tallies mediated relationships among Han, Nanyue, and Changsha. Although limited historical materials make it difficult to fully understand Han-Yue trade patterns, it can be confirmed that Nanyue purchased daily necessities from Han, while Han bought luxury goods from Nanyue. Despite the existence of multiple travel routes, Han used restrictive passes - tallies that could only be used at specific checkpoints - to force Nanyue to use the Wu Pass route, preventing contact with the hostile Changsha. This reflects an intention to suppress border region conflicts through transportation route restrictions. By analyzing the role of tallies mediating relationships among the Han empire, Kingdom of Changsha, and Kingdom of Nanyue as seen in the Statutes and Ordinances of the Second Year ("Ernian luling" 二年律令), this study explores how Han influenced southern peripheral region politics through the use of transportation-based authority.

中国古代帝国的交通与权力

庄 卓 燐

本书以中国古代帝国的权力结构为焦点，沿着战国、秦、汉初等帝国形成期的社会变迁，通过符这一媒介来探究其“统一”的实态。各章考察概要如下：

在序章中，本文确认了中国古代社会的特殊性，整理了日本战后的中国古代史研究的成果与课题，并提出了通过符来展开权力结构论的可能性。在东亚诸国家中，中华世界最早形成了国家，构建文明并将其传播到周边地区。秦汉帝国的形成可以说是东亚这个由中华文明连接起来的多文化地区的源泉。战后的中国古代史研究将秦汉帝国视为古代国家的完成形态，积极致力于解明其权力结构，取得了诸多成果。以西嶋定生、增渊龙夫、木村正雄三位为中心的秦汉帝国史论，从权力结构论出发直至提出国家结构论，对今天的中国古代史研究产生了重大影响。特别是西嶋定生以皇帝赐予物的“爵”为媒介的研究方法，在“爵制秩序”的构建中证明了其有效性。在立足于先行研究所解明的社会结构基础上，取得了重大的成果。本书仿效其研究手法，关注作为皇帝赐予物的“符”，运用近年发现的出土文字資料，从与以往不同的角度挑战新的权力结构论。近年在中国西北地区发现大量有关通行证及其运用的记录，以及运用上的的法律条文。本书旨在从这些出土文字資料中抽取有关符的记载，将其与传世文献資料中零星可见的符加以关联，探究皇帝赐予予物的“符”在政治上的意义。本文在确认基础史料的同时，阐述了通过符来展开权力结构研究的意义。

在第一章中，本文整理了关于符的诸多研究，阐明了作为通行证的符与涉及皇帝权力的符之间的关系，并确认了通过符来论述权力结构的有效性。对于传世文献資料中零星可见的符的记述，先行研究主要关注“割符”这一形态，基于“信物”的理解从而对符进行了多样化的解释。然而，同一时期具有“割符”形态的媒介为数众多，每种媒介都具有其特性。要理解在众多“割符”中秦汉皇帝选择了符的政治意图，就必须从符的实用性中寻找答案。随着中国西北地区考古发掘的推进，发现了多个带有“符”字的媒介。这些符虽然

可以根据具体规定分为不同类型，但其使用目的都在于过关。特别是出土史料中所见的六寸符，已被广泛认定为类似于护照的通行证。考虑到符这种媒介的用途是由其长度而决定的这一特点，可以确定秦始皇所规定并为汉高祖所继承的（与皇帝权力相关的）符，是具有通行证性质的媒介。本文在确认了秦汉时期的地域观念和关于符的法律规定的连续性後，指出将符理解为通行证的这一观点，在战国、秦、汉初等帝国形成期的有效性，为以下各章的論述铺垫基础。

在第二章中，本文考察了秦汉帝国成立以前时代，即帝国形成前史中的符。战国时代存在着“置质剖符”这样维持外交关系的惯例。置质，即质子的派遣，在殷周时代的史料中已有提及，到春秋时代出现了大量事例。然而，春秋时代的质的性质依附于战争行为，其功能并未超出人质的范畴。相比之下，根据战国秦的事例可以看出，战国时代的质具有外交官的一面，在这一时期，各国似乎不考虑强弱关系而相互交换质子。因此，先行研究指出春秋时代与战国时代的质所发挥的功能有所不同这一点是很有说服力的。另一方面，建基于将符理解为通行证这一点，本文将剖符定义为外交官或使者往来于多个地区时，用于通过边界关所的通行证。这些可能标记着国名的符可称为“国符”，似乎与汉初的符有共同之处。战国时代国符的使用不仅限于通过关所这一固定点，还与连接点与点之间的线，即关所之间道路的使用权有关。在确认这种关系的基础上，可以看出剖符与春秋战国时代借道之间的关联。追根究底，交换国符的措施似乎源于长城的设置使地区间的隔阂加深这一情况。本文的考察中，通过战国燕国乐毅的事例，可以确认作为外交官的质子使用符的痕迹。从质子使用符的事例可以看出质和符相互协作的关系，另外从以置质对抗剖符的事例可以看出其相互牵制的关系。置质与剖符具有这种双面性下相互影响，支撑着战国时代的外交乃至“国际”秩序。

在第三章中，本文以虎符为考察对象。在出土文物中可以发现虎符和虎节这两种极为相似的媒介，而在传世文献中“符”、“节”、“符节”等词语亦可見被混杂使用。为了整理这些媒介的关系，本文利用近年发现的出土文物对符和节进行考察，以确定各个媒介的特征。同时，本文从传世文献中整理出“节的规律”，通过比较虎节与虎符，得出两者都属于符节类媒介的结论。因此在以君主（王 / 皇帝）为命令主体的媒介中，虽然传世文献中一律用“符”字表示，但实际上其实都是符节的简称，是被赋予通行证功能的节。由此可见，

虽然同様具备通行证的机能，但与皇帝权力相关的符和普通民众持有的通行证的符在材质上是不同的。基于这一认识，可以确定虎符的使用与军队的集团性关所通过有关。即获得虎符的将军在出征时留下一半，归还时将另一半送到关所，在确认敌我身份并获得归国保证后才能出征国外。因此，在不需要通过关所的情况下，也存在不使用虎符的特殊发兵事例。此外，通过考察虎符铭文的变迁，发现符上刻写的发行主体也发生了变化。秦代在符上刻写上君主的名号，这些可称为“君主符”。相比之下，以鲁王虎符为线索可知，汉代在符上刻写代表国家整体的“汉”字，可称为“国符”，体现了共享“汉”的“汉家天下”体制的一个侧面。由此可以指出,符在权力结构的形成和发展过程中呈现出时代性的变化。战国时代曾被使用的国符，经秦代中断后在汉代得以复活。这与郡国制等汉初的政策方针如出一辙，同样是鉴于秦帝国速亡的失败，重新采用战国时期的措施。

在第四章中 , 本文以竹使符为考察对象。据记载, 西汉文帝为了从地方招揽人才到中央,設立了竹使符制度。这一制度一直延续到唐高祖废除为止，但由于传世文献记载稀少，其具体实态一直不甚明瞭。本文通过关注传世文献所载的“征”字，并考虑符作为通行证的性质，试图还原竹使符的实态。在出土文物中，鄂君启节因其特殊造型而备受注目。特别是其使用贵金属表现竹的造型，让人联想到与竹使符的关联。然而，根据本文从传世文献中整理出“（符）节的规律”的分析结果表明，竹使符与鄂君启节是毫无关联的不同媒介。另一方面，以“征”字为线索收集整理传世文献中的史料后发现，竹使符是皇帝用来从地方征召其想要招揽的对象到中央的工具。它不仅与汉代的乡举里选制度相关，用于征召地方人才入朝，同时也用于将地方宗室成员征召入中央作为皇帝继承人的案例。由此可以解释，文帝时期所确立的竹使符制度，是为了克服诸吕之乱后的政治不稳定，加强皇帝权力的战略性措施。通过限制地方到中央的移动，可以管理潜在皇位继承者的动向，确保政治稳定。此外，从曹魏时代关于旌节刻铭的讨论可知，汉代的竹使符上刻有代表国家整体的“汉”字。与虎符的造型一样, 竹使符也体现了共享“汉”的“汉家天下”体制的一个侧面。文帝自身因通过非常规途径继承皇位、权力基础薄弱的，此举可以理解为是利用“汉家天下”的思想来补强自身权力基础的不足。

在第五章中、本文透过汉初诸侯王和列侯的剖符事例，探讨汉代皇帝下赐符的意图，考察了符制下汉帝国内部权力结构的发展。汉高祖刘邦从秦王子婴继承符后，立即将其纳入

以关中地区为基地的汉王国统治体系中。在楚汉战争期间，可以看到刘邦作为汉王在组织联军时，将函谷关通行的符分给赵耳和韩信。这一措施不仅阻隔了联军能否擅自进入关中地区，也提升了汉王在诸王之间的地位。汉帝国建立后，汉高祖继续实行剖符制度，与诸侯王韩王信、彭越、黥布等进行了剖符。在汉帝国统治体制下，诸侯王需定期前往都城长安覲见汉皇帝。作为通行证的符具有准许进入关中地区的功能，在连接汉帝国与诸侯王国方面发挥着重要作用。另一方面，为了扩大和维持帝国统治，汉高祖刘邦不仅对诸侯王，也对部分列侯实行了剖符。其中包括"剖符，世世勿絶"的条文所表明，某些特殊剖符事例赋予了永久自由出入关中地区的保证。汉皇帝通过分封功臣来扩大对地方的影响力，同时也将符作为保证其返回关中地区的凭证。在维系皇帝与功臣亲密关系的意图下，符在双方之间起到了精神纽带的作用。随着人员流动状况的变化，功臣的爵称从"徹侯"改为"列侯"。从汉初到汉代中叶的中国古代社会，可以看出从流动形态向固定形态的转变趋势，反映了汉帝国内部政治体制变革的一个侧面。

在第六章中，本文探讨了扜关与其周边地区的关系，通过研究与外国政权的剖符事例，考察了符制下汉帝国外部权力结构的发展。通过整理战国至秦汉时期有关扜关的史料发现，扜关不仅连接该地区的东西交通，还具有连接南北交通的作用，可以看出它在连接汉帝国首都与南方边缘区域方面发挥着重要作用。因此，尽管长安与扜关之间有着相当的距离，但扜关以内的区域依然被視为属于汉帝国的直辖领域，故此将扜关作为关中地区的界限的观点是可以接受的。在以扜关为中心的交通实态中，可以看到与巴蜀地区、旧楚地区、长沙王国、南越王国的联系。其中，巴蜀地区倾向于使用西垂交通路线，旧楚地区和长沙王国则倾向于将武关作为正规交通路线。因此，可以推测与南越的连接是扜关最重要的功能。此中，本文推想符介入了汉、南越、长沙三者的关系。虽然有限的史料难以完全展现汉越贸易实态的全貌，但至少可以确认南越从汉购买日用品，而汉则从越国购买奢侈品。在存在多条移动路线的情况下，汉使用只能通过特定关所的限制性通行证——符，强制南越使用扜关路线，以避免其与关系紧张的长沙接触。这反映出通过限制交通路线来抑制边境地区冲突的意图。本文通过分析"二年律令津关令"中所見的扜关为媒介，分析介入汉帝国、长沙王国、南越王国三方关系的符的作用，探讨了汉如何透过利用交通上的权力来影响南方边缘区域的政治。

索　引

地名・事項索引

引用史料索引

歴史的人名索引

著者紹介

荘　卓燐（そう　たくりん）

1988年、香港新界大埔生まれ。2009年、来日。2011年武蔵浦和日本語学校修了。2015年学習院大学文学部史学科卒業、2017年学習院大学人文科学研究科史学専攻博士前期課程修了。2020年学習院大学人文科学研究科史学専攻博士後期修了、博士（史学）。現在、学習院大学東洋文化研究所助教。

主要業績（本書所載論文を除く）

論文：「「質日」よりみる秦漢時代の地域移動」『日本秦漢史研究』第25号、2024年など。

共編：『世界に展開する東洋学――海外と日本の中国史研究――』学習院大学東洋文化研究所、2022年。

汲古叢書190

中国古代帝国の交通と権力
――符による権力構造論――

二〇二五年一月九日　発行

著　者　荘　卓燐

発行者　三井久人

整版印刷　富士リプロ㈱

発行所　汲古書院

〒101-0065 東京都千代田区西神田二-四-三
電　話　〇三（三二六五）九七六四
ＦＡＸ　〇三（三二二二）一八四五

ISBN978 - 4 - 7629 - 6089 - 5　C3322

汲 古 叢 書

158	唐王朝の身分制支配と「百姓」	山根　清志著	11000円
159	現代中国の原型の出現	久保　　亨著	11000円
160	中国南北朝寒門寒人研究	榎本あゆち著	11000円
161	南宋江西吉州の士大夫と宗族・地域社会	小林　義廣著	10000円
162	後趙史の研究	小野　　響著	9000円
163	20世紀中国経済史論	久保　　亨著	14000円
164	唐代前期北衙禁軍研究	林　　美希著	9000円
165	隋唐帝国形成期における軍事と外交	平田陽一郎著	15000円
166	渤海国と東アジア	古畑　　徹著	品　切
167	朝鮮王朝の侯国的立場と外交	木村　　拓著	10000円
168	ソグドから中国へ―シルクロード史の研究―	栄　　新江著	13000円
169	郷役と溺女―近代中国郷村管理史研究	山本　英史著	13000円
170	清朝支配の形成とチベット	岩田　啓介著	9000円
171	世界秩序の変容と東アジア	川本　芳昭著	9000円
172	前漢時代における高祖系列侯	邉見　　統著	10000円
173	中国国民党特務と抗日戦争	菊池　一隆著	10000円
174	福建人民革命政府の研究	橋本　浩一著	9500円
175	中國古代國家論	渡邊信一郎著	品　切
176	宋代社会経済史論集	宮澤　知之著	9000円
177	中国古代の律令と地域支配	池田　雄一著	10000円
178	漢新時代の地域統治と政権交替	飯田　祥子著	12000円
179	宋都開封の成立	久保田和男著	12000円
180	『漢書』の新研究	小林　春樹著	7000円
181	前漢官僚機構の構造と展開	福永　善隆著	14000円
182	中国北朝国家論	岡田和一郎著	11000円
183	秦漢古代帝国の形成と身分制	椎名　一雄著	13000円
184	秦漢統一国家体制の研究	大櫛　敦弘著	15000円
185	計量的分析を用いた北魏史研究	大知　聖子著	11000円
186	中国江南郷村社会の原型	伊藤　正彦著	近　刊
187	日中戦争期上海資本家の研究	今井　就稔著	近　刊
188	南宋政治史論	小林　　晃著	近　刊
189	遼金塔に関する考察	水野　さや著	近　刊
190	中国古代帝国の交通と権力	莊　　卓燐著	8000円

（表示価格は2025年１月現在の本体価格）